공무원이 말하는
공무원

지은이들 김미진 서울시청 시민소통담당관실 | 조민지 산업통상자원부(통상교섭실) FTA서비스투자과 | 장주현 서울 노원구청 일자리경제과 | 연공흠 서울시청 ICLEI 총회추진반 | 함대진 서울시청 교육격차해소과 | 최영숙 경상북도 농축산국 FTA농식품유통과 | 김남규 산업통상자원부 수출입과 | 김진섭 충청남도 예산군농업기술센터 기술지원과 | 이현중 미래창조과학부 운영지원과 | 이만호 전라북도 군산교도소 사회복귀과 | 이승수 전라북도 완주우체국 | 최원일 문화체육관광부 저작권보호과 | 박종하 보건복지부 보건의료정책과 | 김유진 고용노동부 기획재정담당관실 | 조영태 산업통상자원부 무역정책과 | 김건민 기획재정부 산업경제과 | 지철호 공정거래위원회 | 정기원 국가기술표준원 국제표준과 | 정덕배 특허청 특허심판원 | 강정환 원자력안전위원회 고리지역사무소 | 윤홍우 서울경제신문 기자 (이상 원고 게재순)

공무원이 말하는 공무원

2014년 6월 30일 초판 1쇄 발행
2023년 7월 3일 초판 7쇄 발행

지은이 김미진 외 20인 | 펴낸곳 부키(주) | 펴낸이 박윤우
등록일 2012년 9월 27일 | 등록번호 제312-2012-000045호
주소 03785 서울 서대문구 신촌로3길 15 산성빌딩 6층
전화 02) 325-0846 | 팩스 02) 3141-4066
홈페이지 www.bookie.co.kr | 이메일 webmaster@bookie.co.kr
제작대행 올인피앤비 bobys1@nate.com
ISBN 978-89-6051-403-4 14300
ISBN 978-89-85989-61-9(세트)

책값은 뒤표지에 있습니다.
잘못된 책은 구입하신 서점에서 바꿔 드립니다.

부키 전문직 리포트 20

공무원이 말하는
공무원

20명의 공무원들이
솔직하게 털어놓은
공무원의 세계

부·키

차례

1장 새내기 공무원의 고군분투
01 7급 공무원 독서실아 안녕, 이제 나도 공무원이다 | 김미진 9
02 5급 공무원 신입 공무원의 좌충우돌 열두 달 | 조민지 24

2장 다양한 행정 공무원의 세계
01 구청 오늘도 구청의 얼굴로 주민을 만납니다 | 장주현 39
02 시청 늦은 출발, 한 걸음씩 꿈을 이루다 | 연공흠 54
03 시청 모난 돌이 정 맞는다? | 함대진 69
04 도청 비가 와도 걱정, 비가 안 와도 걱정 | 최영숙 85
05 중앙부처 공무원이 편하다고? | 김남규 99
06 중앙행정기관 아픈 사람은 의사에게, 아픈 농작물은 농촌지도사에게 | 김진섭 111

3장 다양한 중앙부처 공무원의 세계
01 미래창조과학부 매일 새롭게 써 나가는 공직 보람 일기 | 이현중 123
02 법무부 교도소 수용자들과 울고 웃으며 함께 걸어온 길 | 이만호 139
03 미래창조과학부 대한민국에서 우정 공무원으로 산다는 것 | 이승수 153
04 문화체육관광부 공무원 같지 않은 공무원 | 최원일 166

05 보건복지부　쁘띠 퐁시오네르를 위한 변명 | 박종하 179
　　06 고용노동부　정책과 제도로 국민을 돕는 기쁨 | 김유진 192
　　07 산업통상자원부　다양한 업무, 배움, 실천의 기회 | 조영태 205
　　08 기획재정부　공무원의 다섯 가지 보람 | 김건민 218

4장 더 전문적인 공무원의 세계
　　01 공정거래위원회　시장경제의 파수꾼, 공정위 | 지철호 233
　　02 국가기술표준원　일 많고 탈 많은, 그래도 보람이 더 많다 | 정기원 246
　　03 특허청　짝퉁과의 한판 전쟁 | 정덕배 260
　　04 원자력안전위원회　원자력, 안전과 안심의 사이 | 강정환 272

5장 공무원 정보 업그레이드
　　01 기자가 본 공무원　그래도 공무원은 우리 사회 기둥이다 | 윤홍우 285
　　02 공무원에 대한 궁금증 11문 11답　공무원으로 가는 길, 아는 만큼 보인다!
　　　 | 윤홍우 292

　　부록 공무원 관련 참고할 만한 사이트 | 302

1장

새내기 공무원의 고군분투

독서실아 안녕, 이제 나도 공무원이다

| 김미진 |

고려대 국어국문학과를 졸업하고 방송작가, 학원 강사 등을 하다가 뒤늦게 공무원 시험 준비를 하여 2012년 서울시 공무원 시험에 합격 후 서울시에 정착했다. 현재 서울시청 시민소통담당관실에서 근무하고 있다.

몇 시간째 같은 페이지…. 글자가 눈에 들어오지 않는다. 서울시 공무원 최종 합격자 발표 날, 차마 직접 확인할 용기가 없어 몇 시간째 독서실에 앉아만 있다.

드르르르, 드르르르….

"누나, 수험번호 ○○○○○ 맞지? 합격했어!!!!!"

내 인생에서 평생 결코 잊지 못할 순간이었다.

누가 말했나, 공무원은 칼퇴근이라고?

합격의 기쁨 속에 서울시 수습 공무원 생활이 시작되었다. 서울시 공무원이 되면 보통 서울시 본청, 한강사업본부·서울시립미술관 등의 사업소, 각 구청 중 한 곳에서 몇 개월의 수습 기간을 보내고 정식 발령을 받는다.

내가 수습 근무를 시작한 곳은 시청 본청의 시민소통기획관실. 서울시 정책을 홍보하거나 시민의 의견을 모아 각 부서에 전달하는 등의 업무를 주로 하는 부서다.

처음 며칠은 별다른 업무 없이 사무실 분위기를 익히는 기간이었다. 나는 그간 못 만났던 친구들에게 자랑도 할 겸 공무원 시험 합격 턱을 쏘기 위해 저녁 약속을 잡았고 그에 대한 기대로 낮부터 한껏 들떠 있었다. 공무원은 보통 정시 퇴근이라 들었기에, 넉넉잡고 모든 약속을 저녁 7시로 잡아 놓았다.

처음으로 맞이하는 설레는 퇴근 시간. 하지만 6시가 넘어도 컴퓨터 자판 소리와 업무 통화 소리만 가득할 뿐, 다들 전혀 퇴근할 기미가 없다. 첫날부터 신입이 먼저 퇴근하겠다고 일어설 수는 없지 않은가. 어쩔 줄 몰라 휴대폰만 바라보고 있는데 그때 들리는 팀장님 목소리.

"잠깐 회의 좀 합시다. 회의실로 와 주세요."

약속 시간은 이미 지난 지 오래, 회의 탁자 밑으로 친구에게 연신 미안하다고 메시지를 날리다 어쩔 수 없이 다음 날 만나자고 하였다. 이렇게 몇 번의 약속을 깨고 친구들에게 핀잔을 들을 후에야 모든 약속을 아예 주말로 미뤄 버렸다.

누가 공무원은 모두 칼퇴근이라고 말했나? 처음 서울시에 근무하면서 받은 인상은 '무척 바쁘다'이다. 시민소통기획관실의 경우 시민과 함께하는 행사 진행, 타 부서의 사업 홍보가 주된 업무라 근무시간에는 행사 준비를 위한 업무 협의 등을 하고 퇴근 시간 즈음에야 밀린 보고서나 기타 업무를 처리한다. 보통 한 사람이 3~6개 업무를 맡는데, 이를 다 처리하기 위해 야근은 일상이고 주말에도 나와 근무하시는 분들이 많다.

초과 근무 수당을 받기 위해 일부러 시간 대우는 것 아니냐는 의심의 눈초리도 있을 수 있으나, 초과 근무 수당을 받기 위해서는 근무 시스템에 초과 근무 전과 후, 두 번 등록을 하고 매번 결재를 받아야 하는 등 복잡한 절차를 밟아야 한다. 그마저도 하루에 4시간, 주말에 4시간 할당된 시간이 있다.

서울시의 업무 과부하에 대한 자성의 목소리가 높아지면서 몇 년 전부터는 '저녁이 있는 삶'을 찾기 위해 내부적으로 많은 노력을 기울이고 있다. 그 일환으로 2011년부터 매주 수요일을 '가정의 날'로 운영하고 있다. 한 주에 하루라도 제시간에 퇴근하여 가족과 함께 시간을 보내라는 취지로 시작되었는데, 이날만큼은 시청청사 헬스장이나 식당도 저녁에 문을 닫으며 야근을 해도 초과 근무 수당이 인정되지 않는다. 하지만 여전히 야근을 하는 사람들이 줄지 않아, 특단의 조치로 매주 수요일 저녁 7시에는 건물 전체가 강제 소등된다. 다행히 직원들의 성원에 힘입어 수요일 자동 소등은 금요일 저녁으로까지 확대되었다.(그 대신 서울시청에 스탠드 사용량이 늘었다는 후문!)

시민청과 함께한 어리바리 한 달

"여기 좋지? 내가 얼마나 고생했냐면…"

2012년 문을 연 서울시 신청사 지하 1, 2층에는 시민청이 있다. 시민들이 시정에 대해 자유롭게 말할 수 있는 공간인 시민발언대를 비롯해 각종 전시, 콘서트, 토론회 등 시민이 주도적으로 활용할 수 있는 다양한 프로그램이 펼쳐지는 공간이다.

  2013년 1월 12일 시민청 개관을 한 달 앞두고 나는 시민소통담당관 소속 시민청팀에 합류했다. 그리고 시민청 개관을 위한 마무리 준비 작업을 돕게 되었다.

  총면적 7700m^2에 달하는 넓은 공간을 채울 프로그램을 꾸리고 개관식을 준비하는 일은 생각보다 만만치 않았다. 콘서트, 토론회, 장터 등에 참가할 단체를 모집하고 그 단체들과 협의를 통해 프로그램을 만들어 나가는 것부터 안전시설 점검, 안내 표지판 설치에 이르기까지 공간마다 손길이 안 가는 곳이 없었다.

  개관일이 다가올수록 사무실은 전쟁터를 연상케 했다. 모든 팀원들이 밤을 새우다 못해 사무실에서 살다시피 했고 화장실은 세면실, 회의실 의자들은 간이침대가 되었다. 체력이 달리는 팀원들이 번갈아 링거를 맞는 전용 병원이 생겨나기도 했다. 비록 자료 정리 등의 보조 업무에 지나지 않았지만 나 또한 며칠 밤을 새웠다. 시민청은 나의 노력이 조금이나마 더해진 공간이고 그 탄생의 순간을 함께했기에 시민청에 갈 때마다 잘 키워 놓은 자식을 보는 부모의 마음처럼 뿌듯하다.

  시민청팀에서 치열하게 고민하고 일하는 팀원들을 보며 나는 일에 대한 열정을 키웠고, 많은 사람들을 만나 다양한 경험을 쌓았으며, 단기간에 큰일을 마무리하는 추진력을 배웠다. 그리고 가족과 친구에게 자랑할 수 있는 허세 섞인 무용담이 하나 생겼다. "시민청, 여기 정말 좋지? 여기 개관할 때 내가 얼마나 고생을 했냐면 한 달 동안 잠도 거의 못 자고…."

모두가 마이크 덕분이다

오지 않을 것 같은 날도 언젠가는 온다. 정신없이 개관 준비를 하다 보니 2013년 1월 12일 개관식이 다가왔다. 홍보가 잘되어 시민들이 많이 방문했고 다양한 매체에서 기자들이 찾아왔다. 우리는 작은 사고도 없도록 꼼꼼하게 개관식 준비를 했다. 테이프 커팅식, 시장님을 비롯한 각계 초대 인사들의 축하 말씀, 개관식 프로그램 진행과 동선 확인 등등. 다양한 행사들이 물 흐르듯 진행돼야 하는 만큼 모두 조심 또 조심했다.

개관식을 앞두고 최종 리허설을 하려는 순간, 한 가지가 빠져 있다는 사실을 알게 됐다. 초대된 인사들이 축하 말씀을 할 때 마이크 전달자를 결정하지 않았던 것이다. 개관식을 준비하는 다른 분들은 맡은 역할이 많았기 때문에 결국 내가 그 일을 맡게 되었다.

"마이크는 이렇게 켜면 되고요, 초대 인사가 말씀을 시작할 때 마이크를 전해 주고 말씀이 끝나면 마이크를 받아서 가지고 있으면 됩니다. 인터넷으로 생방되니까 실수 없게 잘해 주세요."

네? 이렇게 많은 분들 앞에 서야 되는데, 그래서 떨려 죽겠는데 생방으로 나간다고요? 두근두근, 두근두근…. 걱정은 쓸데없이 커져 버렸다.

'한순간의 실수도 용납할 수 없다. 나 한 사람의 실수가 행사 전체에 영향을 미칠지도 모른다!'

곧바로 리허설에 들어갔다. 긴장 때문에 마이크를 전달하는 자세가 어찌나 어색하고 어정쩡한지….

무대 한쪽 구석으로 갔다. 그리고 연습에 돌입했다. 마이크를 든 손은 이렇게, 다른 손은 어떻게? 각도는 이 정도면 될까? 다가가는 속도

:: 시민청 개관식 행사 때 새내기 공무원이었던 필자가 초대 인사들이 축하 말씀을 할 때 마이크를 건네는 역할을 했다.

는? 언제쯤 나가서 전달하면 좋을까? 불안한 마음에 수십 번을 왔다 갔다….

한데 이 모습을 의미심장하게 지켜보는 눈이 있었으니, 바로 국장님이셨다.

시민소통기획관은 주무관-팀장-과장-국장, 이렇게 계선이 정해져 있고, 100여 명이 함께 일하는 시민소통기획관(국)이기에 보통의 경우 국장님이 갓 들어온 공무원을 기억하거나 마주하는 경우는 흔치 않다. 또한 국장님은 노련한 팀장님들조차도 긴장하게 만드는 남다른 카리스마로 정평이 나 있다.

그런데 내가 연습하는 모습을 보시고 이런 말씀을 하셨다고 한다. "마이크 전달 같은 사소한 일 하나도 준비를 철저히 하니, 어떤 일이든 성실하고 꼼꼼하게 잘 해낼 친구일세."

국장님이 나를 좋게 말씀하셨다는 이야기를 전해 듣고 기분이 날아갈 듯했다. 하지만 나에 대한 그러한 이미지는 오해에 불과하다. 항상 덜렁거리며 실수 많은 내 모습을 가장 잘 알고 있는 게 바로 나다.

'생방송이라는 말에 과하게 긴장했던 것뿐이에요. 국장님 기대에 너무나 부응해 드리고 싶지만 저는 그렇게 꼼꼼하지도, 일을 잘하지도 않습니다.'

내 양심은 이렇게 외치고 있었지만, 굳이 극장님께 가서 이런 말씀을 드릴 수는 없는 일 아닌가.

다행인지 불행인지 국장님이 나에게 가졌던 기분 좋은 오해는 이후 내가 저지른 잦은 실수들 덕에 자연스레 풀렸다. 하지만 개관식이 끝난 지 한참 지난 지금까지도 국장님은 종종 마이크 이야기를 하신다. 국장님과 나만의 에피소드가 생긴 것이다. 모두가 마이크 덕분이다.

시민소통기획관 새내기의 24시

수습이 부시장을 뽑다

시민청 개관 후 나는 경청팀으로 옮기게 되었다. 업무 지원에서 벗어나 처음 주도적으로 맡게 된 일은 '명예부시장'. 어르신, 청년, 문화예술 등 11개 부문에서 각 1명을 명예부시장으로 위촉해 시민의 의견을 수렴해서 서울시에 전달되도록 하는 일이다. 마침 4개 부문 명예부시장이 공석이어서 업무를 인계받자마자 바로 공고, 면접, 위촉식 준비를 했다. 새내기 공무원이 맡기에는 조금 버거운 업무였지만 비교적 단기간에 많은 업무를 배울 수 있는 기회이기도 했다. 게다가 나는 국장님께 칭찬까지 받은 새내기가 아닌가. 무슨 일이든지 잘 해내리라는 의욕에 넘쳐 업무를 시작했다. 이러한 자신감 과잉이 몇 주 후 사고를 불러올 줄은 꿈에도 모른 채.

공고를 내고 명예부시장 지원자를 모집했다. 비록 무보수 명예직이었지만 지원자들이 꽤 많았다.

모집이 끝나고 지원자들의 이력을 정리해 심사 자료와 점수표를 만들기 시작했다. 시간도 없고 이력서란 것이 보면 볼수록 다 비슷해 보였다. 별 실수 없겠다 싶어 한두 번만 검토하고 일을 마무리 지었다.

드디어 1차 서류 심사 당일, 공정하게 심사를 해 줄 외부 전문가와 관련 부서 국장님, 과장님을 모시고 심사가 시작되었다. 그런데…,

"이분은 이력서와 요약본에 있는 이력이 다르네요. 그리고 이분은 중복으로 정리되어 있고…."

정리된 자료 검토만으로 서류 심사가 이루어지는 만큼 실수 없이 정리되었어야 했다. 그러나 사전에 꼼꼼하게 챙기지 못한 탓에 오류들이 자꾸만 발견되었고, 등에서 식은땀이 줄줄 흘렀다. 어떻게 시간이 흘렀는지 기억도 안 날 만큼 정신없이 심사가 끝났다. 말도 안 되는 실수들임에도 처음이라 그럴 수 있다는 주변 분들의 격려에 나는 겨우 안도했다. 하지만 2차 면접 심사에서도 이어진 똑같은 실수들….

나의 업무 실수는 이후에도 계속되었고 보고를 하러 들어가면 호되게 꾸중을 들어야만 했다. 가끔은 화장실에서 남몰래 눈물도 쏟고 나아지지 않는 스스로의 모습에 자책을 하기도 했다. 하지만 쇠는 벼릴수록 단단해진다고 하지 않던가. 항상 꼼꼼하고 세세하게 챙기는 습관을 들이게 된 소중한 시간이었다.

공무원은 보고서로 말한다

"미진 씨, 잠깐 들어오세요."

본격적으로 일을 하게 된 후, 결재를 올리면 어김없이 과장님 방에서 들려오는 목소리. 또 무언가 잘못됐나 싶어 잔뜩 긴장한 얼굴로 "네!" 하고 과장님 방으로 달려간다.

"이것 봐. 여기 또 오타 났잖아. 그리고 이 내용은 몇 번씩 반복되고 있죠. 최대한 압축적으로. 그리고 여기는 단어가 어중간하게 두 줄에 걸쳐 있잖아. 이런 경우에는 자간을 조절해서 당겨야지. 봐요. 훨씬 깔끔해졌죠. 그리고 이건 말이야…."

두 장 남짓한 간단한 보고서에 이렇게 수많은 지적 사항이 존재할 수 있다니.

많은 부서에서 다양한 내용으로 생산되는 공무원 보고서에는 공통된 양식이 있다. 제목은 신명견고딕 16, 내용은 태고딕 15와 태명조 14, 용지 여백은 좌우 20 등등. 솔직히 고백한다. '내용에 대해 신경 쓰는 건 너무나 당연한 일이지만, 오타며 용지 여백, 글자체, 장평, 자간, 들여쓰기까지 일일이 신경 써야 하는 건 너무 형식에 얽매이는 것 아니야?'라고 마음속으로 외쳤었다. 처음엔 그랬었다.

공무원 사회에 들어와서 많은 선배들이 조언해 준, 일 잘하는 공무원이 되기 위한 조건 중 하나가 '보고서' 작성이었다. 보고서를 깔끔하고 압축적으로 잘 작성하는 것이 중요한 업무 능력이라는 거다. 자신이 맡은 업무와 관련해 어떤 시정을 펼쳐야 할지 치열하게 고민하고, 그 고민의 결과물이 실제로 시행되어 시민의 삶에 도움이 되도록 하기 위한 첫 단계가 보고서이다. 시민을 위한 아무리 좋은 아이디어가 있어도 예산을 확보 못하고 결재가 나지 않으면 시행할 수 없다.

:: 서울시청 6층 공간에 서울 시민의 삶을 바꾼 주요 보고서가 전시되어 있다.

나는 보고서의 중요성을 귀에 못이 박히게 들은 터라 시간이 있을 때마다 서울시에서 생산된 다양한 보고서들을 찾아 읽었다. 그러면서 어떤 보고서는 겨우 한 장인데도 내용과 형식이 유기적으로 잘 짜여 있어 한번에 모든 내용이 파악되는 반면, 아무리 좋은 내용의 보고서라도 줄맞춤이 어긋나 있거나 오타가 있으면 읽을 때 흐름이 깨져 내용이 잘 안 들어온다는 사실을 깨달았다.

그제야 과장님이 지적하신 바의 속뜻을 알 것 같았다. 항상 보고를 받는 상대의 입장에서 생각하고 보고서 내용이 금방 이해되도록 하는 노력이 공무원의 기본인 것이다. 그 후부터였다. 뭘 읽어도 오타가 눈에 팍팍 들어오고 책을 보면 어색하게 두 줄에 걸쳐 있는 단어가 거슬린다. 이것도 공무원의 직업병이라면 직업병일 것이다.

그것은 꿈이었을까?

서울시는 신입 공무원들을 대상으로 서초동에 있는 서울시 인재개발원에서 4주간 새내기 교육을 진행한다.

사무실에서 어리바리 헤매며 나름 열심히 일을 배우고 있는 사이,

오매불망 기다리던 교육 날짜가 도래했다. 교육을 손꼽아 기다린 건, 사무실에서 벗어나 공기 좋은 인재개발원에서 수업을 받는다는 사실 때문만은 아니었다.

"공무원 커플들이 그렇게 잘 산대. 동기들끼리 잘 되는 경우도 많다고 하던데, 교육에서 특히 정이 든다고 하더라고. 교육 가서 마음 맞는 동기 한번 찾아봐."

교육을 앞둔 나에게 쏟아진 주무관님들의 애정 어린 조언들.

실제로 주변에 공무원 커플들이 많은 데다 내가 본 공무원 부부들은 힘든 점을 서로 잘 알아서인지 모두 잘 살고 있다. 월급 내역도 상세히 잘 알기에 비자금을 모으는 것은 어림도 없다는 남자 분들의 농담 섞인 푸념을 몇 번 들은 적 있지만, 어쨌건 남몰래 미션을 품고 비장하게 인재개발원으로 향했다.

'갈 때는 혼자라도 올 때는 둘이어라!'

인재개발원 강당, 드디어 동기들을 처음 마주하는 순간이다. 재빠르게 스캔을 시작한다.

그.런.데! 이 사람들, 몇 년간 학원이며 독서실에서 썩었던 수험생들 맞아? 다들 꽃남, 꽃녀 아닌가? 게다가 유머감각은 기본에 노래면 노래, 춤이면 춤, 발표력, 리더십까지.

4주간 봉사 활동, 특전사 체험, 수련회 등 다양한 체험을 하며 추억을 쌓았지만, 인재개발원에 올 때의 다짐은 깜빡 잊고 말았다.

비록 나보다 나이는 적지만 많은 업무들을 척척 해내며 외국어 공부, 운동 등 자기 계발에도 열심인 동기들을 보면서 자극을 많이 받는다. 힘든 일이 있을 때마다 함께해 주고 언제나 힘이 되어 주는 동기들을 만난 건 나에게 큰 행운이다.

안 되도 되게 하라

시청 업무 공지에 올라온 글을 보고, 순간 서무 주무관님의 눈이 번 뜩였다. '제1회 공간을 공유하는 감성 콘테스트' 개최 소식. 사무실 공간을 편리하고 효율적으로 활용하는 부서를 뽑는 내부 공모전이었다. 최우수 부서에는 300만 원의 상금이 수여된단다.

열정적인 서무 주무관님의 지휘 아래 곧바로 콘테스트 참여 태스크포스팀이 꾸려졌다.

공무원의 모든 업무가 오로지 시민을 위한 것은 아니다. 먼저 내가 행복해야 시민의 행복을 위해 진정으로 노력할 수 있는 법. 근무 환경을 쾌적하게 만들고 근무 사기를 높이는 것도 업무이다. 그러한 업무의 하나로 시청 내부 아이디어 공모전이 있다. '조직 문화 개선'이나 '정책 공모' 등 다양한 공모전이 있는데, 공모전을 준비하면서 내부 결속을 다질 수도 있고 공모전 결과 좋은 사례는 타 부서로 전파도 가능하다.

우리 태스크포스팀은 근무시간이 끝나면 매일 아이디어 회의를 했다. 협소한 사무실 공간, 회의실 부족 등이 문제점으로 지적되어 이를 개선하기 위한 아이디어들이 쏟아졌다. 다른 공무원 분들께도 의견을 물어 최종 선정된 시민소통담당관실 공간 개선 계획은 이러하다.

1. 창고로 쓰이던 빈 공간을 '소통 사랑방'으로
2. 좁은 사무 공간 활용을 위해 컴퓨터 본체는 빈 공간에 모아 한자리에
3. 밋밋한 탕비실은 카페에 온 것 같은 세련된 느낌으로

문제는 실현 가능성. 특히나 편안한 분위기의 좌식 회의실인 '소통

:: 창고로 쓰던 빈 공간이 편안한 분위기의 소통 사랑방이 되었다. 볼 때마다 뿌듯한 공간이다.

'사랑방' 꾸미기나 컴퓨터 본체를 옮기는 작업은 한정된 시간과 몇십만 원의 예산으로는 불가능해 보였다. 하지만 우리는 '안 되도 되게 하라'는 불굴의 정신으로 실행에 돌입했다.

시청 창고를 뒤져 나무판을 찾아내 바닥이 깔고, 주말 동안 몇 개의 시장을 돌아다니며 심사숙고해 고른 장판과 벽지를 붙였다. 컴퓨터 본체를 한곳에 모으는 일은 더 큰 공사였다. 바닥을 모두 뜯어 컴퓨터 연결선 등을 넣고 다시 바닥을 원상 복귀시켰다. 우리는 이 모든 공사를 근무가 끝난 야간, 주말 시간에 순전히 우리 힘으로 해냈다.

치열한 준비 끝에 우리는 결국 최우수상을 수상했다.

콘테스트 준비 작업을 마치고 먹었던 치맥(치킨과 맥주) 맛도 환상이었지만, 그 한 달간 동료들과 힘을 합하면 아무리 어려운 일도 잘 해낼 수 있다는 교훈을 몸으로 체험한 정말 뜻깊은 시간이었다.

공무원도 광합성이 필요하다

　사무실에 앉아서 계속 모니터만 보고 있는 직장인에게는 광합성이 필요하다. 그래서 대부분의 직장인이 그렇듯이 나 또한 점심 식사를 빨리 끝내고 남은 시간을 이용해 산책을 한다. 시청 주변에는 걷기 좋은 곳이 많다. 고즈넉이 걸을 수 있는 덕수궁도 있고 활기찬 기운을 얻을 수 있는 시청광장, 광화문광장도 있다.
　거기다 청계천은 직장인에게 최고의 산책 코스다. 차 소리 나는 도로에서 조금 떨어져 물소리를 듣고 풀 냄새를 맡으며 잠시나마 자연을 느낄 수 있다. 그래서인지 주변 직장인들도 점심시간만 되면 청계천으로 쏟아져 나온다. 한 손에는 테이크아웃 커피를 들고 목에는 저마다 회사 사원증을 매단 채 삼삼오오 청계천 길을 걸으며 동료들과 이야기 꽃을 피운다.
　점심시간 잠깐의 산책이 오후 근무의 큰 힘이 되는 것처럼 정해진 공무원 업무 외에 내부 행사 참여는 일상에 큰 힘이 된다. 가장 일반적인 것이 사내 워크숍이다. 보통은 실·국별로 워크숍을 진행하는데, 속초나 수안보 등으로 1박 2일 다녀오거나 체육대회를 연다. 가끔은 미술관에 가거나 영화를 보고, 동호회를 만들어 맛집을 탐방하거나 야구장을 가기도 한다. 되도록 분기에 한 번 정도는 워크숍, 문화 활동 등 동료애를 다지는 행사를 진행한다.
　이러한 행사 후에 사무실 분위기가 한층 화기애애해지는 걸 보면 직원들의 사기 진작에 도움이 되는 건 분명한 것 같다. 팀이 달라 서먹했던 사이도, 직급이 달라 어려웠던 사이도 이날만큼은 즐거운 마음에 모두 하나가 된다.

이제 공무원이 된 지 1년 남짓 되었다. 여전히 좌충우돌하며 공무원 선배들에게서 일을 배워 나가고 있다. 그리고 이렇게 선배들, 동료들과 산책을 하거나 워크숍으로 친목을 다지고 가끔은 치맥을 먹으며 피로를 날린다. 그리고 다시 서울시청 내 자리로 돌아와 일을 한다. 나는 이 좋은 사람들과 함께, 누군가에게 도움이 되는 공무원이 되기 위해 열심히 배우고 일하며 하루하루 최선을 다할 것이다.

신입 공무원의
좌충우돌 열두 달

| 조민지 |

2011년 제55회 행정고시에 합격하고 2012년 서울대 경제학부를 졸업했다. 2013년 4월 제58기 신임관리자 과정을 밟기 위해 중앙공무원교육원에 입교해 6개월 연수를 받고 경기도청 기획조정실에서 지방 실무 수습을 받은 뒤, 현재 산업통상자원부 통상교섭실에서 근무하고 있다.

'사회에 필요한 사람이 되라'. 우리 집의 가훈이다. 어렸을 때부터 아버지께서 나에게 강조하신 말씀이기도 하다. 그래서일까, 나는 학창 시절부터 '어떻게 하면 훌륭한 사람이 되어 사회에 기여할 수 있을까?'란 질문을 늘 머릿속에 넣고 다녔던 것 같다.

대학을 다니면서는 국제통상 관련 일도 하고 사회에 기여도 할 수 있는 일을 찾다가 자연스럽게 행정고시를 준비하게 되었다. 수험 기간이 그리 길진 않았지만, 후회하지 않을 만큼 열심히 했기에 합격 소식을 들었을 때 너무나도 기뻤다.

그리고 드디어 공무원 연수를 받으러 가는 날, "최선을 다하여 선진 통상국가 대한민국에 필요한 사람이 되겠다."는 각오를 다지며 중앙공무원교육원(약칭 중공교)에 첫발을 내딛었다.

공무원만큼 애국자도 없다더니, 연수원 입교식이 끝나자마자 우리는 국립서울현충원을 방문하여 순국선열 및 호국영령께 참배를 드리고 대한민국역사박물관을 둘러보았다. 그렇게 나의 첫 공직 생활 1년, 더 정확하게 말하면 연수 6개월, 수습 6개월의 신입 공무원 생활이 시작되었다.

4월의 마지막 날, 연수원 생활이 시작되다

4월의 마지막 날, 벚꽃이 흩날릴 때 나는 중앙공무원교육원에 들어와 입교식을 치렀다. 우리 기수(제58기)에 신임관리자과정 연수를 받은 사람은 모두 321명. 이 사람들이 20개의 분임으로 나누어 분임별로 연수 과정을 밟았다.

입교식 날, 우리는 자기 분임 사람들을 처음 만나 인사를 나누고 분임장을 뽑았다. 내가 속한 분임은 모두 16명으로 제2분임이었고, 분임장은 나이가 두 번째로 많은 멋쟁이 오빠가 되었다.

연수원 입교 후부터 수료 전까지 다양한 연수 프로그램들이 동시에 돌아가기 때문에 정신을 놓고 있다가는 "아차!" 하기 쉽다.

연수원 입교 다음 날, 우리는 천안으로 '공직 가치 함양 워크숍'을 2박 3일 다녀왔다. 각자의 과거를 돌아보고 미래를 설계하며 공직 마인드를 함양하기 위해서다. 이후 5~6월 두 달간 헌법, 예산실무, 법제실무, 보안실무, 인사실무, 행정절차법 등에 대한 직무교육을 받는다. 그 가운데 5월에는 '특전사 병영 체험' 훈련을 받고 6월에는 4가지 보고서 작성을 통해 보고서 쓰기 연습을 한 뒤 그동안 배운 과목들에 대한 기

:: 중앙공무원교육원에서 제58기 신임관리자과정 연수를 함께 받는 동기들에게 자기소개를 하는 필자.

초직무교육 평가를 받는다. 공무원 연수원에서 유일하게 한 번 있는 시험이다. 고로 긴장은 필수! 되시겠다. 다행히 시험의 달 6월에도 머리를 식혀 가는 시간이 있으니, 바로 연수원 체육대회이다. 두 분임끼리 팀을 이루어 축구, 농구, 족구, 피구, 티볼, 계주 등의 종목을 놓고 대결을 벌인다.

5월, 나의 사랑 '국토 순례'

연수 일정 가운데 봄 시즌의 하이라이트는 바로바로 5월 말에 떠나는 5일간의 국토 순례!!!!!

전국 방방곡곡을 직접 발로 뛰어다니며 우리 국토를 느끼고 사랑하자는 취지로 떠나는 야외 활동이다. 강원, 경기, 경북, 경남, 충북, 충남, 전북, 전남 중에서 제비뽑기로 한 지역을 선정하고, 분임별로 순례의 주제를 정하여 숙식 일정, 교통편, 도보 이동 구간, 봉사 활동 및 견학 프로그램을 짠다. 그리고 이후 5일간 그 일정을 소화한다.

우리 분임은 운 좋게도 모두가 선호하는 전라남도에 가게 되었다. '전라남도 감(感)사(思)합니다'라는 주제 아래 강진, 보성, 순천을 방문했다. 강진에서는 공직 대선배인 정약용의 유배지를 방문했고, 보성 녹차 밭에서는 한 폭의 수채화 같은 푸르른 차 밭 풍경에 연신 셔터를 눌러 댔다.

가장 기억에 남는 곳은 뭐니 뭐니 해도 순천만 습지였다. 신기하고도 오묘했다. "우리나라에 이런 곳이 있었나." 우리는 감탄을 연발하며, 끝없이 펼쳐진 습지 위로 드리우는 석양을 감상했다. 그리고 그날 저녁 이장님이 우리를 데리러 오셔서 분임원 모두 트럭을 타고 농촌체험마을로 갔다. 그곳에서 우리는 잔디 인형과 재활용 비누를 만들고 편을 갈라 마을의 자랑거리인 '용줄다리기'를 했다. 마을 사람들을 도와 쌀을 탈곡하기도 했다.

짧다면 짧고 길다면 긴 국토 순례 기간 동안 나는 전라남도의 푸근한 매력에 푹 빠지지 않을 수 없었다.

5~6월, 발표, 발표, 그리고 중소기업 체험

5월 중순에는 분임별로 국정 과제 하나를 골라 그 실천 방안을 마련해 발표한다. 현 정부의 국정 과제를 이해하고 바람직한 실천 방안을 모색하자는 취지에서 이루어진 분임별 첫 발표였다. 우리 분임은 '문화재 복원'에 대한 국정 과제를 수행했는데 동영상을 활용한 발표로 가점을 받았다.

6월 말에는 정책 사례 발표를 한다. 자전거 길 조성, 의약 분업, 발코니 규제 등에 대한 정책 사례들을 평가하는 과제다. 우리 분임은 자전거 길 정책 사례에 대한 보고서를 썼는데, 이를 위해 팔당에 있는 자전거 길을 찾아가고 안전행정부 자전거정책과에 인터뷰를 요청하는 등 낮에는 현장 조사, 밤에는 회의로 며칠을 보냈다. 발표 자료를 만들며 밤을 새우기도 했다.

매월 1~2개의 분임 과제가 동시에 돌아가기 때문에 전원이 다 함께 참여하기는 힘들어서 그때그때 팀을 나누어 과제를 수행했다.

과제 제출과 시험이 모두 끝나는 6월 말에는 중소기업 체험을 위해 일주일간 전국으로 흩어진다. 중소기업의 현실을 몸으로 체험하기 위해 5일간 중소기업에서 근로자로 일하는 프로그램이다.

나는 대구에 있는 제철 설비 회사에 갔는데, 처음 공장에 도착했을 때 기름 냄새가 진~동~을 하고 머리 위로 무서운 크레인이 왔다~ 갔다~ 해서 나도 모르게 안전모를 푹 눌러썼다. 나름 문화적 충격(?)이었다. 그래도 5일쯤 되자 제법 능숙한 손놀림으로 베어링 조립을 하고 기계 구석구석을 기름칠해 가며 닦을 수 있게 되었다.

사실 "중소기업, 중소기업이 중요하다."는 말만 들었지 중소기업에 대해 실제로 겪은 것이 전무했는데, 가서 일을 해 보니 비록 짧은 기간이었지만 느낀 것이 많았다. 현장 근로자들의 육체적 노고도 조금은 이해할 수 있었고 중소기업 사장님들의 하소연도, 그 속내도 조금은 알 수 있었다. 앞으로 중소기업 관련 정책을 만들 때마다 두고두고 그들의 목소리가, 얼굴이 생각날 것 같다. 뭐라 말로 표현할 수 없이 잊을 수 없는 경험이었다.

7~8월, '정책 기획' 연습과 잠깐의 휴식

　7월에는 연수원에서 가장 중요하고도 어려운 과제인 '공포의' 정책 기획 시즌이 시작된다. 정책 기획 연습은 과제 배점도 크거니와 들어가는 노력의 양이 어마어마해서 어떤 연수생들은 입교 전부터 정책기획팀을 짜고 정보를 수집하곤 한다.
　팀은 직렬별로 7~9명이 한 팀을 이룬다. 정책 기획의 주제는 매 기수마다 달라지는데, 이번 정책 기획의 주제는 '중소기업'이었다.
　나는 팀장이 되어 팀원들과 수차례 머리를 맞댄 끝에 '이노비즈 기업(기술혁신형 중소기업)의 인력 유치 방안'을 주제로 정하고, 함께 1차, 2차 보고서 및 최종 보고서, 예산안, 법령안 보고서를 작성했다. 이를 위해 대전정부청사의 중소기업청, 판교 이노밸리, 중소기업진흥공단, 중소기업중앙회 등을 직접 방문하여 인터뷰를 하고 자료를 요청했으며 근무자들을 대상으로 설문조사를 실시했다. 선배들이 "백 번 전화하는 것보다 한 번 찾아가는 것이 더 낫다.'라고 조언해 주었는데, 역시나!!!! 직접 찾아가니, 더 좋은 자료도 주시고 이야기도 많이 해 주셨다.
　연수원에서 가장 힘든 것이 무엇이냐고 묻는다면 아마도 한 달간 쉴 새 없이 양질의 보고서를 써 내며 서로 치열하게 경쟁하는 '정책 기획'이 아닌가 싶다. 이 기간에 중앙공무원교육원은 새벽에도 불이 꺼지지 않는다.
　특!히! 마지막 날에 우리는 모두 연수원에서 밤샘 작업을 했는데, 다음 날 해가 뜨고 나서도 마지막 교정 작업을 하느라(이미 수없이 고쳤는데도 다시 보면 고칠 게 보이고 또 고칠 게 보이는 건 어쩔 수 없나

보다. 하. 하.) 막판 일분일초까지 마음을 졸였다. 결국 뛰어서 마감 시간 직전에 보고서를 제출하고 모두 쓰러진 기억이 지금도 또렷하다.

정책.기획 태풍이 휘몰아친 다음에는 마치 보상이라도 해 주듯이 휴식의 시간이 주어진다. 이 기간에 각 대학의 교수님들이 오셔서 재미난 강의를 해 주신다. 대선배님들이 오셔서 앞으로의 공직 생활에 대한 지침을 이야기해 주기도 하고 장관님, 차관님을 비롯한 유명 인사들이 특강을 해 주시기도 한다.

또 연수원의 소소한 재미이기도 한 동아리 활동이 이때 활발하게 이루어진다. 동아리 활동은 사실 입교 전부터 시작되어 연수생들 간에 친목을 두텁게 하며 수료식 때는 공연도 한다. 이 외에도 매달 분임별로 자원봉사를 간다. 우리 분임은 송파시립요양병원에서 봉사를 했다. 어르신들을 도와드리고 요양병원 청소를 하면서 국민에게 봉사하는 마음 따뜻한 공무원이 되어야겠다는 다짐을 얼마나 했는지 모른다.

8~9월, 한 달간의 직렬별 특성화 교육

8월 중반부터는 연수생 321명 전원이 함께 했던 수업과 활동을 직렬별로 나누어 한다. 행정고시에는 일반행정, 법무행정, 재경, 국제통상, 검찰사무, 출입국관리, 교육행정, 사회복지, 기계, 전기, 화공, 농업, 임업, 토목, 건축, 전산, 통신직렬 등이 있는데, 크게 일반행정직(일반행정 및 그 외), 재경통상직(재경·국제통상), 기술직으로 묶어서 각각 다른 장소에서 직렬별 특성화 교육을 받는 것이다.

나는 국제통상직이었기 때문에 한 달간 KDI합동교육, PT스킬 향상

과정, 국제협상 과정을 이수했다.

첫 번째 주에 받는 KDI합동교육은 KDI정책대학원의 외국인 연수생들과 재경·통상 직렬 공무원들이 중공교와 안암에서 국제 이슈를 주제로 강의를 듣고 토론을 하는 과정이다. 모든 강의는 영어로 진행되고 참석자 모두 매시간 발표를 해야 한다. 나에게는 갑자기 '영어 폭탄'이 두두두 떨어지는 시기와 같았다.

그다음 주에는 일주일 내내 외무 공무원들과 PT스킬, 즉 프레젠테이션 스킬 합동교육을 받는다. 2명의 외국인 강사로부터 영어로 교육을 받고 마지막 날에 조별 발표를 하는데, 우리 조는 중공교 원장님 앞에서 영어 PT를 했다. 영어 때문에 많이 힘들긴 했지만, 앞으로 외교관으로 일하게 될 친구들과 안면을 트고 친해질 수 있는 좋은 교류의 장이었다.

마지막 2주는 국제통상직에서 가장 어려운 과정인 '모의협상대회'. 약 2주에 걸쳐 혹독한 협상 트레이닝을 받은 후, 마지막 날 2명씩 팀을 짜서 영어로 협상경진대회를 열고 우승 팀과 협상 왕을 뽑는다. 힘들긴 하지만, 그래도 통상직 신입 공무원에게는 앞으로 해야 할 통상협상에 근접한 훈련이라 도전정신을 불러일으켰다.

내가 이러한 교육을 받는 동안 다른 한편에서 일반행정직은 사회조사연구, 재경직은 경제현안분석, 기술직은 행정법을 공부했다.

9월 말~10월, 꽃과 같은 해외 연수

6개월 연수원 생활의 꽃은 누가 뭐라 해도 해외 연수다. 연수생들은

:: 독일 해외 연수를 함께한 동기들과 프랑크푸르트 독일올림픽위원회 앞에서 기념 촬영을 했다.

9월 말에 떠날 해외 연수를 위해 연수원 생활 초기부터 국가를 선정하고 여행사를 섭외해 일정을 짜고 보고서 작성에 착수한다.

우리 분임은 '생활체육 활성화를 위한 독일의 스포츠클럽 정책'을 배우기 위해 7박 9일 동안 프랑크푸르트, 뮌헨, 뉘른베르크 등 3개 도시를 방문했다. 프랑크푸르트의 독일올림픽위원회와 주 정부, 뮌헨시사무국, 각 지역의 거대 스포츠클럽과 중소 스포츠클럽 등을 방문하여 프레젠테이션을 하고 질의응답 시간을 가졌다. '아~ 선진국은 이래서 선진국이구나.' 하는 생각을 많이 했다.

특히 우리나라 사람들은 퇴근 후 저녁 약속이나 회식 때문에 운동을 빼먹기 일쑤인데, 독일 사람들은 스포츠클럽을 통해 사교 생활을 한다고 하니 놀랍고 부러웠다. 우리가 방문했던 아인트라호트 스포츠클럽은 진짜 구단답게 어마어마한 시설을 자랑했다. 모두들 "이런 데서라면 정말 운동할 맛 나겠다."라면서 입을 다물지 못했다.

프랑크푸르트에서는 총영사관을 방문해 독일에 대한 설명을 들었다. 두 번의 패전과 통일 후의 재정난을 겪고도 "히든 챔피언이라 불리는 기술집약적 중소기업들이 떠받치고 있는 탄탄한 경제" 성장을 통해 유럽의 강자로 우뚝 선 것이 대단했다.

그렇게 7일 동안 분임원들과 함께 독일을 체험했다. 그리고 한국으로 돌아오는 비행기 안에서 참된 선진국이란 무엇인지, 어떻게 하면 겉과 속 모두 선진국이 되는지 등을 독일을 연구 모델로 삼아 공부를 더 해야겠다고 다짐했다.

10월, 숨 가쁘게 지나간 연수원 생활을 정리하며

가을 낙엽이 떨어지기 시작하는 10월 중순, 연수생 모두를 긴장시키는 연수원 최종 성적이 발표된다. 최종 성적은 팀 보고서 점수, 개인 보고서 점수, 시험 점수, 근태 점수, 각종 가점을 종합한 결과인데, 소속 부처 결정에 반영되므로 모두들 가슴이 두근두근할 수밖에 없다. 물론 공직 생활 3년 후에는 부처 간 이동을 할 수 있지만, 첫 공직 생활을 어디서 시작하느냐는 아주 중요한 문제다.

최종 성적 발표 후에는 각 부처 인사팀장님들이 오셔서 부처 설명회를 주재하고 부스를 설치해 개별 질의응답 시간을 갖는다. 이러한 설명회는 2일 동안 이루어지고, 여기서 얻은 정보를 바탕으로 1지망, 2지망, 3지망까지 써서 부처 희망원을 제출한다.

10월 셋째 주에는 5일에 걸쳐 부처별로 면접이 진행된다. 연수생들은 행정고시 3차 면접을 볼 때와 마찬가지로 자기소개, 공직 지원 동

::10월의 마지막 날, 필자는 6개월 연수원 생활을 아름답게 마무리했다.

기, 부처 지원 동기 등을 준비하여 면접에 응한다.

면접이 끝나면 연수생 전원이 4개 팀으로 나뉘어 전국 각지로 졸업여행을 떠난다. 우리 분임은 충북 제천으로 전통문화체험을 떠났다. 그곳에서 승마도 하고 국궁 체험도 하고 솟대도 만들고 쥐불놀이도 하면서 분임원들과 마지막 시간을 보냈다. 즐거웠지만 마음 한편으로는 슬픈, 그런 여행이었다.

수료식 전날, 부처 면접 결과 발표가 났다. 그것은 마치 대학 합격 발표와도 같았다. 다행히 나는 희망했던 산업통상자원부에 배치를 받았다.

그리고 10월의 마지막 날, 올 것 같지 않았던 수료식이 오고야 말았다. 각종 축사 및 포상이 있었고, 우리는 모두 연수원 수료증과 함께 작은 선물을 받았다. 연수원 대표가 수료식 연설을 하는 뒤로 연수원 생활을 담은 영상이 돌아갔는데, 그것을 본 연수생들은 순식간에 눈물을 펑펑 흘렸다.

돌아보면 지난 6개월간 연수원에서 생활하며 다양한 과제를 수행하며 배운 것도 많았지만, 그중에 제일은 역시 '평생을 함께할 소중한 동기들'을 얻은 것이었다.

11월~새로운 4월, 지방 실무 수습 6개월

연수원 수료의 감동과 아쉬움이 채 가시기도 전에 연수생들은 지방 실무 수습을 위해 각지로 흩어진다. 지방 실무 수습 기간은 원래 3주였는데, 지방 경험을 쌓고 지방과의 소통을 활성화해야 한다는 안전행정부의 취지에 따라 올해부터 6개월로 크게 늘었다.

나는 경기도와 수원시에서 지방 실무 수습을 하였다. 경기도청 기획조정실에 배치받고 선배님들로부터 귀중한 것들을 많이 배웠는데, 그중 가장 뼈저렸던 것이 바로 '현장 행정'의 중요성이다.

경기도에 배치된 신임 사무관 50명은 첫 한 달 동안 경기도 31개 시, 군을 돌며 지역 행정이 어떻게 이루어지고 있는지, 해당 지자체의 어려움은 무엇인지 등에 대해 부시장님과 군수님의 말씀을 들었다.

나는 그중에서도 연천이 가장 기억에 남는다. 연천 하면 "구석기 유적이 있는 접경 지역"이라는 것밖에 몰랐는데(그나마도 교과서 내용을 본 것에 불과하다.) 신임 사무관들이 왔다며 한 명 한 명 챙겨 주시고 연천의 열악한 사정을 일일이 설명해 주셨던 군수님의 마음이 와 닿았다. 게다가 그날은 신기하게도, 연천군청 부근 음식점에서 점심을 먹고 나오자마자 갑자기 폭설이 와서 우리의 두 발과도 같은 버스 두 대가 오도 가도 못하는 상황이 되었다. 연천은 그야말로 고립 지역이라 폭설이 내리면 그냥 그 자리에 STOP!!!인 것을 그날 제대로 겪은 것이다. 다행히 곧 행정 지원을 받아서 다음 목적지인 구석기 박물관으로 이동할 수 있었다.

중앙부처에 바로 배치받았다면 절대 몰랐을 지역 사정을 직접 보고 듣고 몸으로 겪으니, 처음에는 길다고 생각했던 6개월이 점점 짧게 느껴졌다.

수원시에서 실무 수습을 받을 때는 서울에서 출퇴근하느라 하루에 서너 시간을 버스에서 보내는 고단함이 있었지만, 그래도 팔달산의 정기와 정조대왕의 화성이 있는 아름다운 그곳에서 평생 기억에 남을 소중한 시간들을 보냈다. 공직 선배님들의 "정책에 매몰되지 말고 큰 그림을 보라."는 말씀, "사람들을 많이 알고 가라."는 말씀, "현장이 중요하니 꼭 직접 가 보아야 한다."는 말씀을 들으며 나는 하루하루 조금씩 성장하였다. 또한 '권력만 있고 생각이 없는 공무원'은 오히려 사회에 큰 해를 끼칠 수 있다는 데 공감하며, '공부 안 하는 공무원'이 되지 않기 위해 업무 시간 외에도 통상법과 외국어를 공부하였다.

수습 기간이 끝나면 나는 세종시에 자리한 산업통상자원부에서 업무를 시작하게 될 것이다. 세종시 생활에 적응하고 나의 전문성을 키우는 것이 앞으로의 과제가 아닌가 싶다. 동기들과 나란히 손잡고 초심을 잃지 않으며 더 나은 대한민국을 위해 열심히 발로 뛰는 사회에 꼭 필요한 공무원이 되겠다.

2장

다양한 행정 공무원의 세계

오늘도 구청의 얼굴로 주민을 만납니다

| 장주현 |

서울시립대 도시과학대학원 도시행정학과를 수료했다. 현재 서울 노원구청에 근무하고 있으며, 단속과 홍보 등의 업무를 거쳐 현재는 저임금 근로자의 안정적 삶을 위한 생활 임금 관련 업무를 담당하고 있다.

"따르릉~"

"주방 하수가 역류하고 있어요, 어떡해요~"

"아, 네, 거기가 어디죠?"

2012년 여름 폭우 때 나는 산이 인접한 지역에 있는 동 주민센터로 근무 지원을 나갔다. 3일 동안 굵은 비가 계속 내려서 혹시 모를 사태에 대비하기 위해서였다. 구청으로 오기 바로 전에 근무했던 곳이라 느낌이 남달랐다. 감상에 젖는 것도 잠시, 주방 하수가 역류하고 있다는 다급한 전화를 받았다.

재빨리 직원 2명과 함께 지하실에 있는 양수기를 꺼내 차에 싣고 현장으로 달려갔다. 벌써 거실에까지 물이 흥건했다. 서둘러 양수기를 가동시켜 놓고 집 밖으로 나와 동네를 돌면서 빗물받이에 걸려 있는 나뭇

가지 따위를 걷어 냈던 기억이 떠오른다.

이렇게 주민을 가까이서 돕는 일 외에도 주민센터에서 하는 일은 정말 다양하다. 기본적으로 구청 각 부서의 업무를 다 다룬다. 거주지를 옮길 때 해야 하는 전입신고와 주민등록 업무, 부동산이나 은행 등 각종 거래에 필요한 등본, 초본, 인감 같은 증명서 발급, 장롱이나 책상 등의 대형 폐기물 배출 신고는 물론이고 주민의 여가 생활을 위한 각종 강습 프로그램을 운영한다. 국민기초생활수급자 등 복지 대상자 선정을 위한 현지 조사, 버려진 쓰레기 처리와 같은 거리 청소도 빼놓을 수 없다. 여기에 더해 장마철 수해 복구와 겨울철 제설 작업은 비록 한시적인 일이지만 주민센터의 중요한 역할 중 하나다. 한마디로 주민 생활과 관련된 거의 모든 일을 한다.

주민과 가장 가까운 곳, 동 주민센터

주민센터에서는 다양한 일을 적은 인원이 다 처리하다 보니 직원들 간에 씨줄과 날줄 같은 협력이 우선이다. 팀장 이상 간부들과 민원 업무를 하는 창구 직원을 빼면 실제로 외부 일을 할 사람은 기껏해야 4~5명에 불과하지만, 협조할 일이 있으면 열 일 제쳐 두고 돕는다. 또 동 대항 체육행사 등의 외부 행사는 통반장이나 새마을 부녀회원들의 도움도 많이 받는다. 특히 어버이날 동네 어르신들에게 식사 대접을 할 때면 누가 시키거나 보수를 받는 것도 아닌데 모두 내 일처럼 적극적으로 참여하는 고마운 분들이다.

그렇다고 주민들과 늘 "하하, 호호" 하는 것도 아니다. 민원인과의 마찰도 잦다. 한 대학생이 아버지 인감증명서를 발급받으러 왔을 때 일이다. 담당자가 대리 발급 이유를 묻자, "며칠 전에 아버지가 돌아가셔서 어머니 대신 심부름을 온 것"이라 한 것이 언쟁의 발단이 됐다. 담당자는 "대상자가 사망한 사실을 인지한 순간부터 인감증명을 발급해서는 안 된다."는 규정을 들어 발급을 거부했다. 그리고 사실 확인을 위해 학생의 어머니에게 전화를 걸었다. 잠시 후, 그 어머니가 주민센터로 달려와 큰 소리로 말했다.

"사망신고를 한 것도 아니니 모르는 체하고 발급해 주면 되는 것 아닙니까."

"사망한 순간부터 권리 행사가 불가능해서, 안 됩니다."라고 담당자가 정중히 말했다.

그러자 이번에는 아들이 담당자에게 욕설을 퍼붓기 시작했다. 한참 실랑이 끝에 그 어머니는 윗사람한테 따지겠다며 아들을 데리고 자리를 떴다.

무슨 일이건 다 나름의 기준이 있고 그 기준은 확고해야 한다. 그런데도 아직까지 편법을 쓰려 하고, 자기 뜻대로 일이 되지 않으면 큰소리를 치며 힘 있는 사람부터 찾으려는 사람들이 있다. 이는 그동안의 잘못된 법 적용 관행에서 원인을 찾을 수 있다. 권력층이나 재벌 등 소위 힘 있는 자에게는 한없이 관대하고 힘없는 서민에게는 엄격했기 때문이다. 다소 엉뚱했지만, 왜 공정한 법 집행이 중요한지를 생각하게 해 준 일이었다.

돌아온 남편 사진

몇 년 전, 주말에 주민센터 직원들과 함께 중랑천 자전거도로 청소를 나갔다. 기회가 자주 있는 것도 아니어서 '제대로 하자.'는 마음에 도로 구석구석을 살폈다. 그러던 중 풀숲에서 손가방 하나를 주웠다.

가방을 열어 보니, 신분증이 든 빈 지갑, 이름과 주소가 빼곡히 적혀 있는 수첩 등이 들어 있었다. 아무렇게나 뒤섞여 있는 것으로 보아 가방을 훔친 이가 돈을 챙긴 후 버린 것 같았다.

나는 가방을 사무실로 가져왔다. 그리고 수첩에 있는 몇몇 사람을 거쳐 가방 주인과의 통화에 성공했다. 몇 시간 후 단아한 모습의 아주머니 한 분이 머뭇거리며 사무실로 들어섰다. 가방 주인이었다.

가방을 건네니, 아주머니는 빠른 손놀림으로 지갑을 뒤져 오래된 흑백 사진 몇 장을 꺼냈다. 그리고 안도의 숨을 내쉬었다.

"20년 전 세상을 떠난 남편의 몇 장 안 남은 젊은 시절 사진이에요. 영영 못 찾을 줄 알았는데 이렇게 다시 찾게 되었네요."

아주머니는 입술을 꼭 깨문 채 잠시 눈물을 흘렸다. 그리고 나서 자신의 이야기를 술술 털어놓았다. 남편이 세상을 떠난 후 보험 설계 일을 하며 아이들과 함께 살고 있는데, 설날을 며칠 앞두고 오토바이 날치기를 당했고 그 날치기 뒤를 쫓다 기절해 일주일을 병원에 입원해 있었다고 했다.

마음이 진정되면 가겠다며, 돋보기를 끼고 사진을 한 장, 한 장 찬찬히 살펴보는 아주머니의 표정에서 먼저 떠나보낸 남편에 대한 애틋함이 느껴졌다.

각박한 세상, 내 일을 하면서 누군가의 아픈 마음을 달래 주고 또 가슴이 따뜻해지는 경험을 한다는 것은 흔치 않다. 주민을 가장 가까이서 접하는 주민센터만의 보람이다.

"잠깐 주차했는데 딱지를 떼?"

오전 10시, 덜컹 하는 소리와 함께 사무실 문이 요란하게 열렸다. 모든 직원들의 시선이 그쪽으로 쏠렸다. '드디어 오늘의 첫 고객이구나.'

얼굴이 벌겋게 상기된 중년의 남자는 가슴이 들썩거릴 정도로 씩씩거리며 사무실 안으로 들어왔다. 그러더니 주차 위반 스티커를 흔들며 "이거 단속한 사람 나와!" 하고 소리쳤다.

담당인 내가 나서야 할 때다. 전날 단속된 불법 주차 차량에 대한 조회 작업을 멈추고 크게 한 번 심호흡을 했다. '흥분하면 안 돼! 가만히 이야기를 들어 주자.'라고 생각하며 입을 좌우로 우물거리고 입꼬리를 올려 보는 등 표정 관리에 각별히 신경을 쓴다. 민원인을 맞이하기 전, 짧은 시간이지만 마음을 안정시키는 방법이다.

간단히 목례를 하고 자리로 안내했다. 자리에 앉자마자 민원인은 또 소리를 친다.

"이거 누가 단속했어! 오랫동안 차를 세워 둔 것도 아니고 잠깐 세워 놓고 물건만 전달하고 왔는데, 그사이에 도둑고양이처럼 단속하고 사라져 버렸다고." 그러면서 "다른 차들도 많았는데 왜 내 차만 단속한 거야? 다른 차들도 지금 빨리 단속하라고!" 하는 말도 빼놓지 않았다.

이럴 때는 그저 말없이 들어 주는 것이 제일이다. 입장을 바꿔 생각하면 나라도 기분이 좋을 리 없기 때문이다. 그렇게 시간이 흐르고 화가 한풀 꺾일 때쯤 조심스럽게 한마디 건넸다. "화는 나시겠지만, 그곳은 교통 흐름 때문에 잠깐의 정차도 안 되는 도로입니다. 단속원도 단속할 수밖에 없었을 겁니다. 양해를 부탁드려요."

물론 그 말에 쉽게 물러날 운전자라면 굳이 사무실로 찾아오지도 않았을 거다. 하지만 내가 할 수 있는 일이라곤 그저 상대방의 심정을 생각하면서 단속의 불가피함을 설명하고 납득시키는 것뿐이다.

이 외에도 단속에 항의하는 전화가 하루에 40~50통씩 걸려온다. 방문자를 달래고 수시로 걸려오는 전화를 받으며 종일 시달리다 보면 머리가 멍해진다. 6시 업무 시간 종료 벨이 울리면 그 이후에 오는 전화는, 설사 집에서 온 것일지라도 받을 힘이 없고 받고 싶지도 않다. 빨리 퇴근하고 싶은 마음뿐이다.

물론 운전자들도 할 말은 있다. "한적한 도로에 잠깐 세워 둔 것을 그렇게 기습적으로 단속할 수 있느냐?" 하는 것이다. 하지만 1분이든 5분이든 불법은 불법이다. '잠깐'이란 것은 그 기준도 애매할뿐더러 차량 통행으로 혼잡한 도로에서 '잠시'를 이유로 주차를 허용한다면 도로는 순식간에 엉망이 된다. 또 '잠시 주차' 여부를 판단하기도 어렵다. 모든 도로에 주차 단속자를 배치해 주차하는 차량마다 일일이 시간을 재는 것은 현실적으로 불가능하다.

주차 위반 스티커를 들고 찾아온 운전자들의 이야기를 듣다 보면, 개인적으로 안타까운 경우도 많지만 담당자가 융통성을 발휘할 일이 아니다. 불법 주차 민원 담당을 맡은 지 1년이 지났을 무렵 나는 복부에 타는 듯한 통증을 자주 느꼈다. 병원을 찾아가 보니 위궤양이 심각했다. 평상시 별로 화도 안 내고 민원인들을 나름 이해했기 때문에 스트레스를 받지 않았다고 생각했지만, 정작 몸은 그렇지 않았던 것이다. 이후 5개월간 약을 복용했지만, 스트레스 안 받겠다고 담당자가 민원인과 싸울 수도 없는 노릇 아닌가. 어쨌든 민원인의 입장에서 생각하며 이해하려고 노력해야 한다.

자치단체의 브랜드 가치를 높이는, 홍보 업무

인생에 전환점이 있듯, 공무원 생활도 마찬가지다. 7년 전, 나는 홍보부서 팀장님으로부터 홍보 업무를 제안받았다. 그냥 인사 발령을 해도 되는데, 굳이 내 의사를 물어본 것은 그만큼 긴장이 필요한 업무였기 때문이다. 기업과 마찬가지로 자치단체도 지역의 브랜드 가치를 높이기 위해 노력한다. 그러려면 효과적인 홍보가 필수다. 자치단체에서 진행하는 사업을 주민들에게 알려야 하고, 때로는 사실과 다른 비판적인 보도에 반박하거나 우리의 입장을 해명해야 한다. 시급한 자료를 만들다 보면 퇴근 시간이 따로 없고 휴일에도 제대로 못 쉴 때가 많다. 게다가 언론인과의 유대를 위해 술자리도 잦다.

홍보팀장님은 무턱대고 발령 냈다가 업무에 적응 못해서 두 손 들어버리면 낭패라 미리 내 의사를 물어보는 것이라 했다. 그러면서 힘이 드는 만큼 일도 배우고 새로운 경험을 할 수 있는 자리라고 덧붙였다.

순간 그런 생각이 들었다. '지금 이대로 정형화된 업무를 계속 하면 몸은 편하겠지만, 남은 공직 생활이 창창한데 스스로 나태해지지 않을까?' 그래서 두말 않고 해 보겠다고 했다.

물론 처음에는 지금까지 업무 스타일과 너무 달라 적응이 안됐다. 행동도 굼뜬 데다, 업무에 우선순위를 두면서 일해야 하는데 언론사에서 자료 요청이 오면 하던 일을 끝내고 보내려다 잊어버리기 일쑤였다. 중요 보도 자료를 언론사에 보낸 후 기자들에게 일일이 전화해 설명하는 것도 쉽지 않았다.

무엇보다 힘들었던 것은 홍보 업무의 기본인 보도 자료 작성이었다. 사실에 입각해 내용을 처음 접한 기자 입장에서 알기 쉽게 쓰되, 가

:: 홍보부서에서 근무할 때 구청장과 구의회 의원, 직원들과 함께 새로 조성하는 수락산 둘레길 사전답사를 갔다.

장 중요한 것부터 역삼각형 형식으로 나열하면서 자료를 만들어야 한다. 그런데 처음에는 자료를 만들면 자꾸만 감성적인 에세이가 돼 버렸다. 자료 배포 마감 시간은 정해져 있는데 자료가 완성이 안 되곤 하니, 열이 위로 솟구쳐 얼굴이 항상 화끈거리고 스트레스로 머리가 많이 빠졌다. 결국 내 보도 자료를 지적하고 고치다 지친 팀장이 대신 완성하기 일쑤였다. 나를 믿고 데려온 팀장님을 볼 면목이 없었다. 시간이 갈수록 마음은 불안해지고 잠도 잘 자지 못했다.

부서 이동을 심각하게 고민할 즈음, 팀장님이 오랜만에 저녁 식사나 하자고 했다. 나는 자연스럽게 고민들을 털어놓았다. 그러자 대뜸 소리치셨다.

"장주현! 여기서 못 버티고 다른 데 가면 나아질 것 같아?"

"…"

"나만 믿고, 힘들어도 여기서 어떻게든 헤쳐 나가! 그리고 항상 말하잖아. 모든 것은 모방이야. 새로운 업무를 맡았으면 내 방식대로만 하려 들지 말고 다른 사람은 어떤 시각으로 접근했는지 살펴봐야 해.

왜 자기 방식만 고집하지?"

그러고는 신문을 보면서 마음에 드는 단순 보도와 기획 보도, 분야별 기사를 발췌해 놓고, 그걸 자신이 쓰고자 하는 자료와 비교해 가며 쓰는 훈련을 해 보라고 했다.

그렇게 시행착오를 겪으며 스스로를 담금질했더니, 1년 정도 지나자 홍보 업무에 대한 감이 잡히기 시작했다. 브도 자료 작성에 자신감이 생겼다. 언론에 크게 보도가 날 때마다 나를 보는 주위의 시선도 달라졌다.

홍보 업무를 통해 정말 많은 것을 얻었다. 보도 자료 작성을 위해 여러 부서에서 생산된 자료를 살피다 보니 조직의 업무 흐름을 개괄적으로 파악할 수 있었다. 많은 선후배들과 친숙해지는 계기도 됐다. 또 다양한 분야의 기자들과 접하면서 바깥세상의 분위기도 파악할 수 있었다.

'처음 제의가 왔을 때 낯선 업무가 두려워 거절했거나 업무 초반의 고비를 못 넘기고 다른 부서로 옮겼다면 지금 내 모습은 어땠을까?' 그런 생각을 하면 나에게 '홍보 일'이란 기회가 주어진 것에 그저 감사할 따름이다.

기관 평가에서 '종합대상'을 차지하다

공무원 생활을 하다 보면 언론사 등 외부 단체가 주최하는 기관 평가에 응모할 때가 있다. 나도 지난 2008년에 한 언론사가 주최하는 기관 평가를 준비한 적이 있다.

원래 응모 준비는 기획팀에서 하지만 사정상 홍보팀이 맡게 되었다. 다양한 분야의 실적을 총망라해 공적서를 작성하는 것은 정말 쉽지 않은 일이었다. 평가는 1차와 2차로 나뉘고 1차를 통과해야 2차에 응모할 수 있도록 되어 있었는데, 자료 수집부터 만만치 않았다. 공적서 작성에 필요한 자료를 얻고자 전 부서 회의를 소집해 협조를 구했지만, 마음이 급한 것은 우리였지 대부분의 부서는 급할 것이 없었다. 바쁘다는 이유로 자료 제출이 늦어지고 그나마 보내온 내용도 부실했다.

우리는 기존 업무를 하면서 응모 작업을 잘할 수 있는 다른 방법을 찾기로 했다. 우선 응모 작업에 집중하고자 총무팀에 건의해 별도의 방을 마련하고 인원을 나눴다. 나는 아침부터 공적서 작성에만 매달리고 다른 직원들은 업무를 끝내고 저녁에 합류하기로 했다. 다른 부서에서 보내온 자료가 부실하다고 푸념해 봐야 시간 낭비겠다 싶어, 전산실에 의뢰해 모든 부서의 전자 문서를 열람할 수 있는 권한을 부여받았다. 그런 다음 해당 부서 문서를 일일이 검색해 자료를 수집해 나갔다. 딱히 항목에 맞는 자료가 없어도 어떻게든 연관을 지어 빈칸을 채웠다.

그렇게 꼬박 40일을 공적서 작성에 공을 들였다. 그리고 보름 뒤, 우리 구가 '종합대상' 수상 자치단체로 선정되었다는 통보를 받았다.

당시 평가 준비 과정에서 얻은 소중한 깨달음이 몇 가지 있다.

첫째, 무슨 일이든 자신이 해야겠다고 마음먹은 것은 힘들지 않다. 아침 8시부터 다음 날 새벽 1시까지, 때로는 휴일도 없이 대부분의 시간을 의자에 앉아 있어도 피곤하지 않았고 '어떻게 하면 알찬 자료를 만들 수 있을까?'만 고민했다. 누가 시킨다고 되는 것이 아니다.

둘째, 열정은 무엇에든 통한다. 평가는 사람이 하는 것이다. 나는 주최 측 담당자를 귀찮게 했다. 휴일이나 밤늦게 일을 하다가도 평가

:: 2008년 지방자치경영
대상 시상식 개최 후 함께
고생한 과장님과 팀장님,
팀원들과 한자리에 모였다.

항목에 대해 궁금한 것이 있으면 담당자에게 전화해 물어보았다. 궁금한 것도 있었지만, 한편으로는 이렇게 휴일에도, 밤에도 남아서 일하고 있다는 것을 알아주었으면 싶었다. 그 덕에 평가 항목의 숨은 의도에 대해 많은 조언을 얻었다.

마지막으로, '종합대상' 수상은 나의 공무원 경력에 큰 이력이 됐다. 우리 구가 생기고 처음 받은 큰 상이어서 주변 사람들로부터 많은 격려를 받았다. 또 새로운 업무에 접근하고 문제를 풀어 나가는 방법을 배우는 계기도 됐다.

나는 후배들에게 뭐든 기회가 오면 열의를 갖고 잡으라고, 이미 시작했다면 온 힘을 다해 준비하라고 조언한다. '내가 할 수 있을까?' 하는 의심이 생기고 당장은 힘들겠지만 분명 가치 있는 일이다. 성공하면 나를 돋보이게 할 것이고, 설사 좋은 결과를 내지 못하더라도 그 경험은 값지다.

공무원 업무를 잘하려면…

인사는 성공적인 사회생활의 시작이다

　사회생활을 하다 보면 나도 모르게 주위 사람들을 평가하게 된다. 경험상 인간은 첫인상과 같은 주관적인 느낌으로 상대방의 됨됨이를 판단하는 경우가 많다. 조직 내에서 개개인에 대한 평가도 마찬가지다.

　나의 첫인상 평가 기준은 '인사 잘하기'다. 인사를 한다는 것은 다른 사람의 존재를 인정한다는 것이다. 인사를 잘하고 못하는 사소한 차이가 그 사람에 대한 평가를 좌우한다고 해도 과언이 아니다.

　인사를 잘하는 한 후배가 있다. 나는 그를 사무실 복도에서 처음 보았다. 그가 먼저 공손히 인사했다. 신입 직원이겠거니 하면서 인사를 받아 주었다. 그 후로도 그는 마주칠 때마다 인사를 했다. 나는 그를 잘 알지도 못하면서 '정말 괜찮은 후배'라는 느낌을 받았다.

　그로부터 한참 뒤에 모 부서장이 후배 중에 괜찮은 사람 하나 소개해 달라고 했는데, 그가 제일 먼저 떠올랐다. 공무원 조직에서 '괜찮은 사람'이라고 인식이 되면 일을 잘하고 못하는 것에 관계없이 100점 만점에 50점은 먹고 들어간다.

　대기업 인사 담당자들도 함께 일하고 싶은 직원으로 '친화력 있는 사람'을 꼽는다. 사람 마음은 다 똑같다. 나 역시 능력은 뛰어나지만 개인주의적이고 인간미 없는 후배보다 능력은 좀 부족해도 친화력 있고 인간적인 후배가 더 좋다. 일은 내가 도와주면 된다.

　나도 처음 공무원 생활을 시작했을 때 구청에서 사람들을 만나면 무조건 먼저 인사했다. 가끔은 구청을 찾은 외부인과 직원을 구별 못하고 인사한 적도 있지만 손해 볼 일은 없었다.

칭찬과 적당한 아부는 인간관계의 윤활유이다

'아부'라고 하면 언뜻 비굴한 것으로 생각하기 쉽다. 하지만 아부는 인간관계의 윤활유다. 낱말을 풀어 보면 언덕 아(阿), 비빌 부(附)로, '언덕에 비빈다'는 뜻이다. 소도 비빌 언덕이 있어야 가려운 곳을 긁을 수 있다. 없는 것을, 하지 않은 것을 말하며 알랑거리면 상대의 환심을 사기 위한 '아첨'이지만, 아부는 눈에 보이는 것을 상대방에게 좀 더 살갑게 표현하는 방법이다.

나는 공무원 생활 초기만 해도 상대방에 대한 칭찬을 잘 못했다. 때론 냉소적이기도 했다. 쑥스럽기도 하고 괜히 아첨 떠는 것 같았기 때문이다. 그러다 스스로 크게 깨친 일이 있었다.

공무원 생활 5년차에 접어들었을 무렵이었다. 모 부서에서 공무원과 외부 인사 등 600여 명이 참여하는 큰 행사를 주관했다. 한 팀장이 사회를 맡았는데, '공무원이 전문 사회자도 아니고 1년에 한 번 있을까 말까 한 큰 행사에서 사회를 보면 얼마나 잘 브졌는가.' 하는 마음으로 지켜보았다. 그런데 잔잔한 목소리로 행사 시작을 알리고, 행사가 끝날 때까지 차분하게 너무나도 잘 진행했다. 대개 긴장하면 목소리가 떨리고 말이 빨라지게 마련인데 그 팀장님은 적당한 속도와 어조로 듣는 사람을 편안하게 해 주었다.

다음 날 우연히 엘리베이터 앞에서 그 팀장님과 마주쳤다. 그리 친분이 있는 사이는 아니었지만, 전날 행사가 생각나 "어제 사회, 정말 편안하게 잘 보시던데요?" 하고 말을 건넸다. 그러자 "아이고, 말도 마세요. 너무 긴장이 돼서 며칠 동안 연습했습니다."라며 손사래를 쳤다. 그러면서도 "그리 말해 주니 고맙습니다. 그런 기회가 또 생기면 더 잘할 수 있을 것 같아요."라고 진심으로 말했다. 그 이후 지금까지 그분은 나

: : "세상에 완벽한 사람은 없다. 새로운 것을 마주하는 일은 언제나 두려운 일이다. 하지만 자신의 문제들과 정면으로 부딪쳐 보면 많은 것을 얻을 수 있다." 홍보 업무를 하며 필자가 깨달은 바다.

의 든든한 우군이 됐다.

꽃이 비료를 먹고 더 예쁘게 피듯 사람에게도 칭찬이라는 비료가 필요하다. 상대의 작은 변화에도 관심을 표하고 말을 건네면, 상대는 용기를 얻고 더욱 분발하게 된다.

중간보고를 통해 상급자와 교감하라

소통의 시대다. 세상을 살면서 누군가와 소통하지 않는 날은 거의 없다. 소통이란 서로 의사를 교환하는 것이고, 나의 생각과 다른 사람의 생각을 서로 이해하고 공감하는 일체의 과정이다.

어느 조직에서나 인정받는 사람은 소통을 잘하는 사람이다. 공무원 사회도 예외는 아니다. 공무원 조직은 국민의 세금으로 주민과 관련된 사업과 정책을 집행하기 때문에 그 근거가 되는 문서 작업이 많다. 그렇다 보니 결재권자와 자주 접해야 하고 그들에게 자신의 업무 능력을 보여 주어야 한다. 어려울 것 없다. 중간보고만 잘해도 된다.

대부분의 직원은 업무 지시가 떨어지면 보고서를 완벽하게 만들어 보고하려 한다. 하지만 동일한 주제라도 보는 시각에 따라 생각이나 접근 방식이 다르다. 더구나 내가 상대해야 할 사람은 결재권자다.

결재권자는 자신이 지시한 일이 잘되고 있는지 늘 궁금해한다. 그런 결재권자를 잘 이해시켜 결재를 받아 내야 한다. 며칠 동안 일의 진행 상황에 대해 아무 말 없다가 뜬금없이 결재 서류를 올리면 이후 과정이 원활치 않다. 결재권자에게도 전체 내용을 파악하기 위해 자세히 검토할 시간이 필요하다. 행여 사안이 민감하고 확신이 서지 않으면 결재에 부담을 느끼고, 그러다 보면 결재가 늦어져 사업 추진에 차질이 생긴다.

따라서 수시로 일의 진행 상황을 보고해야 한다. 지금은 어느 단계이고 앞으로 어떻게 진행될 거라는 것을 한 장으로 정리하고 거기에 관련 정보까지 곁들이면 결재권자는 분명히 좋아한다. 미리 그런 과정을 거치면 나중에 정식 결재 때는 보고서 분량이 아무리 많아도, 일이 아무리 복잡해도 금방 결재가 난다. 그동안의 중간보고를 통해 결재권자의 머릿속에 그 사안이 정리되어 있기 때문이다.

이렇게 결재권자와 지속적으로 교감하는 것이 시간을 절약하고 자신의 업무 추진 능력을 돋보이게 하는 길이다. 또한 결재권자와의 사이에 업무와 관련된 소통의 과정이 쌓이면 업무의 핵심을 요약할 수 있는 능력은 덤으로 생긴다.

늦은 출발, 한 걸음씩 꿈을 이루다

| 연공흠 |

영국 엑시터대 정치학과에서 공공정책 연구로 석사학위를 받았다. 1991년 서울시 공무원으로 공직 생활을 시작하여 송파구에서 오랫동안 국제교류를 담당하였으며, 2003년 서울시로 전입해 관광과 해외 마케팅 담당, 환경정책과 국제에너지컨퍼런스 담당을 거쳐 현재 2015 ICLEI 총회추진반에서 일하고 있다.

그때 나는 물에 빠져 있었다. 그래서 지푸라기라도 잡아야 했다. 무슨 까닭으로 대학에 꼭 가야 한다는 강박관념에 사로잡혀 있었던 것일까. 다니던 직장을 그만두고 그동안 저축해 두었던 목돈과 틈틈이 과외를 해서 버는 푼돈으로 근근이 학비와 생활비를 충당했지만 이제 그마저도 바닥이 보였다. 졸업은 코앞이었고 취업은 막막했다.

군대를 갔다 오고 직장을 다니다 동기생보다 10년이나 늦게 들어간 대학. 막내 동생보다 어린 학생들을 친구 삼아 공부하고 졸업을 하기는 하지만 내 나이 33세. 대기업, 공사, 은행 등의 신입 사원 채용 시 제한 연령이 28세 또는 30세여서 취업 원서를 넣을 수 있는 곳이 한 곳도 없으니, 장학금까지 받으며 미친 듯이 공부해 받아 놓은 학점은 무용지물이 되었다.

그런 나를 구제해 준 곳이 서울특별시였다. 이미 국가직 시험을 치를 나이는 넘겨 버렸지만 서울시 공무원 시험은 35세까지 응시가 가능했다.

서울시 공무원 시험 전날, 나는 서울에 사는 친구 집에서 하룻밤 신세를 졌다. 시험장이 내가 살고 있던 성남에서 멀리 떨어진 노원구에 있었기 때문이다. 여기마저 떨어지면 길바닥에 나앉을 처지여서 시험 전날 밤늦게까지 공부하고 당일 새벽에 일어나 또 공부를 했다. 시험장에서는 답안을 모두 적은 뒤 남는 시간에 가채점을 해 가며 커트라인과 비교를 하고 또 했다. 가슴 졸이며 걱정했지만, 좋은 성적으로 합격해서 학교를 졸업하기도 전에 1차로 임용을 받아 송파구청에서 지방공무원 생활을 시작하였다.

대한민국에서 응시 자격에 있어서 기회가 가장 공평하고 전형도 가장 공정한 시험이 바로 공무원 임용 시험이 아닌가 싶다. 이제 연령 제한마저 없애는 추세이니, 나이와 학력과 외모에 상관없이 오로지 자신의 노력과 능력으로 합격할 수 있는 시험이 바로 공무원 공개 채용시험이다.

가문의 영광?

꿈을 이루어서 나는 만족하였을까? 천만의 말씀이다. 요즘은 7급이나 9급 공무원 시험에만 합격을 해도 "가문의 영광"이라는 우스갯소리를 할 정도로 공무원이 인기 직종이 되었지만 20여 년 전에는 그렇지 않았다.

어렵게 공무원 시험에 합격은 하였지만, 나는 이곳이 그냥 잠깐 거쳐 가는 정거장일 뿐이라고 생각하였다. 우선 먹고살 길이 막막해서 들어온 것일 뿐, 나의 꿈은 창대하였다. 더 공부해서 대학원도 가고 박사를 거쳐 교수가 되겠다는 생각, 책을 많이 읽고 글쓰기를 연마해 작가가 되겠다는 열망, 공무원일지라도 고시에 합격해 고위직이 되겠다는 포부, 모교 교가의 가사처럼 "다섯 바다 물을 길어 먹을 갈고 여섯 뭍 고루고루 씨를 뿌리고 아홉 하늘 높은 곳에 뜻을 세우고" 싶은 꿈으로 내 가슴은 요동쳤다. 국민에게 무한 봉사를 해야 하는 공무원으로서 바른 생각은 아니었지만, 그래도 그때 더 높은 곳을 바라보고 주경야독하며 대기만성을 꿈꾼 것이 그렇게 나쁜 것만은 아니었으리라.

그런데 일에 치이다 보니, 책을 보기는 점점 힘들어졌고 나이가 들어가며 의지가 약해졌다. 그리고 어느 순간, 내가 대통령이나 서울특별시장이나 구청장 못지않게 중요한 사람이고 그런 능력이 내게 있다는 것을, 내가 하는 일이 결코 시시한 일이 아니라는 것을 깨달았다.

내가 최고다

나의 친구 중에 공부로는 도무지 뛰어넘을 수 없는 녀석이 하나 있다. 나보다 공부를 더 잘하는 친구! 그런 친구에게는 부러움보다 질투가 앞서기 마련이다. 그런데 이번에 변호사 개업을 한 그 친구는 사뭇 경우가 달랐다. 공부를 잘하는 이들에게서 보이는 교만이 그에게는 없었다.

내가 제대를 하고 늦깎이로 공부를 할 때 어떻게 소식을 들었는지

고시 준비로 바쁜 와중에도 일부러 나를 찾아와 아직 늦지 않았다며 용기를 북돋아 주던 고마운 친구, 항상 마음속에 진실한 친구로 여기고 있던 바로 그 친구가 변호사 개업을 한다니, 시골과 청주에서도 동창들이 올라온다니 안 가 볼 수가 없었다.

동양란을 하나 사 들고 서초동 법조 타운에 자리한 친구의 사무실을 찾아갔다. 수많은 하객과 하객 수보다 많은 난초로 꽉 메워진 사무실 한쪽에 동창들이 모여 있었다. 생소한 친구도 있었지만 한눈에 동창임을 알 수 있는 친구도 여럿 있어서 나의 초등학교 무리인 것을 금방 알아보았다. 하지만 가까이 가기가 꺼려져 먼발치에서 잠시 쭈뼛거렸다. 개업식까지 왔는데 그 친구를 안 보고 갈 수는 없었다. 심호흡을 한 번 하고 무리에 섞여 들어, 비로소 시골 초등학교 재경 동창회의 일원이 되었다.

친구들이 모두 사회적 성공을 거두고 나 혼자만 뒤처져 있는 줄 알았는데 세상은 그렇지 않았다. 직업에 귀천이 없다고 하지만 어쨌든 공부를 곧잘 하던 친구가 힘든 노동을 하고 있기도 했고, 일이 잘 풀리지 않아 온갖 고초를 겪으면서 허우적거리는 친구가 있는가 하면, 마땅한 직업이 없어서 생활고에 시달리는 친구도 있었다. 그러나 누구 하나 자신의 처지를 부끄러워하지 않았고 풀이 죽어 있지도 않았다. 누가 돈을 잘 버느니, 누가 출세를 했느니 하는 이야기도 오가지 않았다. 더구나 그런 이유로 동창회에 나오기를 꺼리는 친구는 한 명도 없는 것 같았다.

나에게도 "좋은 직장 다니네." 하는 친구는 있었지만, "그 나이에 겨우 그거냐?" 하며 놀리는 친구는 없었다. 어느 한쪽이 부족하다고 생각할 때 다른 한쪽에 분명 뛰어난 부분이 있고, 그리하여 잘난 사람이나 못난 사람이나, 우등생이나 꼴찌나, 부자나 가난뱅이나 하나님의 저울에 올려놓으면 똑같다고 하지 않던가. 나는 비로소 은둔의 덤불에서 뛰

쳐나왔다.

직업에 귀천이 없고 직장에서의 직위가 모든 것을 좌우하는 것이 아니기에 스스로 부끄러울 일이 없으며, 바로 "내가 최고"라는 것을 그렇게 아주 늦게 깨달았다.

공무원이 정말 싫어

송파구청 총무과에 근무하던 1999년 어느 날, 새벽에 전화벨이 울렸다. 긴급 상황이 발생했으니 즉시 사무실로 나오라는 것이었다.

당시 송파구에는 농지에 비닐하우스를 짓고 거기서 주민이 거주하는 지역이 셋 있었다. 그런데 그중 한 곳에서 화재가 발생한 것이다. 이런 일이 보통 사람들에게는 강 건너 불이지만 공무원들에게는 발등의 불이다. 소방대원이 화재를 진압하고 난 뒤 엄청난 양의 쓰레기를 치우는 것은 구청 청소과의 일이요, 구호 물품을 보급하는 것은 사회복지과의 일이다. 또 총무과와 건축과를 비롯한 여러 부서에서 이후 피해 주민들이 새 삶을 살 수 있도록 여러 가지 지원 대책을 세운다.

그런데 여기에는 많은 법적 제약이 따른다. 무엇보다도 정식으로 허가받은 건축물이 아니어서 합판 형태로든, 비닐 형태로든 주거시설을 다시 마련해 주기가 쉽지 않다. 비닐하우스 거주민들의 주민등록상 주소지가 모두 다른 곳으로 되어 있어서 실태 파악도 쉽지 않다. 안타까운 마음에 '오갈 데 없는 이분들에게 무엇을 어떻게 해 주어야 하나.' 하며 고민하고 있는데, 화재 피해 주민들이 구청으로 들이닥쳤다.

그들이 만든 전단지에는 "새벽에 구청 직원이 어떻게 화재 현장에 나올 수 있었나? 구청에서 강제 철거를 하려고 고의로 불을 지른 것이다."라는 글이 큼지막하게 쓰여 있었다. 온몸에 힘이 쭉 빠지면서 맥이 풀렸다. 공무원이 정말 싫었다.

공무원이 정말 좋아

김영삼 정부 시절 국제화 바람이 한바탕 불었다. 지방자치단체마다 국제화 추진 조례를 만들고 해외 자매도시 만들기에 열을 올렸는데 그 바람의 한 자락이 내게도 스쳤다. 서울시 공무원이 되기 전에 유럽 15개국을 47일간 배낭여행을 하고 그때의 추억을 글로 엮어 스포츠 신문에 60회 넘게 연재한 적이 있는데, 이것이 인사팀에 포착되어 국제교류 담당으로 발탁된 것이다. 이후 5년간 국제교류 업무를 했는데, 나의 전공이나 적성에 맞아 일하면서도 신이 났고 재미있었다.

국제교류 업무를 하는 중에 경제적인 성과가 없다고 의회와 언론으로부터 질타를 받았을 때는 마음이 몹시 괴로웠다. 관내 기업인으로 경제사절단을 만들어 자매도시에 다녀오기도 했는데, 국내 제품의 판로 개척이나 글로벌 기업의 국내 투자 유치 같은 영역에서 지방자치단체가 성과를 거두기란 쉽지 않았다.

다행히 문화 쪽의 교류는 활발하게 진행되었다. 다양한 문화교류 행사를 진행했는데, 그중에서도 특히 보람 있었던 일은 송파구와 뉴질랜드 크라이스트처치에 있는 학교를 엮어 자매결연을 추진한 것이다. 우선 송파구의 오금고등학교와 크라이스트처치 아라누이고등학교가 송파구의 주선으로 자매결연을 체결하였고 학생들의 상호 교환 방문

:: 1996년 송파구-크라이스트처치 경제 교류 논의를 위해 뉴질랜드 캔터베리개발공사를 방문해 사장 면담을 하였다.

행사를 진행했다. 아라누이고등학교 학생 15명이 서울에 오면 오금고등학교 학생 15명이 자기 집에서 숙식을 제공하면서 2주 동안 학교도 함께 다니고 방과 후나 휴일에는 서울 나들이를 하였다. 이듬해에는 오금고등학교 학생 15명이 크라이스트처치를 방문해서 같은 방법으로 자기 짝꿍의 집에 머무르며 그 나라의 문화를 배우고 학교생활을 체험하였다. 이때 항공료는 방문자가 부담했고 숙식비는 방문한 학생 측에서 지불하는 형태로 교류를 진행했다.

풍납동의 토성초등학교와 크라이스트처치 메린초등학교의 교류 사업도 빼놓을 수 없다. 이 두 초등학교 역시 자매결연을 맺고 교류를 하였는데, 초등학생은 아직 나이가 어려서 교환 방문 행사 대신에 미술 작품 교류 전시회를 진행했다. 토성초등학교 어린이들의 미술 작품 50점을 선정하여 크라이스트처치로 보내 그곳 전시장에서 메린초등학교 어린이 작품 50점과 함께 2주간 전시를 하고, 이후 송파미술관에서 두

학교 어린이들의 작품 100점을 전시했던 것이다.

부를 얻으면 1년이 행복하고 좋은 친구를 얻으면 10년이 행복하고 자신이 하고 싶은 일을 하면서 살면 평생이 행복하다고 한다. 내 적성에 맞는 일을 해서 신바람 났던 그 시절, 나는 정말 행복하였고 공무원이 좋았다.

엉덩이가 가벼운 후배 순환이

겨울에 흰 눈이 내리면, 그래서 산도 들도 나무도 하얀 눈에 덮이면 강아지만 좋아하는 것이 아니다. 어린이들도 기뻐 팔짝팔짝 뛰고 나처럼 산을 좋아하는 사람은 눈꽃을 기대하면서 산에 오른다.

그런데 내 후배 순환이는 눈이 내리면 전혀 유쾌하지 않다. 토목직 공무원인 이 후배는 도로, 교량, 터널의 건설 및 유지·보수와 관련된 부서에서 근무한다. 겨울에 눈을 치우는 제설 작업이 바로 이 부서 소관이다.

예상 적설량이 5센티미터 이내면 1단계 비상이 걸리면서 재난대책본부 상황실 요원이 정위치에 근무하게 되고, 5센티미터가 넘으면 2단계 비상으로 서울시 공무원의 4분의 1에게 비상근무 명령이 하달되며, 10센티미터가 넘으면 3단계 비상으로 2분의 1이 비상근무에 들어간다. 그래서 나 역시 눈만 내리면 신경을 곤두세우고 예상 적설량을 예의 주시하며 언제 비상이 걸릴까 노심초사한다.

하지만 자기의 업무가 제설 작업인 순환이는 사뭇 다르다. 퇴근 후 집에서 쉬다가도 눈이 한두 송이 내리기 시작하면 엉덩이를 털고 일어나 곧장 재난대책본부 상황실로 나간다. 비상 상황이 발생하면 본부에서 비상을 발령하지만, 집에서 '언제 비상소집 전화가 올까?' 하며 기다리고 있는 것이 이 후배는 더 불안하단다. 게다가 이러한 비상 상황은 공교롭게도 한밤중이나 연휴 기간 중에 곧잘 터진다. 불평도 불만도 없이 그저 나의 일이려니 하면서 상황실로 향하는 순환이를, 나는 수도 없이 보았다.

갑자기 눈이 내려서 차가 도로에서 엉키면 "도대체 공무원 ○○들 눈 안 치우고 뭐해!" 하는 비난이 SNS를 도배한다. 재난대책상황실에서 시민의 안전과 편안함을 위해 최선을 다하고 있다는 것을 조금은 알아주면 좋겠다.

나 역시 추석 연휴에 호우경보가 발령되는 바람에 식구들을 모두 시골에 두고 홀로 서울로 올라온 적이 있다. 지금도 항상 눈, 비, 바람에 신경을 쓴다. 순환이뿐만 아니라 나의 엉덩이도 가벼울 수밖에 없다.

당직이 기가 막혀

학교나 관공서에는 '당직'이란 것이 있다. 평일 밤에 근무하는 것이 숙직이요 토요일과 일요일 그리고 공휴일 낮에 근무하는 것이 일직인데, 공무원 생활을 하다 보면 별것도 아닌 숙직이 상당히 부담스럽다. 다행히 지금은 학교와 관공서에서 대부분 당직 전담 직원이나 경비원을 채용해서 심적 부담이 크게 줄었다.

정말 힘들었던 숙직은 2006년 7월 초 중앙버스전용차로제도를 처음 시작했을 때였다. 지금은 중앙버스전용차로가 정착돼서 시민들이 편리하게 이용하고 있고 세계 여러 나라에서 벤치마킹을 하러 오고 있지만 시행 초기에는 불편이 이만저만이 아니었다. 특히 처음 몇 주간, 버스전용차로는 전용차로대로 꽉 막혀 버스가 옴짝달싹 못하고 일반차로는 일반차로대로 정체가 돼 차들이 오도 가도 못 하는 사태가 계속됐다. 버스가 한 시간 이상 제자리에서 꼼짝을 못하자 성난 시민들이 시청 당직실로 빗발치게 전화를 했다. 당시 서울시청 본관의 당직자는 4명이었는데 이상하게도 전화기는 8대가 있었다. 4명이 전화를 받고 있어도 4대의 전화는 계속 울렸고, 수화기를 드는 순간 화가 머리끝까지 치민 시민들은 전화마저 늦게 받는 공무원을 용서할 수가 없어 쌍욕을 해 댔다.

물론 교통종합상황실을 별도로 설치해서 문제 해결에 힘을 쓰고 있었지만, 수많은 전화가 당직실로 걸려 왔고 화를 참다못한 시민들이 직접 들이닥쳐 항의를 했다. 공교롭게도 그 사태 직전에 서울시장이 기독교 모임에서 서울시를 하나님께 봉헌하겠다고 한 사건까지 겹쳐서 "서울시장님, 참 훌륭하십니다. 감동 받았습니다." 하는 목회자의 전화에다 "서울시가 개인 소유냐? 시장 바꿔?" 하는 성난 시민의 전화까지 8대의 전화가 밤새 춤을 추었다. 당직실의 벽시계는 고장 난 것처럼 느리게 움직였고 날이 밝았을 때는 지옥에서 겨우 헤어난 기분이었다.

꿈은 이루어진다 - 영국 유학

외국에서 공부를 한다는 것, 나는 꿈속에서나 그런 것을 할 수 있으리라고 생각했다. 그렇게 꿈에서나 했을 법한 일이 현실이 되었다.

누가 뭐래도 공무원의 최대 목표는 승진일 것이다. 승진을 하기 위해서는 근무 성적이 좋아야 하지만 '가점'이란 제도도 있다. 예컨대 직무와 관련된 자격증이 있는 경우에 가점을 받고 외국어 성적이 우수해도 약간의 가점을 받는다. 나는 외국어 가점을 위해 토익 공부를 했는데, 가점 기준을 통과하고 나니 슬그머니 유학에 욕심이 생겼다.

중앙부처에서는 외국어 성적만 좋으면 국비 유학을 갈 수 있다고 들었다. 하지만 서울시의 유학생 선발 기준은 사뭇 다르다. 업무를 게을리하고 영어 공부를 하는 직원에게 기회를 주는 것은 불공평하다고 판단해 선발 기준 배점 중 근무 실적을 가장 높게 책정했다. 그다음으로 유학 계획서, 어학 성적과 근무 기간 등의 점수를 더한다. 나는 2009년에 서울시의 국외 훈련 학위 과정에 지원하였다. 내가 유학 대상자에 선발되었다는 소식은 점심시간에 횡단보도 앞에서 신호를 기다리다 들었다. 당연히 점심밥을 한 숟가락도 못 넘겼다.

학비는 시에서 대 주지만 대학원 합격은 나의 몫이었다. 영영 써먹을 일 없을 줄 알았던 대학 시절 학점이 빛을 발하여 영국 엑시터대학교 정치학과 석사 과정에 무난히 합격했고, 2010년 7월에 2년 기간의 유학길에 올랐다. 한 번도 도끼날을 갈지 않고 무지막지하게 장작만 패 왔다. 해가 뜨는지, 달이 지는지 모르면서 앞만 보고 20년을 걸어왔다. 이제는 하던 일 멈추고 도끼날을 갈 때도 되었고, 가던 길 멈추고 뒤를 돌아볼 때가 온 것이다.

내가 잘나서 가는 유학도 아니요 서울시청에서 인심을 쓴 것도 아니었다. 더 나은 서울시를 만들어 달라고 시민이 내준 세금으로 떠난 유학이었다. 어쨌거나 꿈같은 영국 유학길에 올라 2년을 오로지 공부만 하며 영국 문화를 접할 수 있는 행운을 잡았다. 내가 공무원으로 근

:: 2008년 서울특별시 환경상 시상식 후 환경과 직원들과 한데 모였다.(뒷줄 왼쪽에서 세 번째가 필자)

무하면서 받은 최대의 혜택이요 시민에게 진 가장 큰 빚이다. 공부를 게을리할 수가 없던 이유다. 2011년에 영국 10대 명문 대학 정치학과 공공정책 석사 과정을 우등으로 졸업하였다. 어려서 막연하게 꾸었던 나의 꿈이 그렇게 이루어졌다.

나의 길, 일반직 공무원

나는 일반직 공무원이다. 일반직이라는 것은 기술직이나 전문직, 계약직과 달리 이런저런 일을 두루 하는 직종이다. 예컨대 토목직, 건축직, 사회복지직, 환경직 공무원들이 전문 분야에서 일을 한다면 일반직은 토목부서에서도 건축부서에서도 사회복지부서에서도 환경부서에서도 일을 한다. 두루 능통한 것 같으면서도 어느 하나 깊이 있게 알지

:: 2013년 서울국제에너지 컨퍼런스를 위해 한국에 온 초청 연사들에게 월드컵공원을 안내해 주었다.

는 못하는 2%가 부족한 공무원이 일반직 공무원이다. 운이 좋으면 전공이나 소질에 맞는 부서에서 일을 할 수도 있지만, 대개는 발령을 받은 부서에서 자신의 적성과 무관한 업무를 한다. 나 또한 재무과, 도로계획과, 환경과, 관광과, 총무과 등에서 그때그때 주어진 임무를 수행했다.

서울시 기후환경본부 환경정책과에서 근무할 때는 '원전 하나 줄이기' 총괄 업무를 하였다. '원전 하나 줄이기' 사업은 원자력발전소 하나를 없애자는 반핵운동이 아니다. 전력 소비량이 국가 전체의 10.3퍼센트를 차지하지만 전력 자급률은 3퍼센트에 불과한 서울시의 전력 자급률을 2014년까지 8퍼센트로 끌어올려서 원전 하나를 줄여도 될 만큼의 에너지를 절약하자는 것이 이 사업의 목표이다. 하지만 현대사회는 에너지 사용이 늘면 늘었지 줄지는 않게 돼 있어서 사업 추진에 어려움을 겪고 있다. 이 사업을 성공적으로 추진하기 위해서는 태양열, 수소전지와 같은 재생에너지 생산을 확대하고 백열등이나 형광등을

LED로 교체하는 등의 노력으로 건물의 에너지 효율을 높여야 할 뿐 아니라 시민들이 에너지 절감에 적극 참여해야 하는데, 이것이 말처럼 쉽지 않다.

우리가 화장실에서 사용하는 비데는 예비 전력이 57퍼센트나 되어서 비데를 사용하지 않을 때 전원을 끄는 것만으로도 상당한 에너지가 절약된다. 비데뿐만 아니라 모든 전기제품이 그러하다. 자동차 한 대가 5분씩만 공회전을 줄여도 연간 43.8리터의 연료를 절약할 수 있고 91킬로그램의 온실가스를 줄일 수 있는데, 우리는 이런 것을 잘 모르거나 알아도 쉽게 실천하지 않는다. 결국 관에서 이러한 일을 주도하면서 시민들이 따라오도록 홍보하고 독려해야 한다. 그런 일이 공무원의 몫이요 그 길이 내가 가야 하는 길이다.

얼마 전부터 나는 이클레이총회추진반이라는 조직에 몸담고 있다. 이클레이(ICLEI)는 우리말로 풀면 '지속가능성을 위한 세계지방정부'라는 조직으로, 전 세계 86개국 1000여 개 도시를 회원으로 하며 지구온난화와 기후변화에 대응하여 지구를 살리기 위한 지방정부의 역할에 대해 고민하면서 우수하고 유익한 정책과 정보를 공유하고 있다. 나아가 3년마다 세계총회를 개최하는데, 2015년 개최되는 제9차 이클레이 세계총회를 서울시에서 유치하였고 현재 성공적 회의 개최를 위한 준비를 하고 있다.

돌아보면, 공무원이 되고 난 후 지금까지 너무 일에만 파묻혀 지내다 보니 가족과 친구들에게 소홀했던 것이 미안스럽기도 하다. 그렇지만 시민이 낸 세금으로 단 한 번도 거르지 않고 꼬박꼬박 월급을 받았고 유학까지 갔다 왔으니 감사하게 생각하며 최선의 봉사를 하여야 하는 것이 당연하고, 그러하기에 공무원을 그만두는 그날까지 "국가에는 헌신과 충성을, 국민에게는 정직과 봉사를, 직무에는 창의와 책임을, 직장에서는 경애와 신의를, 생활에는 청렴과 질서를" 다하고자 한다. 그것이 내가 가야 하는 길이 아닌가 싶다.

03   시청

모난 돌이 정 맞는다?

| 함대진 |

고려대를 중퇴하고 후에 한국방송통신대 행정학과를 졸업했다. 1987년 서울시 공무원에 임용됐다. 서울시 송파구, 노원구 홍보팀장 및 과장, 서울시 홍보기획팀장을 거치며 13년간 홍보 일을 했다. 현재는 서울시청 교육격차해소과 격차해소기획팀장으로 근무하고 있다. 지은 책으로 홍보 실전 노하우를 담은 『유능한 홍보맨 휴지통에서 진주를 건지다』가 있고 지자체 등에서 홍보 관련 강의를 해 오고 있다.

공무원 생활을 시작하며 지금까지 머릿속에 지워지지 않는 말이 있다. "모난 돌이 정 맞는다."라는 속담이다. 이 말은 '성격이 너그럽지 못하면 대인 관계가 원만할 수 없다'는 뜻과 '너무 뛰어나 두각을 나타내면 남의 미움을 산다'는 의미를 담고 있다. 한마디로 원만한 조직(사회) 생활을 위해서는 두루뭉술하게 살아야 한다는 말이다.

1987년 3월, 내가 첫 발령을 받은 곳은 동사무소였다. 동장과 사무장, 민원 주임 직제가 있던 시절이었다. 이제 막 발령을 받은 새내기 공무원에겐 모든 것이 어색하고 층층시하 선배들이 어렵게만 느껴졌다. 첫 업무는 토목, 공원 녹지, 상하수도 등 소위 뒷다이(민원창구 업무를 '앞다이', 이를 제외한 모든 업무는 '뒷다이'라 부름)로 여러 가지 일을 하였다.

초보 공무원은 민원 창구에서 주민등록 등·초본 발급 업무를 하는 게 통상인데, 마침 퇴직한 직원의 업무를 대신 맡게 된 것이다.

그러던 중 현안 과제가 주어졌다. 공원 녹지 업무를 맡고 있으니 5월 어린이날을 앞두고 놀이터 보수 예산이 떨어진 것이다. 그 돈으로 끊어진 그넷줄, 모래, 퇴색된 놀이시설 등 놀이터의 각종 시설을 정비해야 했다.

공무원이 된 지 채 한 달도 안 된 상태에서 부담이 이만저만이 아니었다. 예산 범위 내에서 작업 물량을 파악하고 일할 사람을 선정해 기일 내에 일을 마치고 정산해야 하는데, 뭘 어찌해야 할지 걱정이 태산이었다. 거기다 동장(별정직)은 내게 관리, 감독만 하라 말하고 업체를 선정해 일을 시켜 버렸다. 시쳇말로 난 '로봇'이었다. 그렇다고 가만있을 수는 없어서 틈틈이 현장에 나가 공사 진척 상황을 체크했고 일은 잘 끝났다.

그런데 공사 대금을 지불하기 위해 회계 서류를 처리하는 과정에서 문제가 생겼다. 서무가 내 이름을 넣은 기안을 내밀며 도장을 찍으라는 것이었다. 아무리 초보라지만 담당자인 나와 일언반구 상의도 없이 너무하다 싶었다. 회계 집행 전후 관계도 모르는데 시키는 대로만 할 수 없었다. 또 회계 서류의 허수(虛數)에 동의할 수 없었다.

그렇게 여러 날이 지나 사무장이 조용히 불렀다. 그는 물끄러미 창밖을 응시하며 "그 입장 안다."라고 말했다. 그리고 자신이 먼저 사인을 하는 게 아닌가! 무언의 압력이었다. '네 입장을 아니 그냥 넘어가자.'는 의미였다. 하지만 나는 끝내 도장을 찍지 않았다.

그 일로 인해 동장은 한 달 보름 만에 날 등·초본 담당으로 좌천(?) 시켰다. 굴하지 않았다. 누구보다 일찍 출근하고 주어진 일에 더욱 매진했다. 아침 일찍 출근하는 동장은 자신의 집무실에 가기 전 항상 직원 사무실을 들렀는데 그때마다 나와 마주쳤다. 소위 눈도장을 찍은 것이다. 그 때문인지 이듬해 3월, 고참들이 모두 전출 가고 일 잘하는 선배가 하던 일이 내게 떨어졌다. 88서울올림픽 환경 정비 업무였다. 출근과 함께 전 직원이 환경 정비 업무에 매달릴 만큼 중요한 현안이었다. 본연의 행정 업무는 저녁에 남아 처리했다. 시쳇말로 코피 터지며 열정을 쏟았다.

이후 승진 시험을 봤고, 합격 후 동사무소를 떠나 구청의 총무과에서 근무했다. 직원들이 선호하는 힘 있는 부서였다. 이때 왕주임(최고참 주임)이 내게 한 말이 바로 "모난 돌이 정 맞는다."였다.

곰곰이 생각해 본다. 초년 시절의 튀는 사고, 바른 소리, 주위를 두리번거리지 않는 태도가 선배들 눈엔 모나 보였으리라고.

사람은 저마다 기질이 있다. 이것은 대개 교육을 받으며, 세파에 시달리며 바뀌게 된다. 그러나 나는 그렇지 못한 것 같다. 세월이 한참 흐른 지금도 당시 함께 일했던 선배들이 "너는 변하지 않고 옛날 그대로야."라고 말하는 것을 보면 말이다.

나는 지금도 모난 돌처럼 공직 생활을 하고 있음이 틀림없다. 그렇지만 잃은 것보다 얻은 것이 더 많으니 꼭 나쁘지만도 않다.

솔직한 악(惡) vs 위장된 선(善)

사람이 '모두 잘한다'는 것은 매우 어렵다. 사회생활을 하며 '위로도 아래로도 잘하고 두루두루 잘하는 것', 다시 말해 대인 관계를 원만하게 유지하며 일도 잘한다는 것은 쉽지 않다.

공직 생활 초창기에 내겐 수식어가 따라다녔는데 바로 '독일 병정'이다. 원칙을 고수하고 융통성 없이 강직한 자세 때문인 것 같다. 이 말을 처음 들었을 땐 자격지심에 부끄럽기도 했지만 다른 한편으로는 트레이드마크로 괜찮다는 생각도 했다. 관리자들이 볼 때 '틀림없는 친구'로 인식할 거라는 판단에서였다. 물론 실무 직원일 때와 조직을 이끌어 가는 관리자일 때의 자세는 달라야겠지만 말이다.

공무원도 일반 회사처럼 조직 생활을 하며 다양한 상사와 부하 직원을 만난다. 다 아는 얘기지만 네 가지 유형의 사람이 있다. 똑똑하고 부지런한 '똑부형', 똑똑하고 게으른 '똑게형', 멍청하고 부지런한 '멍부형', 멍청하고 게으른 '멍게형'.

하지만 나는 어디에도 해당되지 않는 것 같다. 유형별로 다소 문제를 안고 있는 데다 '열정'이 최상위 개념이라는 판단에서다.

사실 글로벌 시대에는 '똑부'조차도 경쟁력에 한계가 있다. 똑똑하고 부지런한 것은 기본이고 창의성, 융통성, 인간미, 순발력, 지칠 줄 모르는 열정 등 탄력적 마인드를 요구한다.

구청에서 팀장과 과장을 거쳐 현재 서울시청에서 근무하고 있지만 나에게는 독일 병정의 잔재가 남아 있다. '원칙'을 고수한다. 공무원은 법의 테두리 내에서 판단한 뒤 유도리(융통성)를 찾아야 맞다. 그런데 유도리만 찾는 선후배들이 많이 있다. 원칙도 없이 위에서 시키면 시키는 대로 해서는 안 된다. "좋은 게 좋다."고 해서는 곤란하다.

흔히 공무원을 가리켜 "영혼이 없다."고 한다. 이 말은 '자기 줏대(소신) 없이 바람에 흔들리는 갈대와 같다'는 뜻으로 통용된다. 주인 정신이 요구되는 대목이다. 일을 추진함에 있어 자신이 최고 관리자라는 책임감을 가져야 한다. 그렇지 않으면 주변인으로 맴돌게 될 뿐 아니라 모든 일에 소신이 결여될 수 있다. '예스'만이 능사는 아니다. 일단 상사의 지시에 "네."라고 하고, 문제점과 대안을 찾아 "아니요."라고 얘기할 줄 알아야 한다. 윗사람이 가장 좋아하는 것이 보다 나은 대안을 마련해 제시하는 부하 직원이다.

지금까지 난 소위 깨지면서도 바른 생각과 입바른 소리를 하며 공직 생활을 해 왔다. 일을 처리함에 있어 멈칫거리게 하는 갈등 상황이 생기면 서슴없이 "아니요."라고 말했고, 내키지 않아도 해야 할 일이라면 명분과 논리를 찾아 끝까지 책임을 질 각오로 추진했다. 그러는 동안 자연스럽게 '솔직한 악(惡)이 위장된 선(善)보다 낫다.'가 나의 좌우명이 되었다. 대충 모면하는 자세로는 순간은 넘길 수 있어도 생명력이 짧다. 솔직하게 말하는 쓴소리가 당장은 귀에 거슬려도 진정성을 담보한다면 그것이 훨씬 낫다. 상대방도 돌아서서 옳고 그름을 다 판단한다.

독일 병정! 지금은 많이 퇴색된 과거의 얘기지만 오늘의 나를 있게 한 힘이다.

"검찰에 출두하세요"

모 구청 총무과에서 6년 3개월의 장기 근무를 하고 부서를 옮겼다. 인사와 총무 일을 거치며 한곳에, 그것도 힘 있는 부서에 오래도 있었다. 그사이 한 직급 승진도 했다. 누구보다도(당시 여건에서) 7급 승진을 빨리 하였다.

부서 이동 후 맡은 업무는 '비교적 편하다'는 문화재 관리였다. 그런

:: 2001년 수도권 집중 호우 때 풍납토성 붕괴를 막기 위해 밤새워 비닐을 씌우고 현장을 방문한 간부에게 상황을 설명하는 필자.(오른쪽 끝)

데 일복이 많게 타고나서인지, 부단체장이 바뀌며 문화재 관리가 갑자기 관심 업무로 부상하였다. "승진도 했으니 부서 이동을 통해 재충전의 시간을 갖는 것도 좋지."라던 선배의 말과는 달리 매일 현장에 나가 관리, 감독해야 하는 일이라서 여간 신경이 쓰이는 게 아니었다. 여름 땡볕에 얼굴을 시커멓게 그을린 것은 기본이고, 폭우에 토성이 무너지는 것을 막기 위해 동료와 둘이서 밤새 비닐을 씌우기도 했다.

그러던 중 일이 터졌다. 검찰(관할 지청)에 출두하라는 명령을 받은 것이다. 이유는 현대판 '봉이 김선달' 때문이었다. 서울시 소유 문화재 보호구역에 주차장을 만들고 인근 식당 등으로부터 주차료를 받아 챙기는 이가 있었다. 서울 지검에 민원성 투서가 접수되었고, 이를 수사하던 검찰이 "공무원과의 유착 없이 이런 일은 어렵다."고 보고 관할구청 담당자인 나를 호출하였다. 황당하기도 했지만 걱정이 이만저만 아니었다. 검찰, 그것도 특수부에서 불렀다 함은 '공무원 비리'와 관계돼 있다는 판단에서였다.

나는 관련 서류를 챙겨 무거운 발걸음을 옮겼다. 바싹 긴장하지 않을 수 없었다. 검찰 청사에 들어가기 전, 입구의 공중전화에서 아내에게 전화를 걸었다. "나 오늘 집에 못 들어갈지도 몰라. 그렇게 알고 있어."

검찰에 불려 가면 밤새 조사를 받으며 시련을 겪던 시절이었다.

다행히 나는 몇 시간 조사를 받고 나왔다. 물론 문제의 사안에 대해 집중 추궁을 당했다. 조사관은 내게 추궁 반, 협박 반 캐물었다.

"근거를 다 갖고 있다. 작게는 얼마부터 얼마까지 (돈) 받은 명단이 있다. 말하라."

어이없었지만 당당했다. 업무를 맡은 지 얼마 되지 않았고, 돈을 받은 일이 없고, 맡은 일에 최선을 다하고자 문제의 문화재보호구역 내 위법 건축물을 정비하기 위한 계획을 세워 추진 중이었기 때문이다. 그러나 한편으로 걱정이 되었다. 진실이 아닌 것이 진실인 양 둔갑해 없는 죄도 만들어질 수 있다는 우려와 함께 혹여 전임자들이 연루되어 있지 않을까 하는 생각에서였다.

내가 검찰에 다녀온 후, 주택 등 관련 분야 공무원들이 소환되었다. 검찰에 갔다 온 후배는 나와 관련해 조사관과 나눈 대화를 이렇게 전했다.

조사관 왈, "그 친구는 아무런 도움이 안 된다. 뭐, 부는 게 없다."

후배 왈, "그 사람은 절대 그런 사람이 아니다. 바늘로 찔러도 피 한 방울 안 난다. 그런 게(금품수수) 통하는 사람이 아니다."

얼마 후 검찰청 지청에서 수사 결과를 발표하였고, 발표 직후에 수사관이 내게 전화를 걸어 왔다. "오늘 기자들이 현장에 가는데 잘 안내해 주시고…, 기자들에게 당신은 표창을 주어야 할 사람이라고 말했습니다."

이 사건은 나를 비롯해 공무원 개인에겐 피해가 없었으나, 구청에 주차장 등을 철거하고 원상 복구 후 조치 결과를 통보하라는 공문이 떨어졌고 주민들에게는 벌금이 부과되었다. 이 정도로 사건이 종결된 것은 문화재보호구역 관리에 문제가 있다고 판단해 단계적으로 불법 건축물 등을 철거하는 정비계획을 세우고 주민들의 무단 사용을 막기 위해 문화재보호구역 경계를 따라 철조망을 설치했기 때문이었다. 이러한 조치를 취하지 않았거나 주민들의 저항에 부딪혀 미적미적 일처리를 했더라면 담당자로서 책임을 면하기 어려웠을 것이다.

모든 일이 그렇듯 이 일을 마무리하기까지 험난한 과정을 거쳤다. 정비 대상자들을 찾아다니며 자진 철거를 독려했는데, 계고장을 전달하러 카센터를 들렀을 때는 조폭처럼 스포츠머리를 한 건장한 청년들에게 해코지를 당하지 않을까 마음 졸여야 했고 불법으로 주차장을 만든 곳에 갔을 때는 주인이 부엌칼을 들고 "죽이겠다."며 뛰어나와서 동료와 함께 줄행랑을 쳐야 했다. 대집행을 하던 날은 가구점 주인이 대형 합판으로 봉쇄해 놓은 출입문에서 대자보인 양 적어 놓은 내 이름과 장문의 글을 마주해야 했다. 마음고생이 컸지만 지금은 아련한 추억이 되었다.

지금까지 난 어떠한 상황에서도 당당하게 내 일에 임해 왔다. 그럴 수 있었던 원동력은 단 하나, '정직(진실), 있는 그대로 하자.'였다. 일을 하다 보면 청탁 등 편법을 쓰는 사람들을 만나게 된다. 경험상 이런 사람들은 청탁을 빌미로 적당히 일을 처리하려 든다. 담당자의 입장에

선 일을 소신껏 추진하는 데 장애 요인으로 작용한다.

공무를 집행함에 있어 적당히 안주하고 타협해서는 안 된다. 사람인 이상 정(情)에 못 이겨 갈등을 하기 마련이지만 후회할 일이라면 단호하게 뿌리쳐야 한다. 그래야 어떤 일이든 자신 있게 해낼 수 있다. 내가 검찰에 불려 갔을 때도 돈 받은 일이 없었기에 당당할 수 있었다. 공무원에게 청렴은 기본이다.

한 우물을 파다

흔히 공직 사회를 철밥통에 비유한다. 이는 '법에 신분이 보장돼 있어 잘릴 위험이 없는 안정된 직업'이라는 이유에서일 것이다. 그렇다 보니 많은 사람들이 공무원을 '보수적이며 변화를 원치 않는 집단'으로 바라봤다. 사실 어느 때까지는 철밥통, 이 말이 들어맞았다. 하지만 옛말이다. 공직 사회도 그사이 많은 변화를 겪으며 무한 경쟁 조직으로 바뀌어 가고 있다.

내게도 변화가 왔다. 지난 1998년, 자치구에서 공보 업무를 맡으면서다. 구청장을 임명직으로 하던 관선시대엔 비교적 중요하지 않았으나, 1995년 민선 지방자치시대가 열리면서 공보 업무가 중요해졌다. 지방자치단체 내 각종 사업과 행사를 홍보하고 주민들에게 알리는 창구이자 대변인 역할을 수행하기 때문이다.

삐질삐질 진땀깨나 흘린 공보 업무
공보 업무 초기, 기관장 동정 자료를 작성할 때 일이다. 자료의 성격상 미리 배포해야 하는데, 기관장이 행사에 참석해 어떠어떠한 말을 했다는 내용의 짧은 멘트 두 단락을 쓰기가 쉽지 않았다. 자칫 멘트를 잘못 달아 혼나면 어쩌나 하는 걱정에서였다. 공보 업무는 매일 새로운 보도 자료를 쓰면서 동시에 타이밍을 놓치지 않아야 하기에 긴장의 연속이었고, 혹여 비판적인 기사라도 나면 스트레스는 몇 배로 늘었다. 하지만 시간이 갈수록 신이 났다. 내가 의도하고 구현한 보도 자료대로, 다음 날 아침 각종 매체에 기사가 나면 마음이 여간 뿌듯한 게 아니었다.

그렇게 만 3년간 공보 업무를 하다 보니 나름 전문가로 평이 났고, 이후 강남 지역 자치구에서 강북 지역 자치구로 자리를 옮겼다. 스카우트 형태로 말이다. 나는 여기서 지난 3년의 경험을 잘 살려서 단체장의 신뢰 속에 신 나게 일했다. 뉴스 아이템을 발굴하고 새로운 신조어도 (뉴스를 통해) 만들어 냈다. 보람의 연속이었다.

타 자치구 공보 업무 담당자와 팀장, 기자 들 사이에 내 이름이 회자되었다. 여러 지자체의 공보 업무 관계자들이 벤치마킹하기 위해 나를 찾아오기도 했다. '한 개인의 역량이 이런 것이구나.' 하는 쾌감을 맛봤다. 신문, 방송 등 각종 매체를 통해 한 지역의 이미지를 바꾸고 브랜드 가치를 높였다는 자부심도 느꼈다.

보도 자료, 쓰기만 하면 안타!

내가 작성한 보도 자료와 칼럼은 신문에 실리지 않는 법이 없었다. 반드시 안타를 쳤다(기사화됐다)는 말이다. 공보분야의 전문가가 되기 위해 끊임없이 노력했고, 그 결과 서울시 출입 기자단으로부터 연이어 두 차례나 우수 홍보맨으로 선정되었다.

:: 강원도에서 공보 업무를 하는 공무원들을 대상으로 초청 강의를 하기도 했다.

나는 늘 가방을 갖고 다녔다. 그 속엔 써야 할 칼럼 재료와 작성 중인 보도 자료가 있었다. 바지 호주머니엔 기자 수첩과 같은 손 수첩이 있었다. 그리고 침실 머리맡엔 항상 노트가 있었다. 당시 여러 기자들이 나를 '아이디어 뱅크'로 부르기도 했다. 사실 아이디어는 별 게 아니다. 어떤 일에 대해 골똘히 생각하고 몰입하다 보면 머릿속에 무언가 떠오른다.(고민의 흔적이 아이디어일까?) 이때 반드시 메모를 한다. 불현듯 떠오른 아이디어는 금세 사라지는 휘발성이 있기 때문이다. 날아가기 전에 묶어 두고 숙성, 가공하여 완성도를 높이면 근사한 작품이 나온다. 따라서 메모 습관은 매우 중요하다.

일에 있어 신 나던 것과는 달리 자치구를 옮기며 가슴앓이를 하기도 했다. 타관 객지의 설움이었다. 주위의 견제를 받으며 10년이 다 되어서야 힘겹게 6급 승진을 한 것이다.(대개 6~7년이면 승진) 하지만 그조차도 "굴러 들어온 돌이 박힌 돌을 빼낸다."라는 소리를 들었다. 기존의 사람들보다 조금 앞선 승진이었으니 혼자 위안을 삼았다.

승진 후, 바로 팀장이 되었다. 실무자 때와 똑같은 자세로 열정을 다했다. 그런데 시련이 찾아왔다. 단체장 선거 직후였다. 공보팀장 자

:: 2005년, 2006년 서울시 출입 기자단으로부터 '올해의 홍보맨'으로 선정되었다.

리는 전임 단체장의 측근이라는 쑥덕공론이 일었다. 웃기는 일이었다. 말단 공무원이 정치 색깔이 있는 것도 아니고, 그저 주어진 역할에 최선을 다했을 뿐이다. 내친김에 변화를 가져야겠다는 생각에 마음을 비우고 타 자치구로 옮길 결심을 하였는데 상황은 정반대였다. 새 단체장이 나에게 이전보다 더 나은 여건을 조성해 준 것이다. 자연스레 동기 부여가 되었다. 시쳇말로 멍석을 깔아 주니 일에 대한 사고의 영역이 더욱 넓어질 수밖에 없었고 열정에 더욱 가속도가 붙었다.

"일을 즐기는 것 같아"

집 근처에 호프집이 하나 있었다. 2층에 있었다. 나는 특별한 일이 없으면 퇴근길에 이곳에 들러 하루 일과를 정리하고 앞일을 그려 보았다. 맥주 한 병을 시켜 놓고 창밖을 보며 이런저런 메모를 하였다. 엔도르핀이 솟았던 것일까? 주말엔 집 근처 학교 운동장을 달렸다. 건강도 챙기고 아이디어도 찾기 위해서였다.

단체장은 내게 이런 말을 했다. "일을 즐기는 것 같아."

아마도 '기왕에 할 일, 역동적으로 먼저 치고 나가자. 끌려가지 말고.'라는 나의 마음가짐이 그렇게 비쳤던 것이리라.

그런 열정 때문이었을까? 남보다 빨리 5급 사무관 승진의 기쁨을 맛봤다. 승진할 수 있는 조건인 근무 연수(4년)가 되자마자 심사 서열에 들었고 4년 8개월 만에 승진 예정자로 확정된 것이다.

승진과 동시에 근무하던 부서의 과장 보직을 받았다. 11년 만에 7급에서 5급까지 동일 부서에서 한 업무를 가지고 이룬 결과였다.

돌아보면 난 행정직 공무원으로 아주 드문 케이스다. 짧지 않은 기간 단절 없이 한 업무에만 매진할 수 있었고 '구청 개청 이래 초고속 승진'이라는 기록을 남기며 6급에서 5급으로 승진했고 신문에 기사화되기까지 했으니 말이다. 하지만 보다 다양한 일들을 하지 못한 아쉬움도 있다. 게다가 이 일을 하는 내내 나는 '종합병동'이었다. 긴장과 스트레스가 연잇는 업무 특성상 술과 담배에 찌들었그 이로 인한 직업병을 혹독히 치러야만 했다. 십이지장궤양과 성대 결절 수술, 목 디스크, 만성위염, 과민성대장증후군 등으로 병원을 수시로 드나들었으며 약을 달고 살았다.

그러나 이런 것이 나의 열정을 주저앉힐 수는 없었다. 그간 필드에서 갈고닦은 홍보 실전 노하우를 담아 『유능한 홍보맨 휴지통에서 진주를 건지다』란 책을 출간했다. 그와 동시에 각 지자체에서 본격적인 홍보 강의 요청이 쇄도했다. 한눈팔지 않고 정직(진실)하게 주어진 일을 한 데 따른 또 하나의 작은 결실이었다.

오르막일 때, 내리막길을 준비해야

나는 기회가 있을 때마다 좋아하는 후배들에게 이렇게 말한다. "주어진 일이, 주어진 부서가 힘들고 어렵다 하여 이를 극복하지 못하고 도망치거나 회피한다면 다른 일이 주어져도, 다른 부서에 가도 해내지 못하거나 견뎌 내지 못한다. 한 살이라도 어릴 때 혼나 가며 열심히 일해야 한다."

경쟁력은 하루아침에 생기지 않는다. 현재의 여건에서 주어진 일에 최선을 다해야 하는 것은 기본이고 목표를 갖고 그 목표를 달성하기 위해 매진하는 진취적 자세, 변화를 두려워하지 않는 도전정신이 뒤따라야만 한다. 무엇보다도 큰물(일)에서의 경험이 현재와 미래에 자신의 '존재감'을 단단하게 하는 원동력이 된다. 그리고 이를 위해서는 무엇보다도 타이밍이 중요하다.

많은 사람들이 어떤 일을 성취하고 나면 그 성취감에 도취되어 버리기 일쑤다. 그러나 큰일을 할 사람은 곧바로 국면 전환을 꾀한다. 생각해 본다. 젊은 날의 나는 주어진 일에 최선을 다했을지는 몰라도 보다 큰 꿈을 꾸며 더 큰 세계로 나아가려는 목표를 세우지 못했다. 멀리, 깊게 보지 못하고 현재를 주무하기에 바빴다. 오르막길에서 내리막을 준비하며 경쟁력을 키웠어야 했는데 그 타이밍을 놓친 채 현재에 서 있다. 이제 나에게 남은 공직 생활 만 5년. 내 공직의 반환점을 지나 내리막길 28년째다.

지난 2010년 8월, 서울시청으로 자리를 옮기기 전까지 그야말로 정신없이 달려왔다. 나는 현재 서울시에서 많은 것을 느끼고 반성하며 근무하고 있다. 변화를 준다는 것, 쉽지 않은 일이다. 그것도 쉰의 나이에 말이다. 그러나 서울시청으로 온 것은 아주 잘했다 싶다. 하는 일의 양과 질이 자치구와는 차이가 나고 강도가 세다. 스케일이 다르다. 변화를 주니 역시 사람은 큰물에서 놀아야 한다는 말이 실감 났다. 계곡에서 흐른 물이 실개천을 거쳐 강에 이르고 대양에 도달하듯 사람도 한 단계씩 더 큰 세상으로 나가야 한다는 것 말이다.

내가 공보 업무를 하며 매너리즘에 빠져 버렸다면 작은 결실도 얻지 못하였을 것이고, 사무관을 달고 구청에 안주했다면 서울시청이라는 엘리트 집단에 올 수 없었을 것이다. 그렇게 나의 현주소를 제대로 파악하지 못하는 우를 범했음이 자명하다. 나는 매일 감사하는 마음으로 조직에 임하고 있다.

지금까지 공무원으로 일하며 나름대로 정한 원칙이 있다. 공무원 후배들과 또 공무원이 되고자 하는 많은 젊은이들에게 혹여 참고가 될까 하여 밝혀 둔다.

하나, '긍정 마인드'이다. 일은 되는 방향으로 한다.

둘, '균형감'이다. 일을 처리함에 있어 사사로움 또는 한 방향으로 치우쳐서는 안 된다. 역지사지(易地思之)의 자세다.

셋, '공동체 의식'이다. '나 아닌 우리'의 팀워크 정신이다.

넷, '선례 답습 타파'이다. 앞사람이 넘어졌다 하여 나도, 뒷사람도 넘어질 수는 없다. 이것은 문제의식과 강한 추진력으로 이어진다.

다섯, '있는 그대로 하자.'이다. 은폐, 엄폐는 잠깐은 가능해도 언젠가는 밝혀지기 마련이다.

여섯, '드러내자.'이다. 소통이다. 한 사람의 머리보다는 여러 사람의 생각이 모일 때 일이 훨씬 수월하고 잘 풀린다.

일곱, 사익(私益)과 공익(公益)이 충돌할 때는 공익을 우선하되 문제가 있다면 "아니요."라고 말한다.

여덟, '장점은 Up, 단점은 Down'이다.

아홉, '멘토 만들기'다. 공직 생활 동안 북극성과 나침반이 되어 줄 멘토가 반드시 필요하다.

열, '길이 아니면 가지 말자.'이다. 정도(正道)다. 흐트러짐 없이 바른 자세를 견지하려면 길이 아닌 곳은 가지 말아야 한다.

비가 와도 걱정, 비가 안 와도 걱정

| 최영숙 |

경북대 사범대학 생물교육학과 학사 및 동 대학 일반대학원 석사를 마치고 제2회 지방고등고시 합격했다. 이후 상주시 동성동장, 농림건설국 축산특작과장, 화동면장, 농림건설국 농정과장 및 경상북도 농수산국 식품유통과, 경상북도 낙동강살리기사업단 낙동강사업지원팀, 경상북도 농수산국 쌀산업FTA대책과 FTA대책 사무관을 거쳐 현재 경상북도 농축산국 FTA농식품유통과장으로 일하고 있다.

지방화 시대가 되면서 지역에서 일할 사람을 뽑고자 1995년에 지방고등고시가 신설되었고 나는 제2기에 합격하였다. 88명의 합격자 중 여성 합격자는 나 하나. 그때부터 나에겐 '최초', '남자 같은 여자' 등의 수식어가 따라다녔다.

상주에 온, 서른 살 여성 동장

서른 살, 경상북도 최초이자 상주시 최초르 여성 동장이 되었다. 지금은 여성 공무원 비율이 상당히 높아졌고 여성 관리자도 상당히 많아졌다. 하지만 당시에는 여성이 동장이라니, 그것도 새파란 나이에…,

사회적으로 반향을 일으키기에 충분했다. 젊은 여자가 동장직을 과연 제대로 해낼 수 있을지 의구심을 표하는 사람들도 많았다.

동성동장으로 첫 발령을 받아 통장님과 직원들 앞에서 취임 인사를 하고 동의 기관장님들을 방문하여 인사를 드렸다. 동민들은 우려 반, 기대 반으로 나를 지켜보았다. 다행히 사무실 직원들이 편안하게 대해 주고 업무 노하우도 전수해 주어 큰 시행착오 없이 지냈다.

비가 와도 걱정, 비가 안 와도 걱정

동사무소라고 하면 대부분의 사람들은 주민등록 등·초본을 발급해 주는 곳 정도를 떠올린다. 요즘에는 주민자치센터라고 불리며 동민들의 여가 활동 공간으로 여겨지기도 한다. 하지만 동사무소는 생각보다 다양한 일을 하고 있다. 쉽게 말해 시청의 축소판이라 할 수 있다.

내가 근무한 동은 도시와 농촌이 혼재하는 도농복합형 지역으로 행정 수요도 복잡했다. 도시형은 아파트와 주택으로 이루어져 있고 주민들은 많이 살지만 나와 직접 관련이 없으면 행정에 무관심한 경향이 있다. 반면에 농촌형은 집단부락, 독가촌 등으로 이루어져 있으며 지역이 넓은 데다 마을 안길 포장, 간이 상수도 설치, 도로 점용 등 민원이 많고 해야 할 일도 많다.

한 지역의 사령관으로서 나는 항상 걱정과 조바심의 나날을 보냈다. 비가 많이 오면 산비탈의 흙이 쓸려 내려가 산 아래 마을을 덮칠까 싶어 늦은 시간까지 마을을 둘러보고 사무실에 대기하며 만일의 사태를 대비했다. 또 농사철에 가뭄이 들면 농민들과 같이 속이 시꺼멓게 타들어 갔다. 정말 기우제라도 지내고 싶은 심정이었다. 직원과 마을 주민을 동원하여 하천 물을 퍼 올려 농사에 조금이나마 도움이 되도록 노력했다. 이른 봄 건조한 기간에는 산불이 많이 발생하기 때문에 산불 예방을 위해 계도를 하지만, 한밤중이나 공휴일에 논두렁, 밭두렁에서 비닐이며 나무 잔가지 등의 농업 폐기물을 모아 소각하거나 집 주변의 생활 쓰레기를 소각하는 주민들이 있었다. 여차하여 산불이 나면 전 직원 비상 동원령이 떨어졌다. 큰불은 헬기로 물을 뿌려 진압하지만 잔불은 공무원들이 등짐 펌프를 지고 일일이 꺼야 했다. 잔불 정리를 제대로 못하면 또 다른 불씨가 되어 큰 피해를 줄 수 있기 때문이다.

뭐든 처음이 가장 중요하고 오래도록 마음속에 간직되는 법. 나는 첫 여성 동장으로서 잘해 보겠다는 각오로 골목 구석구석을 찾아다니며 주민들의 불편 사항을 살폈다. 특히 우리 동의 7개 경로당 노인회장님과 정기적으로 만나서 경로당의 불편 사항들을 접수해 바로바로 고치고, 주위에 어려운 분들의 소식과 정보에 귀 기울이며 조금씩 믿음을 쌓아 나갔다.

상주 농업을 전국 최고로 키우고 싶은 욕심

"여성이, 그것도 젊은 사람이 축산과 농업을 병행하는 과장이라니."
나는 동장직을 무사히(?) 수행하고 시청에 축산특작과장으로 자리를 옮겼다. 동장이 관리자라면 시청의 과장은 실무자에 해당한다.
나에게 축산은, 사실 용어부터 너무 생소했다. 그렇지만 한-칠레 FTA 타결 이후 수입 개방화로 농촌에 위기의식이 고조되고 농업에 대한 불안감으로 농사를 계속 지을 수 있을지 고민하는 농민들의 모습은 분명히 보였다. 농민들의 아픔을 함께하고 그들에게 도움이 되고자 농업 예산을 좀 더 확보하기 위해 동분서주하였다. 이 무렵 나는 둘째 아이를 임신하고 있었다. 하지만 새로 축산을 배워야 하는 데다 내가 결정해야 할 사업들이 많아서 새벽에 일어나서 자료를 보고 주말에도 거의 쉬지를 못했다.

상주는 우리나라의 대표적인 농산물 생산 지역이다. 천혜의 기후 조건과 농사에 적합한 토질로 쌀, 곶감, 포도, 배 등의 농산물이 우수하게 많이 생산될 뿐만 아니라 한우, 육계, 양봉도 최고의 생산지 가운데 하나로 꼽힌다. 하지만 소비자들은 상주곶감 외에는 아는 것이 없었다. 나는 소비자에게 더 가까이 다가가고자 '명실상주'라는 공동 브랜드를 만들었다. 하지만 농업인들은 이미 자신들의 브랜드를 가지고 도매시장, 공판장, 유통업체에 납품하고 있었으므로 명실상주에 별 호응이 없었다.

나는 상주의 농산물이 수입 농산물과 경쟁하고 대형 유통업체와 제대로 협상하려면 소규모 작목반 단위에서 벗어나 일정 수준 이상의 규모가 되어야만 한다고 믿었다. 그래서 농협장과 농민들에게 이를 설명하고 설득시키는 작업에 들어갔다. 먼저 명실상주 브랜드를 사용하는 농업인 단체를 조직화하기 위해 농협, 영농법인, 작목반, 공무원 등과 수많은 간담회, 설명회, 토론회를 거쳐 공감대를 형성했다. 다른 한편으로 브랜드를 시장에서 인정받기 위해 품목마다 품질 기준을 설정했다. 그렇게 1년여의 시간이 흘러 마침내 명실상주 브랜드 선포식을 치를 수 있었다. 소비의 최대 중심지인 서울 서초구 농협유통센터에서 300여 명의 출향 인사, 지역민, 유통업체 바이어들과 함께였다. 그리고

2007년에는 '농식품부 파워브랜드 대전'에서 최우수상을 수상했다.

하지만 브랜드 마케팅을 하면서 시행착오도 이만저만이 아니었다. 명실상주 포도를 유명 유통업체에 납품했을 때 일이다. 포장 디자인이 독특하고 품질도 좋아 주문량이 폭주하였고, 주문량을 맞추기 위해 무리하게 작업하다 보니 품질 기준에 맞지 않는 포도가 납품되었다.

"뭐예요? 이런 걸 팔아서 되겠어요?"

"리콜해 주세요."

우리나라 소비자들의 눈이 얼마나 밝던가. 추락한 명실상주 이미지를 회복하기까지는 상당한 시간이 걸렸다. 한순간의 어려움을 모면하기 위해 소비자에게 질이 떨어지는 제품을 판매하면 이를 보상하기 위해 처음보다 더 많은 노력과 시간을 들여야 한다는 것을, 정말 뼈저리게 느꼈다.

:: 2014년 경북 지역 학교 영양사를 대상으로 친환경농산물 학교 급식 현물 공급을 위한 설명회를 열었다.

명실상주가 어느 정도 알려지고 나니, 이제는 한우시장을 공략해보고 싶었다. 한우 가격이 좋아서 많은 이들이 자동화 시설을 통해 편하게 사육하고 있을 때였다. 하지만 언제까지 한우 가격이 좋겠는가. 지속적으로 FTA가 체결되고 DDA 협상이 진행되는 상황이었다. 저가 수입산 쇠고기가 우리 밥상을 침범할 날도 머지않을 터였다. 나는 축산인들을 조직화하고 한우를 제대로 사육하기 위해 상주 감을 먹인 한우 '명실상감한우' 브랜드를 만들었다. 명실상감한우는 제대로 된 사양 프로그램 아래 사육되어서 등급과 품질이 우수했다. 유통업체 바이어도 큰 관심을 보여서 판매도 잘 되었다. 명실상감한우의 인지도가 높아지고 사육 농가가 늘어나면서 2011년 '서울 G20 정상회의'에 공식 만찬으로 납품되기까지 했다. 얼마나 반가운 소식이던지. 나에게는 참 기쁘고 보람찬 날들이었다.

농업보조사업은 농업인에게 독인가, 약인가?

　"적지 않은 예산이 투입된 사업으로 특정 사업자에게 특혜를 주었고, 또한 부도로 인해 정부 예산에 손실이 발생했으니 결과적으로 행정기관의 관리·감독 책임이 있다고 봐야겠죠?"
　"특정 사업자를 보고 사업을 결정한 것이 아닙니다. 다수의 농업인에게 도움을 주기 위한 사업이었습니다. 행정기관은 사업 지침과 절차에 따라 관리했으나 대내외적인 경영 여건상 부도가 났다고 알고 있습니다."
　"누구의 지시나 청탁으로 이 사업을 추진했습니까?"

"이 사업은 공모사업입니다. 선정 절차가 투명하고 공정한 규정에 따라 적법한 절차를 거쳤습니다. 외부의 압력에 의해 사업을 추진한 것이 아닙니다."

TV에서만 보던 취조실에서 하루 종일 묻고 답하고….

고구마가 한창 웰빙식품으로 주목받을 때였다. '고구마는 농사짓는 데 큰 어려움이 없으니 새로운 소득원으로 개발할 만하겠다.'는 생각에 농민 100여 명으로 작목반을 꾸려 지역 출신 인사의 고구마 가공공장에 고구마를 납품하는 보조사업을 유치하였다. 고구마 가공공장 사장은 제과제빵분야에 대한 노하우를 바탕으로 다양한 고구마 제품을 내놓았고 시장 반응도 좋았다.

하지만 무리한 사업 확장이 문제였다. 게다가 작목반의 계약 재배 고구마 수매 가격이 시중가보다 1.5배 이상 높았고, 잘될 것으로 생각하고 추진한 급식업체와 유통업체의 납품 건이 무산되었다. 결국 부도가 나고, 보조사업 대상이었던 고구마 가공공장까지 피해를 보게 되었다.

나는 농가들을 하나하나 찾아다니며 상황을 설명하는 한편, 고구마 판매처를 확보해 일부는 처분하고 일부는 도매시장에 판매했다. 고구마 가격이 좋은 봄을 기다리겠다는 농민들을 위해서는 타 지역 고구마 저장시설을 알선해 주었다. 그런데 이듬해 4~5월, 고구마 가격이 상승하리라는 기대가 무색하게 가격이 크게 폭락했다. 저장으로 손해를 많이 본 농업인들은 공무원이 일을 제대로 처리하지 않아 피해를 보았고 보조사업에도 문제가 있다며 들고 일어났다. 그때부터 나는 경찰과 감사기관을 오가며 조사와 감사를 받았다.

취조실에서 경찰의 질문에 답변하며 얼마나 서럽고 무섭고 내 자신이 한심했는지 모른다. 눈물만 흘러내렸다. 그래도 몇 차례 조사를 받으면서 나도 오기가 나서 제대로 대응할 수 있었다.

결국 혐의가 없는 것으로 드러났지만, 조사 내내 얼마나 마음 졸였는지 모른다. '나의 공직 생활이 부도덕했던가? 왜 내게 이런 시련이 온 거지? 꼬리에 꼬리를 무는 의문과 생각들로 잠도 잘 수 없었다.

이후 보조사업에 대한 지침이 더욱 구체화되고 시설 및 장비에 대한 지원 단가 산정도 공신력 있는 제3의 기관에 위임하는 등 제도가 보완되었다. 하지만 아직도 언론에 심심찮게 보도되는 보조사업 사건들을 볼 때면 담당 공무원의 마음이 어떠할지, 가슴이 답답해져 온다. 누구에게나 난관과 시련은 있게 마련이니, 모쪼록 정직하고 성실한 많은 공무원들이 그러한 시기를 잘 이겨 내기를 바랄 뿐이다.

알아야 면장을 하지?

공무원의 좋은 점은 다양한 업무와 경험을 할 수 있다는 것이다. 시에서 과장직을 5년 남짓 수행하고 나서 화동면장이 되었다.

화동면은 주민들이 6·25전쟁이 발발한 것은 알았지만 외부와 연결 통로가 없어 전쟁이 언제 끝났는지조차 모를 정도로 사방이 산으로 둘러싸여 있는 평화로운 농촌 마을이다. 10여 년 전만 해도 담배와 삼베 농사로 겨우 생계를 유지했으나, 현재는 전국 최고의 맛과 당도를 자랑하는 포도를 생산하고 있다. 그와 더불어 도시에서 생활하던 젊은 사람들이 귀농을 많이 하는 곳이다.

"여성이 면장이라서 포도밭에 냉해가 왔다고?"

그런데 내가 면장으로 온 지 며칠 만에, 지금껏 경험해 보지 못한 냉해가 찾아와 꽃망울이 말라 부스러지고 포도나무 가지가 동사하는 등 엄청난 농업 손실이 발생했다.

"여자가 면장으로 와서 그런지 내 평생 농사지으면서 이런 냉해 피해는 처음이구먼."

"우리 면은 복도 없지. 무슨 여자가 면장을 한다고. 도움은 못 주더라도 피해는 입히지 말아야지."

상주시청에서 농업분야 과장도 오래 했고 그동안 많은 농업인들과 교감하여 '여성이라서'라는 편견이 사라진 줄 알았는데, 또 이런 말을 듣게 되다니…. 황당하고 가슴 아팠다. 하지만 피해가 발생한 마당에 넋두리나 하며 가만히 앉아 있을 수는 없었다.

등산화에 산불 진화용 외투를 입고 사무실 밖으로 나왔다. 골골마다 밟지 않은 밭이 없었다. 뙤약볕 아래서 면민들의 얘기를 듣고 함께 걱정하다 보니 부정적인 인식들이 조금씩 바뀌기 시작했다. 면민들은 일신하여 늙고 동사한 나무를 베어 버리며 포도밭 관리에 힘을 쏟았고 이상기후 대비에 대해 스스로 각성하는 좋은 계기가 되었다. 나 역시 재해 피해를 수습하며 면민뿐 아니라 화동면 구석구석을 잘 알게 되었다.

사람들이 돌아보고 미소 지을 수 있는 마을

재해의 피해에서 벗어나 마을이 어느 정도 안정되고 나니, 하고 싶은 일들이 많아졌다. 화동면 팔음산 포도 외에도 화동을 알려 시너지 효과를 내고 싶었다.

먼저 면을 깨끗하고 아름답게 보이도록 환경 정비를 해야겠다고 마음먹었다. 깨끗하고 활기찬 면의 이미지를 만들고자 상가의 간판을 정비하였다. 오랫동안 방치되어 상호를 알아볼 수 없고 무엇을 파는지조차 모를 법한 가게에 제대로 된 이름을 만들어 주고, 보는 이의 마음이 푸근해지도록 동화작가가 도안한 간판으로 교체하였다. 그와 동시에 좁은 도로와 주차 공간을 정비했다.

면민들도 처음에는 반신반의했지만 마을에 조금씩 색깔이 입혀지고 깨끗한 모습을 갖추게 되면서, 도로변 빈 곳에 꽃과 조경수를 심고 마을 청소를 하는 등 함께하는 모습을 보여 주었다.

다문화가정 아이들과 주민 모두 행복하기를!

농촌 지역은 어느 곳을 가더라도 다문화가정이 점점 늘어나는 추세다. 화동면에도 다문화가정 20여 집이 있다. 그런데 이러한 가정의 아이들은 엄마로부터 우리말을 제대로 배우지 못해서 다른 아이들과 잘 어울리지 못하고 학교에 들어간 후에도 적응에 어려움을 겪었다. 나는 어떻게 하면 아이들이 서로 잘 어울리고 즐겁게 지낼 수 있을지 고민하다가 마을 학교를 만들기로 결정하였다. 마침 면사무소 옆에 있는 농어촌공사 건물이 비어 있기에 바로 임대해서 주민들과 함께 리모델링하였다.

마을 학교는 금세 사람들의 소리가 끊이지 않는 곳이 되었다. 귀농한 사람들이 아이들에게 직접 공부를 가르치고 아이들과 함께 축구, 요가, 마을지도 만들기, 영화 관람 등을 했다.

"한 아이를 키우려면 온 마을이 필요하다."는 아프리카 속담처럼, 주민 모두가 아이들을 정성껏 키우며 멋진 미래를 만들어 나가기를, 나

∷ 2012년 중국 상하이 국제식품박람회에서 경상북도의 우수 농식품을 조금이라도 더 알리고자 동분서주했다.

는 마을을 돌아볼 때마다 마음속으로 기도했다.

한 단계 새로운 도약, 새로운 출발

면장 생활 1년여 만에 다시 시청 농정과장으로 발령이 났다. 농정과장이 된 후 나는 귀농귀촌활성화센터를 만들어 귀농·귀촌인들 간에 정보를 공유하고 친목을 다지게 하는 한편, 시청으로 귀농 문의를 해 오는 사람들을 센터로 유도했다. 센터는 실제 귀농인들로부터 더 생생하고 사실적인 농촌 생활에 대해 듣고, 귀농을 계획하는 사람들 스스로 자신들이 농촌에서 살 수 있는지 검증할 수 있는 공간이 되었다. 또한 시청은 귀농·귀촌 관련 행정 업무 부담을 많이 덜 수 있게 되었다.

그리고 드디어 도청에서 일하게 되었다. 소속과 직위는 농축산국

FTA대책사무관이었다. 경상북도는 경지 면적이 27만 헥타르로 전국의 16퍼센트, 농업 인구는 47만 명으로 전국의 15퍼센트를 차지하는 전형적인 농도이다. 2011년 11월 한-미 FTA비준 동의안이 국회에서 통과되면서 경북 농업에 큰 피해가 예상되었다.

경상북도에서도 수년 전부터 FTA로 인한 농축산업분야 피해 대책 마련을 위해 경북농어업FTA대책특별위원회를 만들어 자체적으로 시책을 개발하고 재원을 확충하기 위해 농어촌진흥기금을 조성했다. 또 "FTA 극복은 결국 사람이 하는 것으로 사람이 곧 힘이요 경쟁력"이라는 판단 아래 전국 최초로 경북농민사관학교를 세워 농어업 CEO를 양성하는 등의 준비를 해 왔다. 하지만 막상 한-미 FTA가 발효되어 수입산 농산물이 물밀 듯이 쏟아진다고 생각하니 공황 상태가 될 수밖에 없었다.

농업에 대해 그간 겪은 것이 좀 있다고 생각했지만 눈앞에 펼쳐진 농축산업분야 FTA 대책 마련 업무는 또 다른 세계였다. 다행히 FTA대책위원장님이 계셔서 얼마나 다행이었는지 모른다. 위원장님은 농업에 대한 해박한 지식으로 나의 시야를 넓혀 주셨다. 행정에만 함몰되어 자칫 지나칠 수 있는 것을 짚어 주시고 농업 관련 여러 기관들과 협력할 수 있도록 징검다리가 되어 주고 사업에 활기를 불어넣어 주셨다.

하지만 우리의 노력만으로는 FTA 극복에 한계가 있었다. 중앙정부 차원의 대책이 중요했다. 우리는 경상북도 실정에 맞는 건의 자료를 만들고 농·어업인들이 안심하고 생업에 종사할 수 있도록 현장간담회를 개최하는 등 분주하게 움직였다.

한-미 FTA가 발효된 지도 2년이 넘었다. 농축산업분야에서 우려했던 피해가 현실화되어 가고 있다. 수입 과일 증가로 국산 과일 소비

:: 2012년 '경북 농업계고 기(氣) 살리기' 워크숍에서 농업 유관 기관 대표자들과 자리를 함께했다.

가 줄어들고, 이는 과일 가격 하락으로 이어져 농가 소득이 감소하고 있다. 소고기 수입 증가로 인한 한우 농가의 피해는 말할 것도 없다. 거기에 한-중 FTA도 조만간 타결될 가능성이 높다. 우리의 농·어업 기반이 붕괴되지 않도록 정부에서 '선대책 후타결'을 하길 간절히 바랄 뿐이다.

이끌 수 있는 리더가 되자!

경상북도 전체를 통틀어 내 사무관 경력이 가장 길었던 것 같다. 지방고등고시 동기들은 저 앞에 가 있는데 나만 계속 제자리인 것 같아서 속상할 때도 많았다. 주위에서는 아직도 많은 기회가 있으니 기다리면 언젠가는 된다며 위로해 주셨다. 다른 분들이 승진의 문턱에서 고배를 마셨을 때 나 또한 그렇게 위로를 건넸지만 막상 내 문제로 닥치니 쉽지 않았다. 마침내 승진을 했을 때는 고대하고 기다렸던 일 같지 않게 오히려 마음이 차분했다. 앞으로 해야 할 일들이 더 많기 때문일 것이다.

처음 공무원이 되었을 때 나의 각오는 '욕먹는 짓은 하지 말자.'였다. 시간이 지나서는 '한번 잘해 보자.'였고 이제는 '제대로 된 리더가 되고 싶다.'는 욕심을 내고 있다. 이전에 많은 여성 공직자들이 승진 등 인사상 불이익으로 부당한 대우를 받으면서도 여성의 지위 개선을 위해 노력해 왔다. 그리고 요즈음에는 많은 여성들이 공직에 진출하여 다양한 분야에서 진가를 발휘하고 있다. 나는 앞으로 그들과 함께 공직 생활을 더 잘하고 싶고, 짧지도 그렇지만 길지도 않은 나의 공직 생활 경험을 나누며 같은 길을 가고 싶다. 좋은 멘토가 되어 내가 선배 공무원들에게 받은 것을 후배 공무원들에게 돌려주고 싶다.

오늘 하루도 내가 공무원이 된 것에 감사하고 최선을 다할 것을 다짐하며, 출근을 서두른다.

공무원이 편하다고?

| 김남규 |

연세대 화학공학과를 졸업하고 영국 리즈대에서 경영학 박사학위를 취득했다. 기술고시 제30회로 공무원을 시작해 현재 산업통상자원부 수출입과장으로 재직 중이다. 지은 책으로 『환경경영론』(공저), 『에너지 패러다임의 미래』(공저)가 있다.

"자네는 공무원이 된다면 어느 부처에서 일을 하고 싶은가?"

"통상산업부(지금의 산업통상자원부)에서 산업과 기업을 지원하는 업무를 하고 싶습니다."

"거기가 뭐하는 부처인지는 아는가?"

"실물경제정책을 총괄하는 곳으로 알고 있습니다."

중앙부처 공무원은 보통 '고시'라는 시험을 통해 발탁된다. 내가 공무원을 시작할 당시에는 1차(객관식), 2차(주관식), 3차(면접)를 거쳤는데, 3차 면접시험에서 이러한 문답이 오갔다.

오래전 일이지만, 긴장을 많이 해서였는지 당시의 대화는 지금도 생생하게 기억하고 있다.

실물경제 총괄 부처에서 공무원 하기

20년 전 나는 정부에서 산업 발전 전략을 수립하고 기업이 글로벌 시장에서 경쟁력을 갖도록 지원하겠다는 부푼 꿈을 가지고 공무원 세계에 첫발을 디뎠다. 그러나 현실은 냉혹하였다. 현실적 여건과 이상 사이에서 내가 무엇을 어떻게 할 수 있을지 막막하기만 했다. 그래서 퇴근 후면 선배, 동료 사무관들과 소주잔을 기울이며 '기업의 역량이 정부의 역량보다 훨씬 앞선 환경에서 정부가 무엇을 할 수 있는가?'에 대해 치열하게 토론을 벌이곤 했다.

우리보다 앞선 미국이나 일본, 유럽 국가는 산업 담당 부처가 뭘 하고 있는지가 가장 궁금하였다. 미국, 일본, 유럽의 대기업은 당시 우리나라의 삼성이나 현대가 맞서기 어려운 글로벌 대기업이었다. 이 나라들의 산업정책을 살펴보았는데, "이런 영역까지 정부가 해야 하나?"라는 의구심이 들 만큼 세부적이고 구체적인 프로그램을 운영하고 있었다. 특히 국가의 연구개발(R&D)정책은 산학연 이해 관계자가 모두 모여 매년 전략을 새롭게 수정해 가면서 정부와 기업의 역할을 분담하여 추진하고 있었다. 정부의 시장 개입도 법을 통한 규제보다는 정부와 민간의 자율 협약 방식으로 보다 세밀하게 운영되고 있었다. 한마디로 정부와 민간이 공동으로 미래 산업에 대한 비전을 제시하되, 정부는 중·장기적인 역할과 시장 질서를 규율하고 기업은 사업화가 가능한 분야에 역량을 집중하여 개척해 나가고 있었다.

산업통상자원부는 선진국의 이러한 정책을 벤치마킹하고 우리나라의 실정에 맞게 정책을 개발하는 등 끊임없는 노력을 경주해 왔다. 과거 기업에 자금을 지원하고 기술개발을 보조하는 업무를 넘어 이제는 재래시장을 활성화하는 업무, 섬유와 신발부터 자동차와 항공까지 각 산업 생태계에서 가장 핵심적이고 어려운 문제를 풀어 주는 업무, 알뜰주유소처럼 소비자에게 값싼 기름을 공급하는 업무, 중소기업의 수출을 지원하는 업무 등 실물경제부처에서 하는 일은 실로 다양하고 세밀하게 발전해 왔다.

"인도네시아에 T-50을 팔아라"

산업 담당 부처 공무원에게는 외교관의 신분으로 대사관에서 근무할 기회가 주어진다. 이때 주어지는 직위는 상무관이다. 개인적으로는 근무를 하면서 외국 생활을 할 수 있는 좋은 기회이자 기업 활동을 바로 옆에서 지원하는 보람이 있는 일이기도 하다.

나는 운 좋게 인도네시아에서 상무관을 하였다. 거기서 아주 흥미로운 미션들을 많이 수행하였다.

인도네시아에서 생활한 지 1년쯤 지난 2011년이었다. 방위산업(약칭 방산)분야 기업과 협력하여 인도네시아에서 T-50(고등훈련기)을 파는 것을 지원하라는 미션이 떨어졌다. 16대의 고등훈련기를 판매하는 약 4억 달러짜리 사업이었다. 이것은 중형 자동차 1만 6000대를 판매하는 것과 동일한 규모로 우리나라 항공기 수출 역사상 가장 컸다.

처음 이 프로젝트를 접했을 때는 실로 고민스러웠다. T-50은 우리가 미국의 록히드마틴과 함께 개발한 뛰어난 제품이긴 했으나 우리나라 외에 다른 나라에서는 사용한 적이 전혀 없었다. 한마디로 '처녀 수출'이었다. UAE와 싱가포르에서의 T-50 수출 실패 또한 부담으로 작용하였다.

방산분야의 수출에서는 제품의 가격과 품질도 중요하지만 국가 간 관계도 무시할 수 없다. 다행히 한국과 인도네시아 정상 간 관계는 역사상 어느 때보다 좋았다. 특히 한국의 대표 기업인 포스코가 인도네시아에 일관제철소를 건설하면서, 인도네시아 내에서도 한국과의 경제협력을 통해 경제성장을 이루겠다는 분위기가 팽배하였다. 이러한 가운데 두 정부 간 고위급 접촉이 잦았고, 한국은 인도네시아 고등훈련기 사업에 참여하고 싶다는 의사를 지속적으로 전달하였다.

그러나 1차 심사에서는 우리 제품이 1위를 하지 못한 것으로 파악되었다. 한국 제품의 가격 경쟁력이 문제 요소였다. 경쟁사 제품은 이미 양산 체제에 접어들어서 가격이 더 저렴했던 것이다.

2차 프레젠테이션을 위해 한국항공우주산업(KAI)에서 20여 명의 대표단을 보내왔다. 제품들에 대해 과하다 싶을 만큼 충분히 검토했고, 경쟁사 제품에 비해 우리 제품이 최신 모델이어서 품질이 뛰어나고 더 안전하게 설계되었다는 것을 강조하자는 방향으로 함께 발표 내용을 준비했다.

한 시간 정도의 발표를 준비하는 데 우리는 모든 노력을 집중하였다.

발표 순서는 경쟁국보다 뒤에 잡혔다. 경쟁사 제품과 비교하여 우리의 장점을 부각시키자는 전략을 가지고 있었으므로 나쁘지 않은 순서라고 판단되었다. 공군 조종사 출신의 발표자는 조종복을 입고 영어로 발표를 했으며, 인도네시아 사람들의 호감을 얻고자 영어로 말하는 사이사이에 인도네시아 말을 섞었다. 결과는 대성공! 발표가 끝나자 우레와 같은 박수가 쏟아졌다.

2차 프레젠테이션 이후 수많은 일들이 이어졌다. 인도네시아 발리에서 정상회담이 개최되었고 양국 실무자 간 접촉이 더욱 활발해졌다.

:: 인도네시아에서 상무관으로 일하던 2011년 5월, 최중경 지식경제부장관이 특사로 왔을 때 자리를 함께했다.

그 틈새로 경쟁 회사가 강력하게 마케팅을 하는 정황이 포착되어 우리를 불안하게 한 것은 말할 것도 없다. 정신없이 3개월이 지났고, 한국항공우주산업의 T-50을 가지고 우선협상대상자가 발표되었다. 2차 프레젠테이션 이후 3개월은 정말 피를 말리는 시간이었다. 간간이 협상이 잘 풀려 간다는 좋은 소식도 들려왔지만, 발표가 예상보다 한두 달 늦어지면서 모두 매우 불안해하였다. 현지와 떨어져 있는 한국에서도 일이 잘못될까 하는 불안감에 우리에게 계속 현장 상황을 물어왔다.

물론 물건을 만들고 파는 주체는 기업인 한국항공우주산업이다. 그렇지만 방산분야에서는 정부가 지원할 업무의 영역이 매우 넓다. 정부 간 협력을 통해 우호적인 분위기를 조성하는 것은 물론이고 산업협력 분위기를 만들어 내기도 한다.

그때의 긴박했던 순간들이 지금은 뿌듯한 기억이 되었다. 모든 일이 그렇듯, 일을 할 때는 견디기 힘들 정도로 중압감이 크지만 기대했던 성과를 올리면 즐겁기 그지없다. 더욱이 이렇게 큰 프로젝트에 언제 또 참여할 수 있을까 싶다.

명품 정책은 공무원에게 훈장 같은 것이다

공무원 사이에도 명품 정책이 있다. 명품 정책은 정권이 바뀌고 세월이 흘러도 크게 바뀌지 않는다. 변화한 환경에 맞게 조금 수정되는 경우는 종종 있으나 기본적인 콘셉트는 변함이 없다.

특히 세금 탈루를 방지할 목적으로 신용카드 사용을 촉진시키기 위해 도입한 신용카드영수증복권제도, 가정의 쓰레기 배출량을 줄이기 위해 도입한 쓰레기 종량제 등이 매우 좋은 정책으로 평가받고 있다. 좋은 정책은 그것이 목적하는 바를 충분히 이행할 뿐 아니라 이행 과정에 있어서도 국민과 기업의 자발적인 참여를 이끌어 내어 무리 없이 추진되는 것이 특징이다. 명품 정책은 공무원의 평생을 훈장같이 따라다닌다.

좋은 정책 만들기 1. 생태산업단지

내가 사무관으로 산업환경 관련 업무를 담당하고 있을 때이다. 우리나라 산업단지는 그동안 지역의 생산 거점으로서 경제 발전에 매우 중요한 역할을 해 왔다. 그런데 국토개발로 산업단지 주변에 주거 지역이 들어서면서 환경문제가 주요 이슈로 떠올랐고 지역사회와의 갈등이 빈번해졌다. 어쨌든 다량의 에너지와 용수를 사용하고 폐산물, 부산물을 배출하는 산업단지를 환경친화적으로 재구축하는 것은 경제성 측면에서도 필요한 일이었다. 그러면 이제 어떻게 해야 할까?

선진국의 사례를 찾아보았다. 덴마크의 칼룬버그, 오스트리아의 스타리아 주 등에서 생태산업단지라는 모델이 성공적으로 자리 잡고 있었다. 생태산업단지는 산업단지 입주 기업 간 네트워크를 구축하여, 한 기업에서 폐기물로 버려지는 화학물질을 다른 기업에서 원료로 재사용하는 등 자원 및 에너지 이용 효율을 극대화하고 환경오염 물질을 원천적으로 줄이는 시스템이다.

우리나라에도 생태산업단지를 도입하면 많은 문제가 해결될 것 같았다. 나와 우리 부서는 산업단지관리공단, 국가청정센터, 산업단지 입주 기업과 공동으로 계획을 수립하고 성과가 가장 빨리 나올 만한 곳 몇 군데를 선정하여 시범적으로 적용해 보았다. 이러한 노력이 성과를 거두어 지금은 전국 40여 개 산업단지를 대상으로 확대 적용 중이다. 또한 초기의 자료 구축 및 연계 지원 사업에서 한층 발전하여 생태산업단지 관련 각종 전문 정보를 제공하는 포털사이트, 기업의 부산물을 자유롭게 주고받을 수 있는 자원순환교환망, 생태산업단지 관련 R&D 지원 프로그램인 과제관리시스템, 정보 공유를 위한 포럼운영시스템을 온라인상에 마련하여 다양하게 운영하고 있다.

좋은 정책 만들기 2. 기업군별 환경경영체제

산업환경 업무를 담당하던 나는 또 하나의 큰 문제에 부딪혔다. 정부가 중소기업의 환경문제를 해결하기 위해 기술개발 지원 사업에 많은 자금을 투입하고 연구소 및 대학의 전문 인력을 현장에 파견하여 개선 방안을 도출하는 현장진단사업 등을 추진했는데, 중소기업은 여전히 환경문제에 대한 인식이 낮고 기술 수준도 미약하여 성과가 의심되는 상황이 펼쳐진 것이다.

우리는 다시 관련 연구와 조사에 들어갔고, 이때 눈에 들어온 것이 '공급망 관리(Supply Chain Management)'였다. 공급망 관리는 그즈음 외국에서 활발히 연구되고 있는 분야였다. 우리나라 산업 구조는 대기업 중심으로 발전해 와서 중소 제조업체의 절반 이상이 대기업에 납품을 하는 구조다. 이러한 산업 구조를 감안하여, 대기업이 사업을 주관하게 하고 많은 협력업체를 참여시켜 기업군별로 환경경영체제를 도입하는 사업을 새로 추진하였다.

결과는 기대 이상이었다. 중소기업을 업종별로 묶어서 지원하다 보니 지원 예산이 절감되었고 지원 효과는 훨씬 뛰어났다. 한편 중소기업은 사업 수행 과정에서 대기업의 환경 경영에 대한 기술과 노하우를 이전받을 수 있었고, 구매 기업과의 관계가 돈독해지면서 매출이 오른 경우가 많았다.

내가 관여했던 이 프로젝트는 다른 사람의 손을 거치면서 지금도 더욱 정교하게 발전해 나가고 있다. 그 시작이 크게 나쁘지 않았던 것도 한 요인이었을 것이다. 공무원이 만든 정책이 훈장을 받거나 언론에서 높게 평가해 주는 경우는 매우 드물다. 하지만 정책을 수립하는 과정에서 인연을 맺었던 전문가들과 소주 한잔 하면서 듣는 평가는 그 어떤 훈장보다 명예롭다.

부처 간에 티격태격해야 발전이 있다

가끔 신문에 부처 간 이견 조율이 안 된 사안이 노출되어 "부처 간 티격태격"이니 하는 좋지 않은 비판을 받곤 한다. 부처 간 업무 경쟁이 도를 지나치면 바람직하지 않으나 자기 부처의 입장에서 의견을 피력하는 것은 아주 자연스러운 일이다.

일례로 지역개발 문제가 발생하면 산업통상자원부는 지역의 일자

:: 2014년 내부 회의 정책 이행 상황 점검을 위한 논의에 참석했다. 부처 내, 부처 간 논의와 의견 조율은 언제나 중요하다.

리 창출을 위해 지역개발을 적극적으로 추진해야 한다는 기본 입장을 견지하지만, 산림청이나 환경부는 국토의 난개발을 우려하여 반대할 수 있다. 환경부가 환경 보전이라는 본연의 입장에서 벗어나 개발 업무를 적극 찬성하고 나선다면 그것이 오히려 이상한 일이다.

각 부처의 의견이 노출되는 대표적인 사례가 '에너지 가격'이다. 에너지 절약 정책 측면에서는 에너지 가격을 높이 책정해야 국민의 에너지 절약 운동 동참을 유도할 수 있다. 반면 에너지 가격이 높아지면 가계 부담은 물론이고 에너지를 많이 소비하는 업종의 최종 제품 가격이 올라갈 수 있다. 결국 에너지 가격 상승은 업계 의견을 수렴해 정부부처 내에서 수많은 논의를 거치고 시장의 수용성을 감안하여 적절한 시점에 합리적인 수준으로 이루어진다.

이렇듯 하나의 정부 정책이 발표되기까지 관계 부처 간에 수많은 이견이 나오고 타협에 이른다. 때로는 원안이 다소 후퇴하기도 하고 상황에 따라 원안보다 더 앞서 나가기도 한다. 타 부처의 좋은 정책을 벤치마킹하여 적용하기도 한다. 타 부처에서 이미 성과가 검증된 사업을 산업의 특성에 맞게 개량하여 적용하면 새롭게 개발하는 사업보다 훨씬 추진이 쉽다.

현재 우리나라 정부 정책 수준은 많은 부분이 선진국 수준에 도달해 있다. 빈약한 자원을 효율적으로 사용하기 위해 수많은 정책을 개발하고 추진하고 있어, 이제는 미국이나 영국, 프랑스 등의 국가에서 우리 정책을 벤치마킹하러 오기도 한다.

공무원이 편한 직업이라고?

공무원이 편한 직업이라고? 전혀 아니다.

첫째, 보통 중앙부처의 업무는 매우 복잡하고 다양해서 끊임없이 공부해야 한다. 정책을 만드는 과정에서 행여 놓친 부분이 있으면 집행과정에서 제대로 작동하지 않을 수 있다. 가능한 모든 시나리오를 만들어 사전에 검토하고 예상되는 문제에 대해 대비책을 마련해야 한다.

둘째, 최근 주5일 근무가 정착되어 토요일은 출근을 거의 안 하지만, 내 경우 일요일은 거의 매주 출근한다. 주중에는 민원인과의 면담, 회의 등을 통해 의견을 수렴해야 해서 시간이 별로 없다. 주말에서야 차분히 생각을 정리하고 깊이 있게 일할 수 있는 시간이 주어진다.

셋째, 업무의 결과물은 보고서로 나온다. '일자리 창출을 위한 R&D 혁신 전략', '미래 자동차 산업의 비전과 정책 방향' 등이 생산하는 보고서의 제목이다. 열 장 내지 스무 장 정도로 보고서는 짧다. 하지만 아무리 짧은 보고서라 해도 복잡하고 세심한 과정을 거쳐야 보고서가 실제

:: 하루하루가 바쁜 공무원이지만 두 아이의 아빠로서 가끔은 가족과 여유로운 시간을 보낸다.

로 작동한다.

보고서를 만들려면 우선 현재의 대내외 환경을 분석하고, 다른 국가에서는 어떤 정책을 시행하는지 검토하고, 기존의 정책에 무슨 문제점이 있는지 알아보아야 한다. 이를 통해 기존 정책의 문제점을 보완하고 우리나라의 환경, 산업 특성에 맞는 최적의 정책 대안을 중·장기적, 단기적으로 도출해 내야 한다. 물론 이러한 작업은 중앙부처 한 과에 있는 사무관 몇 명의 아이디어로 추진되는 것이 아니다. 관련 업계와 회의를 수십 번 하여 의견을 수렴하고, 민간 경제연구소와 산업연구원 등에서 그사이 발표한 보고서들을 숙지하고, 나아가 외국의 저널과 자료를 참고해야 한다.

이러한 과정을 거치다 보면, 관련 업무 담당자는 한국에서 거의 최고 전문가가 된다.

공무원은 무엇보다도 끊임없이 공부해야 한다. 특히 산업통상을 담당하는 우리 부처는 더욱 그렇다. 기업 환경이 하루가 멀다 하고 바뀔

뿐 아니라 섬유, 전자, 반도체, 조선 등 업종이 다양하여 공부해야 할 분야가 계속 새로 생겨나서 한 번 공부한 지식으로는 써먹는 데 한계가 있기 때문이다.

　공무원으로 일한다는 것, 참 쉽지 않다. 모든 일에 과정과 함께 결과를 중시하고 엄격한 도덕성을 요구하기까지 한다. 하지만 그만큼 프로페셔널하고 보람 있는 멋진 직업이기도 하다.

아픈 사람은 의사에게, 아픈 농작물은 농촌지도사에게

| 김진섭 |
1977년 충청남도 청양군농촌지도소 농촌지도직 공무원을 시작으로 예산군농업기술센터 자원개발과장, 친환경기술과장 등을 거쳐 현재 기술지원과장으로 재직 중이다.

"따르릉~"

"감사합니다. 농업기술센터입니다. 무엇을 도와 드릴까요?"

이른 아침부터 사무실에 전화벨이 울려 댄다. 한편에서 직원이 갑자기 오른 기온으로 인한 농작물 관리며 병해충 방제, 농작물 장애에 대한 전화 문의를 받고 있다.

잠시 후 한 농업인이 병에 걸려 시들시들한 수박 묘를 들고 사무실로 들어온다. 나는 곧바로 자리에서 일어나 그를 맞는다.

그가 "소생할 수 있을까요? 치료가 가능할까요? 어쩌죠?"라며 걱정스러운 얼굴로 묻는다. 나는 "음, 같이 한번 보십시다." 하며 수박 묘를 살펴본다.

농업기술센터 작물분야 사무실에는 아침 일찍부터 영농 상담 전화와 방문하신 분들로 분주하다. 왜 아침 일찍부터냐고? 농업인들이 새벽부터 일을 하기에 공무원들도 그분들의 시간에 맞추어 일하는 까닭이다.

각종 영농 상담이나 현장 방문 지도가 우리의 주 업무인데, 볍씨를 뿌리고 묘판을 만들고 어린 묘를 키우는 4월 중순부터 모내기를 마치고 초기, 중기 제초제를 뿌리는 6월 중순까지는 그야말로 새벽부터 밤까지 정신없이 분주하다.(요즈음에는 고추 육묘는 물론 비닐하우스 시설채소 재배가 많아서 겨울철에도 영농 상담이 많다.)

아픈 사람은 의사에게, 아픈 농작물은 농촌지도사에게

농촌지도사업에서 가장 중요하고 어려운 업무는 전화 영농 상담과 현장 영농 상담을 통해 농작물의 병해충, 생리, 미량 요소 결핍증에 대한 진단과 처방을 하는 것이다. 영농 경험이 부족한 신규 지도사들에게는 쉽지 않은 일이고, 베테랑이라고 하는 중견의 고참 지도사들도 때로는 판단을 잘못하거나 처방을 잘못 내려서 농업인들로부터 신뢰를 잃고 항의를 받는다. 심지어 도의적, 업무적, 법적 책임과 손해 보상의 책무를 지는 경우도 간혹 있다.

사람들은 몸이 아프면 병원에 간다. 병원에서 자기의 몸 상태나 이상 증상, 통증 그리고 자신이 먹은 음식에 대해 의사와 문진을 하고 대화를 하고 진단을 받으며 첨단 의료 장비와 약품을 통해 검진을 받는다. 그런데도 가끔씩 오진이 있다.

농작물의 병이나 생육 부진 등에 대한 진단과 처방은 대개 농촌지도사가 한다. 농촌지도사의 지식과 능력, 경험은 천차만별이다. 그런데다 이상 증상이 있는 농작물의 진단과 처방에 투입되는 시간이 짧고 장비, 약품은 미흡하기 짝이 없으며 원인 규명에 절대적이라 할 수 있는 문진과 대화를 통한 규명이 어렵다.

농작물에 발생하는 이상 증상이나 생육 부진 증상이 병해냐, 충해냐, 생리적 장해이냐, 아니면 미량 요소 결핍에 의한 증상이냐 하는 것은 영농 현장에서 매우 중요하다. 그러나 작물의 병해충, 피해 증상, 생육 부진은 그 원인과 대책이 뚜렷한 경우도 있지만 그렇지 않는 경우도 많다. 더구나 작물이 자라고 있는 환경이 어떠한지, 비료는 무엇을 언제 얼마만큼 주었는지, 다른 약제는 언제 얼마만큼 살포하였는지, 그 당시 일기는 어땠는지, 중복적으로 사용한 비료나 약제는 없는지 등등 수많은 요인을 조사하여 최종으로 진단하고 처방할 때까지 농촌지도사의 고뇌는 반복된다. 자칫 잘못 진단하거나 처방하면 농작물의 생육이 회복되지 않을 수 있으며, 그로 인한 경제적 손해, 시간과 노동력의 낭비는 엄청나기 때문이다.

물론 영농 현장에서 농촌지도사가 바로 진단하고 처방하기 어려운 경우도 있다. 이럴 때는 농업기술원이나 농촌진흥청의 전문 기관에 의뢰한다.

그런가 하면 농촌지도사는 모 기르기에 실패하여 모가 모자라는 농업인에게 모를 구할 수 있도록 도와주고, 농약이 필요한 농가에는 처방뿐 아니라 즉시 병충해를 방제할 수 있도록 약을 알선하고, 해당 약제가 없는 경우는 다른 지역의 농약 판매처에까지 연락하여 약제를 알선하는 등 농업인이 제때 농사일을 할 수 있도록 돕는다.

농축산 미생물로 21세기 농업을 대비하다

21세기 농업의 최대 과제는 친환경농업이라고 해도 과언이 아니다. 우리 농업기술센터에서는 농업 환경의 건전한 유지, 보전과 농업의 다원적 공익 기능을 증진하기 위해 친환경 미생물관을 운영하고 있다.

친환경 미생물관은 농촌진흥청이나 미생물 회사에서 효모균, 고추균, 바실러스균 등의 미생물 원균을 가져다가 배양하여 농가에 미생물을 무상으로 공급하는 사업이다. 이렇게 공급된 미생물을 농가에서 2차 배양하여 물이나 사료에 섞어 가축에게 먹인다. 또 축사에서는 악취를 제거해 주는 생균제 등을 배양하여 뿌린다.

우리는 매주 금요일을 가축의 사료에 미생물을 섞는 날, 매주 화요일을 가축이 먹는 물에 미생물을 넣는 날로 정하였다. 그래서 매주 화요일과 금요일은 각 미생물을 공급받기 위에 많은 농업인이 농업기술센터를 방문한다.

질이 좋은 미생물을 가축에게 먹이면 가축의 소화 기능과 면역 기능이 강화되어 농가는 사료비를 절감하고 가축은 질병에 대한 저항력이 커지는 효과를 볼 수 있다. 실제로 올해 2월 AI(조류인플루엔자)가 발생했을 때 축산미생물을 꾸준히 공급한 양축 농가에서는 AI 발생률과 빈도가 현격히 낮았다.

이에 따라 우리는 시설채소 농가와 과수 농가 등에도 유용한 농업미생물을 공급하고, 하천 등의 생활환경을 개선하는 데 도움이 되는 생활미생물 공급을 확대고자 도비와 군비 등 3억 원을 확보하여 EM균을 배양, 보급하고 있다.

예산 지역은 시설채소와 사과의 주산지로 쪽파는 물론 방울토마토,

:: 친환경농업을 위한 미생물 배양시설들.

시설수박, 꽈리고추, 봄배추, 사과 등이 유명하다. 하지만 계속된 연작(농사 이어짓기)과 염류 집적으로 땅심이 떨어져 작물의 생육이 나빠지고 병해충이 많이 발생하는 등 문제가 없지 않다. 이에 농촌기술센터에서는 흙을 살리고 농업 환경을 개선하는 데 큰 몫을 할 농업미생물 공급 사업을 확대해 농업인의 이익을 증진하고자 노력하고 있다.

농기계 반출은 아침 9시부터, 반입은 오후 6시까지

"끽끽, 부르릉 부르릉~"
"어, 거기, 어, 잠깐! 잘못 실었잖아!"
"내가 가져가기로 한 농기계는 어디 있는데?"
"잠시만 기다려 주세요. 순서대로 해야 되니까요."
이른 새벽, 사무실 한편에 있는 농업기계 임대사업장은 사람들과

차 소리로 시끌벅적하다. 무거운 농기계를 싣는 지게차 소음, 농기계를 임대하려고 방문한 농업인들의 차량 소음과 함께 사람들의 두서없는 말소리들….

임대가 많은 날에는 하루 80여 건, 적은 날에는 10여 건의 농기계 임대가 이루어진다.

농업인 부채의 가장 큰 원인이 농기계 구입비와 유지·관리비라고 한다. 농기계 한 대가 몇억 원 하는 것도 있다. 농업 현장에서는 일손이 부족할 뿐 아니라 노령화되어 가는 터라 무리를 해서라도 농기계를 구입할 수밖에 없는 형편이다. 고가의 농기계를 농가별로 구입할 경우 관리나 경영상 어려움이 많아서, 이를 해결하고자 추진한 것이 농업기계 임대사업이다.

영농 시기에 따라 필요한 임대 농기계는 한정되어 있다. 비가 와서 한가한 봄날, 내가 무너진 논두렁을 조성하고자 할 때는 군내의 다른 농업인도 그 작업을 하고자 하는 것이다. 그래서 사전에 예약을 해야 하고 예약자가 많으면 기다려야 된다. 이런 상황을 잘 모르고 화를 내거나 불평을 하는 농업인이 종종 있다. 담당 계장을 부르고 담당 과장인 나도 찾는다. 반면에 농기계 임대 예약을 한 농업인이 아무 연락도 없이 안 오는 경우도 있다.

그런가 하면 임대한 농기계를 무리하게 사용하여 파손되거나 고장이 나는 경우도 있다. 농기계를 임대할 때는 담당자가 사용법을 설명해 주고 무리하게 사용하면 고장이 날 수 있음을 미리 알려 준다. 또 사용 후에는 기계를 잘 씻어서 반납할 것 등을 약속받고 기계 사용 교육 내용 확인서와 서약서도 작성한다. 하지만 농촌지도사업 현장에서는 이러한 일련의 약속과 서류상의 계약이 이행되지 않는 경우가 종종 있다.

:: 농업기계 임대사업장에서 임대하는 각종 농업기계들.

한번은 이런 적도 있었다. 한 농업인이 아침 7시에 농업기계 임대사업장에 와서 농기계를 안 내어 준다고 항의를 하다가 결국 군수실이며 지역 신문사에 전화하여 불만을 토로한 것이다.

공무원 복무규정에 따르면 특별한 경우를 제외하고, 오전 9시부터 오후 6시까지 근무하게 되어 있으며 농업기계 임대사업 조례에도 "농기계 반출은 아침 9시에, 반입은 오후 6시까지"로 정해져 있다. 그럼에도 이 업무를 담당하는 공무원은 농번기면 매일 새벽에 출근해서 농업인의 요구에 응했다. 농업인이 농기계를 빨리 임차하여 작업을 시작해야 하기 때문이다. 그러다 개인 사정상 하루 늦었다가 그 난리가 난 것이다. 이럴 때면 농업인들에게 서운한 마음이 드는 것도 사실이다. 그래도 어쩌랴, 살다 보면 서로 간에 오해가 생기기 마련이고 오해는 풀면 되는 것이다.

나는 농번기면 출근길에 농업기계 임대사업장을 들러 현장을 둘러본다. 농번기에는 농기계가 수십 대씩 지원되고 동시에 반납된다. 사고

위험도 높고 담당 공무원과 농업인의 마찰도 잦아 늘 마음이 불안하다.

농업인들과 직원들 간에 마찰이 생겨도 나는 직원들의 손도 들어줄 수가 없다. 심지어 농업인이 심한 불만과 욕설을 터뜨릴 때에도 그렇다. 그저 농업인을 잘 설득시키거나 직원에게 인내를 요구하며 상황을 무마한다. 그런 가운데서도 농업인을 위한다는 투철한 사명감과 긍지로 열심히 일하는 직원들이 나는 참 고맙다.

지역 행사 '예산 옛이야기 축제'를 준비하며

요즈음에는 지역마다 많은 축제, 행사가 있다. 예산군에도 1~2일에 걸쳐 하는 작은 규모의 행사와 3~4일에 걸쳐 하는 비교적 큰 축제가 십수 개 있다.

물론 이러한 행사와 축제는 대부분 군청의 담당 부서에서 전체적인 기획을 하여 추진하고 지원하지만, 농업기술센터에서 일부 또는 전체를 기획하고 추진하는 경우도 있다. 때로는 행사 전체를 민간단체나 전문단체에 용역을 맡기고 관리, 감독만 하는 경우도 있다. 그런데 우리 군의 경우 항상 적은 예산으로 행사를 치러야 해서 많은 부분을 비전문가인 공무원들이 수행한다.

예산군은 매년 4월 29일 전후로 예산에서 태어난 매헌 윤봉길 의사의 의거를 기리고 그 정신을 계승하기 위해 매헌 문화제를 개최한다. 이 축제에 나는 농업기술센터의 참여를 자청했고 몇 년째 기획과 진행을 도맡아 진행하고 있다.

올해 우리는 '예산 옛이야기 축제'라는 콘셉트로 행사장을 꾸몄다.

:: 농업기술센터가 기획하고 추진한 '예산 옛이야기 축제'는 많은 사람들이 관람을 오고 즐겁게 참여해 줘서 성공리에 막을 내렸다.

그리고 그에 어울리는 농작물과 식물을 행사장 주변에 배치했다. 먼저 볏모부터 이삭이 나온 벼, 열매가 누렇게 익은 벼까지 벼의 일생을 생육 단계별로 볼 수 있는 체험장을 만들었다. 또 우리가 어렸을 적에 붉게 손톱물을 들이던 봉선화, 초가을 등하교 길에 휘늘어져 있던 코스모스, 흰 수염을 자랑하는 옥수수 등을 심고 원두막과 허수아비를 세워 여름 농촌의 분위기를 연출하였다. 그뿐 아니다. 짚풀공예 체험장, 전통삼베길쌈 체험장, 엿장수장터 체험장 등 10여 개의 체험장을 운영하여 볼거리와 함께 농업의 중요성을 알렸다.

'예산 옛이야기 축제'는 많은 사람들의 참여와 호응을 끌어내며 성공리에 끝이 났고 충청남도 우수 축제로 선정되는 영예를 누리기도 하였다. 그 준비와 진행 과정에서 어려움도 많았고 토요일, 일요일에도 쉬지 않고 일했지만 기초 지방자치단체의 녹을 먹는 공무원으로서 참 뜻깊은 경험이었다.

농촌지도직 공무원의 마음

몇 해 전 러시아 일간지 《프라우다(Pravda)》에 벼락을 사랑으로 이겨 낸 부부 이야기가 실렸다. 그 내용은 이러하다.

시베리아 쿠즈바스의 벨로보 마을에 사포발로프스 부부가 살았다. 부부는 어린이 캠프에 참가 중인 딸을 만나고 돌아오는 길에 마을 외곽에 있는 강가의 풀밭에서 잠시 쉬었다. 그런데 하늘이 갑자기 시커멓게 변하면서 천둥이 쳤고, 겁에 질린 아내는 남편에게 바짝 몸을 기댔다. 남편은 아내를 안심시키고자 그녀의 입술에 입을 맞추었다. 그 순간 벼락이 남편의 몸에 떨어졌다. 남편은 기적적으로 목숨을 건졌다. 두 사람이 키스를 한 순간 두 사람의 몸이 도체처럼 작용하여 충격이 반감됐던 것이다.

이 이야기를 읽고 사랑의 힘과 부부의 인연에 대해 한참을 생각했다. 어쩌면 그것은 나의 오랜 농촌직 공직 생활과도, 나의 오랜 가정생활과도 같았다. 돌아보면 나의 공직 37년, 그중 33년을 사랑하는 아내와 같이 걸어왔다. 세 자매를 키웠고 그들이 나에게 손주를 안겨 주었다. 오래 공직 생활을 하면서 가정을 유지해 올 수 있어 고마운 세월이었다.

잘했든 못했든 공직을 마무리할 시기가 가까워 오고 있다. "인생은 60부터"란 옛말에 기대어 희망을 가져 본다. 또한 그간 쌓아 온 부부의 사랑을 자랑스럽게 간직하고 싶다.

어려움도 많았지만 작은 성과도 있었던, 고맙고 행복했던 나의 공직을 조용히 내려놓고 새 길을 준비하고 싶다. 앞으로 4년여 남은 공직 생활에도 나라와 국민을 위해 그리고 사랑하는 내 주변의 모든 사람들을 위해 잘 해내고 잘 마무리하고 싶다.

3장

다양한 중앙부처 공무원의 세계

01   미래창조과학부

매일 새롭게 써 나가는 공직 보람 일기

| 이현중 |

충북대 건축공학과를 졸업했다. 1997년 7급 공채시험 합격 후 서울지방경찰청, 과학기술부, 교육과학기술부를 거쳐 현재 미래창조과학부에서 근무하고 있다. 공직 근무 중 건축시공기술사 자격증을 취득했다.

우주를 향한 대한민국의 노크

2013년 1월 30일 오후 4시, 고흥군 나로우주센터에서 온 국민의 관심을 한 몸에 받으며 로켓 한 대가 우주를 향한 발사를 기다렸다. 지난해 여름부터 나로호개발사업에 매달려 온 연구원들도 초조한 마음으로 모니터를 응시했다. 마지막 카운트다운 소리에 이어 나로호가 하얀 수증기와 굉음을 내뿜으며 곧장 하늘로 올라갔다. 로켓 상단부의 페어링이 분리되면서 1, 2단 로켓이 안전하게 목표 궤도에 진입했다. 그러자 프레스센터 여기저기서 안도의 한숨이 터져 나왔다.

"발사 540초 경과. 현재 나로호 2단에서 나로과학위성이 분리되었습니다."

:: 2013년 1월 30일, 고흥군 나로우주센터에서 온 국민의 관심을 한 몸에 받으며 나로호가 우주로 발사되었다.

　여자 직원의 안내 멘트와 함께, 팽팽했던 긴장이 커다란 환호로 바뀌어 대한민국의 스페이스클럽* 가입을 알렸다. 연구원들은 물론 그 자리에 있던 900여 명의 내외신 기자들도 취재 열기를 잠시 잊고 그 순간을 즐겼다.
　홍보에 '홍' 자도 제대로 모르고 대변인실에서 과학분야 홍보 업무를 한 1년의 시간이 단편영화처럼 스르르 돌아갔다. 보도 자료 내용이 어설퍼서 출입 기자들에게 지적받았던 일부터 나로호 발사 보도를 준비하면서 느꼈던 압박감까지 그동안의 모든 일들이 떠올랐다. 프레스센터 단상에서 나로호 발사 연기 소식을 전할 때 "전국구 스타가 됐네요."라며 격려해 주던 기자 분의 얼굴이 떠올라 눈가에 눈물이 다 고였다.
　쇄도하는 인터뷰 요청을 처리하느라 몸은 힘들었지만 마음만은 개

---

* 스페이스클럽(Space Club)이란 자국 영토에서 자국 로켓으로 자체 제작한 인공위성을 우주에 쏘아 올린 국가를 말한다.

선장군 같았다. 스스로가 너무 자랑스러웠다.

그리고 31일 새벽 3시 27분, 지구 상공 297킬로미터에서 나로과학위성이 KAIST 인공위성센터와 교신에 성공했고, 나라 안팎의 수많은 매체에서 나로호 발사 성공 기사가 쏟아져 나왔다.

나로호 발사 현장에서 있었던 일들은 나에게 링컨 대통령의 게티스버그 연설과 같은 의미가 되어 공직 생활에 큰 에너지가 되고 있다.

과학관에 남긴 호랑이 가죽

국립과천과학관에 있는 대강당 '어울림' 홀로 들어가다 보면 출입구 옆에 표지석이 하나 있다. 이 표지석에는 과학관 건립 공사에 참여한 이들의 이름이 새겨져 있는데, 과학관 건설 업무를 담당했던 내 이름도 들어가 있다. '시공 실명제'라는 표현을 들어 폄하하는 사람도 있지만, 내가 과학관 건설에 참여한 기억을 새겨 놓았다는 생각에 싫지만은 않다. 아들 녀석들을 데려왔을 때는 "아빠가 이 과학관을 지어서 여기에 이름이 새겨져 있다!"라고 자랑을 하기도 했다.

건설 업무는 전체 국가사업에서 비중이 그리 크지 않다. 그래서 사무관으로 승진한 후 과학관 추진기획단에 배치될 거란 말을 인사 담당자에게 들었을 때 실망했었다. 솔직히 연구개발업무부서에서 근무하고 싶었다. 군 생활 중에 공병대에서 군인 아파트와 통합막사 신축공사 감독 업무를 경험한 적이 있어서 건설공사는 특별할 게 없다고 여겼었다. 하지만 얼마 후 과학관 건설 현장에서 전혀 예상치 못한 문제들에 부딪히고 하나하나 해결해 나가면서 나의 피와 땀이 담긴 건축물을 세상에 남긴

:: 가족과 함께 내 손길이 닿은 국립과천과학관을 돌아보았다.

다는 보람이 생겼고 공직에 대한 나의 생각도 근본적으로 변화되었다.

더욱이 과학관 건립 경험은 우리 가족에게도 영향을 미쳤다. 올해 중학교 2학년이 된 큰아들 녀석이 국립과천과학관 천문관측소에서 토성고리를 본 후 천체물리학자의 꿈을 갖게 된 것이다. 그런 아들을 볼 때면 "더 좋은 건물과 전시품이 들어설 수 있도록 노력했어야 하는데…" 하는 아쉬움도 생기지만, 아들과 같은 아이들의 꿈을 지켜 줄 수 있는 공간인 '꿈 공작소'를 만들어 주겠다는 생각에 더 열심히 근무하고 있다.

국립과천과학관 건립 경험은 국립대구과학관, 국립광주과학관과 국립부산과학관의 건설 업무로까지 이어졌다. 그래도 뭔지 모를 아쉬움이 남아서 개인적으로 과학관 건립에 필요한 책을 한 권 쓰고 싶다. 미국이나 일본 전시관의 기준을 벗어나 우리나라 환경에 맞는 설계 기준을 갖게 되면 더 나은 전시관을 짓는 데 미력하나마 도움이 될 수 있지 않을까 하는 기대에서다.

1+1=무한대

과학기술은 미래에 대한 투자다. 박정희 대통령이 1976년에 과학기술처에 보내온 '과학입국 기술자립'의 휘호 문구를 굳이 강조하지 않더라도, 부존자원이 적고 우수한 인력이 풍부한 우리나라에서는 그 중요성이 클 수밖에 없다. 이런 인식 덕분에 우리나라의 국내총생산 대비 연구개발 투자 비중은 꾸준히 늘어 2013년 현재 2위까지 올라 있다. 하지만 절대 규모(2012년 기준)에서는 미국의 10.8퍼센트, 일본의 20.4퍼센트, 독일의 49퍼센트에 불과하고 G2로 부상하고 있는 중국에 비해서도 30퍼센트 수준에 불과해서 더 많은 관심과 투자가 필요한 게 현실이다.

미국과 같은 선진국에서는 지금도 과학기술분야에 막대한 예산을 투자하고 있다. 이런 투자가 없었다면 애플, 마이크로소프트, 퀄컴과 같은 세계적인 회사도 나올 수 없고 우주인을 달에 보낼 수도 없었을 것이다. 과학기술에 대한 투자는 이래서 중요한 것이다.

난 학창 시절부터 과학을 좋아했다. 고등학교 때는 물리와 화학 과목을 좋아해서 재미있게 공부했다. 그런 좋은 기억들 덕분에 과학기술부로 전입 오면서 많이 설렜다. 과학자들을 만나고 과학기술을 진흥하는 업무를 하면 무척 신 날 거라고 기대했다. 비록 본격적인 연구개발 지원 업무는 전입 온 지 10년이 지난 2011년에서야 접할 수 있었지만, 내가 하는 모든 일이 우리나라 과학기술의 발전에 기여하고 있다고 생각했다.

연구개발 업무에서 처음 맡은 사업은 기초연구지원과 기초연구사업 중 중견연구자지원사업이었다. 이 부서에 배치되었을 때, 국회에서 예산심의가 열리고 있는 중이어서 그야말로 눈코 뜰 새 없이 바빴다. 업무 파악도 제대로 안 된 상태여서 차년도 사업 예산으로 잡아 놓은 3160억 원은 너무나 커 보였다. 하지만 연구자들의 현실을 알게 되면서 자연스럽게 생각이 바뀌었다. 정부의 연구 과제를 수탁하지 못하면 국가 성장력을 담당할 중·장기적인 우수 연구에 매진하지 못하고 당장의 연구 성과에 매달리는 민간연구개발사업을 수주하기 위해 애써야 하기 때문이다. 예산 삭감을 주장하는 국회의원실을 찾아다니며 의원 보좌진들에게 국가 발전을 위해 신규 과제 선정을 위한 예산이 꼭 필요하다고 상세히 설명했다. 다행히 우리나라 과학기술의 미래에 대한 혜안을 가진 분들의 도움으로 국회에서 삭감하려던 예산 170억을 확보할 수 있었다. 그 덕분에 2012년 중견 연구자 123명이 새로운 연구분야에 참여할 수 있었지만, 이 규모도 과제 수행을 신청한 9명 중 1명만 연구를 수행할 수 있는 정도에 불과했다.

기초연구사업은 '시드머니(종잣돈)'이다. 당장 상용화할 수 있는 성과물을 기대하기 힘들더라도 투자를 멈추면 자연스럽게 국가 성장력이 둔화된다. 과학기술이 국가 성장에 영향을 미치는 동맥이라면 기초연구사업은 모세혈관과 같아서 지속적인 투자가 이루어져야만 기업의 혁신도 지원할 수 있다.

연구개발 업무를 담당하기 전까지 나는 기초연구의 중요성에 대해 깊게 인식하지 못했다. 연구 성과에 대해 의구심도 들었다. 하지만 수많은 기초연구를 통해 하나의 위대한 원천 기술만 확보해도 국가의 10년이 달라진다는 점을 알고부터는 사업 전도사가 되었다.

홍익인간 밭에 겨자씨 뿌리기

내가 공무원이 된 배경에는 중학교 1학년 때 만난 사회 선생님의 말씀과 아내의 기대(?)가 숨어 있다. "인생은 배우자와 같은 방향을 볼 수 있을 때 비로소 행복해질 수 있다."라는 선생님의 말씀 덕분에 아내가 원하는 진로를 선택하다 보니 공무원이 된 것이다.

대학에서 건축공학을 전공한 나는 여느 건축학과 졸업생들처럼 건설회사나 건축설계회사에 취업하려고 했다. 내가 군대를 전역한 1996년에만 해도 취업이 지금보다는 훨씬 수월한 편이어서 공기업 한 군데와 대형 건설사 몇 군데에 최종 합격하기도 했다. 가수 남진의 〈님과 함께〉 가사처럼 아내와 "그림 같은 집을 짓고" 사는 일만 남았다고 생각하며 부푼 꿈을 꾸었다. 그런데 그 꿈은 예상외의 암초를 만나 좌초되었다.

사회 선생님의 말씀처럼 인생의 반려자와 같은 곳을 바라보겠다는 신념에, 제대를 한 달 남기고, 결혼을 약속한 여자 친구(지금의 아내)와 어떻게 살아갈 것인지 얘기를 나누었다. 그런데 여자 친구는 내가 공무원이 되면 좋겠다는, 전혀 예상치 못한 고백을 했다. 자초지종을 들어 보니, 건설회사에 다니는 아버지가 현장을 옮겨 다니며 일하시는 게 어렸을 적부터 너무 싫어서 남편 직장은 거주지가 안정적인 공무원이 좋을 것 같다고 생각했단다. 여자 친구의 바람은 이해했지만 섣불리 해 보겠다고 말하기는 힘들었다. 여하튼 그날 부대로 복귀하는 내 손에는 서점에서 산 한 무더기의 공무원 수험 서적이 들려 있었다.

편차는 있어도 지금까지 열심히 살아왔다고 자부하는데, 그래도 공무원 시험을 준비했을 때가 내 인생에서 가장 열심히 살았던 시기인 것 같다. 내가 제대를 할 무렵에 교통사고를 내서 교도소에 계셨던 아버지를 대신해 가족을 부양하고 생활비를 벌면서 공부를 해야 했다. 낮에는 막일, 밤에는 과외를 하고 시험공부 등은 새벽녘에 해야 하는 고단한 일정이 이어졌다. 몸의 피곤함보다 막막한 미래에 대한 두려움이 나를 더욱 힘들게 했다.

그래도 운이 좋아서 1997년 공무원 시험에 합격했다. 이듬해에는 IMF 사태라는 태풍을 겪기도 했지만, 드디어 1999년 3월 서울경찰청에서 공무원 생활을 시작할 수 있었다. 마음고생이 길었던 탓에 업무를 하고자 하는 의욕과 사명감이 더욱 충만했다. '홍익인간'이라는 내 공직 좌우명도 이때 생겼다. 고조선의 건국이념을 공직 좌우명으로 한다는 게 다소 엉뚱하게 들릴 수 있어도, 널리 인간을 이롭게 한다는 그 뜻은 현대의 우리들에게도 딱 맞다고 느꼈다. 크게는 국민에 대한 봉사의 의미가 있지만, 작게는 부처 안에서 같이 근무하는 직원들을 내부 고객으로 보고 성심을 다하겠다는 다짐이기도 했다. 15년이 지난 지금 생각해 봐도 나는 공직관 하나만큼은 정말 잘 정했다 싶다.

새내기, 한계 넘어서기

공무원이 되기 전에 내 꿈은 화가였다. 소질은 별로 없었지만, 연필로 무언가를 그리고 있으면 마음이 차분해지고 행복한 기분이 들었다. 대학에 들어가 건축을 배우면서는 안토니오 가우디와 같은 건축가가 되어 사그라다 파밀리아 성당처럼 많은 사람들에게 영감을 주는 위대한 건축물을 세상에 남기는 것으로 그 꿈이 진화했다.

총무처 7급 공채 건축 직렬 공무원이 되고부터는 전문 역량을 갖춘 건설 업무 행정가라는 새로운 목표를 세우게 되었다.

그러나 현실은 녹록하지 않았다. 처음 배치된 서울경찰청에는 경찰 아닌 일반직으로는 상위 직급인 6급 정원이 없어서 아무리 열심히 일해도 승진할 기회가 없었다. 같이 근무하던 전기 직렬 선배는 10년 동안 싸우다 이제는 현재에 안주하며 스스로를 달래고 있었다. 기술직 7급 중 최연소로 합격한 그는 7급 공채 임용 시험을 준비했던 이들에게는 전설과도 같은 선배였다.

인사 문제로 고민하는 동료나 자신의 장래를 불안해하는 후배에게 나는 "길이 안 보이는 때일수록 너에게 투자해."라고 조언하곤 한다. 대부분의 후배들이 현실에서 돌파구가 안 보일 때 쉽게 낙담하고 순응한다. 나도 그런 이들과 크게 다르지 않은 고민을 하며 살아왔지만, 공무원이 되고 나서 두 가지만큼은 우선적으로 실천하려고 노력하고 있다.

첫 번째는 '직장 생활을 하면서 승진이나 인사이동 등 앞이 보이지 않는 문제에 부딪쳤을 때일수록 자신의 가치를 높이는 데 노력하는 것'이다. 서울경찰청에서 내가 처음 준비한 것은 기술사 자격증이었다. 신출내기 공무원인지라 공부할 시간이 넉넉하지 못해서 5일 만에 돌아오는 당직이 고맙기까지 했다. 나는 2000년 기술사 필기시험에 합격했지만 어린 나이와 짧은 경력 탓인지 여섯 번의 면접 끝에 2002년 최종 합격했다. 그리고 그해 말에 과학기술부로 자리를 옮길 수 있었다.

두 번째는 '내가 가지고 있는 재능과 역량을 남에게 잘 알릴 수 있도록 노력하는 것'이다. 참 쉬우면서도 어려운 일이다. 나는 내가 잘하는 것과 잘할 수 있는 것이 무엇인지 몰라서 한참을 고민했었다. 작은 예를 하나 들면, 내 보고서에는 한 쪽에 하나 정도씩 그림이나 도표가 들어가 있다. 그림을 곧잘 그리는 내 재능을 살려서 딱딱한 보고서보다는 재미있는 보고서를 만들려고 노력한다. 처음에는 쉬운 일이 아니었지만, 자꾸 연습을 하다 보니 도식화를 통해 내용을 요약하는 능력이 늘고 업무 이해도가 높아지면서 보고서의 질이 상당히 좋아졌다.

또 다른 실천 전략 예는 상대방에게 믿음을 주자는 원칙을 세운 것이었다. 거짓말을 하지 않고 상대방 입장에서 말하려고 노력하다 보니 서로 간에 신뢰가 쌓이면서 관계가 선순환되는 것을 경험할 수 있었다. 그 덕분에 공직 수행 연차에 비해 다양한 부서에서 근무하는 기회를 가질 수 있었다.

내 자신을 돌아보면 공직 생활에 많은 핸디캡을 갖고 있다. 그래도 다행히 그것을 극복하는 과정에서 삶의 희열을 느끼고 있고, 겸손해지려고 노력하는 것에서 희망의 싹을 발견하곤 한다.

굴러온 돌이 박힌 돌 되기

과학기술부에 전입 와서 처음 발령받은 부서는 행정법무담당관실이었다. 부처 내부의 조직, 법제, 정부 업무 평가 등 이제껏 접해 본 적 없는 생소한 업무에 "내가 뭘 해야 하지? 건축직인데 왜 이 부서로 배치됐을까?" 하며 고민스러웠다. 다행히 동료 직원들의 배려로 과 서무 업무, 지시 사항 관리, 간부회의 준비 등 상대적으로 업무 부담이 작은 일을 맡게 되었지만 일에 대해 자신감이 없었다. 긴장이 많이 되었다. 더군다나 워드프로세스를 다뤄 본 적이 없어서 직원들이 퇴근한 후에 혼자 책과 씨름하며 단축키를 암기했다. 기능직 여자 직원들을 쫓아다니며 문서 편집 노하우를 배우기도 했다. 작은 스킬이었지만 그 덕에 3

개월 정도 지나자 문서 편집에 속도가 붙고 업무에도 자신감이 붙었다.

또 조직 생활에 익숙해지려고 1년 동안 무척 노력했다. 처음 만나는 직원은 무조건 직접 찾아가서 내 소개를 하고 용건을 말했다. 나중에 안 거지만, 이런 대면 방식이 나의 적극성을 알리고 첫인상 호감도를 높이는 데 크게 도움이 됐다. 내가 수행하는 대부분의 업무가 여러 부서와 관련된 취합 업무여서 안면을 튼 후에는 전화로 농담도 하고 이메일로 자료를 요구하기도 했다. 하지만 중요하거나 급한 용무는 그때도 그렇고 지금도 그렇고 직접 찾아다니며 설명하고 일일이 자료를 확인했다. 그러는 사이 자연스레 '저승사자'라는 별명을 얻기도 했지만 일종의 훈장처럼 여기며 살고 있다.

이제는 신입 직원이 오면 빠른 조직 적응을 위해 나의 이야기를 들려주며 첫인상을 잘 관리하라고 말하곤 한다. 실천했을 때 효과는 굉장히 크다. 첫인상 법칙에서 "사람들은 한번 판단을 내리면 상황이 달라져도 그 판단을 지속하려는 욕구를 가지고 있다."고 한다. 기업 면접관 중 첫인상이 좋으면 84퍼센트가 가산점을 줄 수 있고, 반대로 나쁘면 76퍼센트가 감점을 주겠다고 답한 조사 결과도 있다.

조직에 익숙해지기 위한 또 다른 노력은 부내 동아리 활동이었다. 업무 외적으로 편안한 유대 관계를 맺기 위해 나는 다섯 개의 동아리에 가입했다. 매달 몇만 원씩의 동아리 회비가 나가긴 했지만 사무실에선 접할 수 없는 얘기들을 들을 수 있어서 과학기술부 적응에 큰 도움이 되었다.

이런 노력을 가상하게 여겨 준 직원들 덕택에 나는 금세 '박힌 돌'이 될 수 있었다.

국회의 역습, 국정감사

국회 회기가 본격적으로 시작되면 중앙부처 공무원들은 비상 체제에 돌입한다. 국회의원실 등에서 자료를 요청하면 서식에 맞춰 자료를 취합해야 하는 일들이 많은데, 부처에 근무하는 공무원뿐만 아니라 일선 학교의 선생님과 연구개발 현장의 연구자도 동원되기에 다 같이 바쁘다. 2011년에 교육과학기술부에서 국회 업무를 담당할 때는 선생님들의 잔무를 줄여 주고자 의원실 보좌진들에게 협조 요청을 하기도 하고 사전에 약속된 통계 자료를 공통으로 제공하는 등의 노력을 했다. 하지만 피부에 와 닿을 정도로 개선되지는 못했다.

국회의원실 한 곳, 한 곳은 별도의 헌법기관이다. 정당에 소속된 의원은 대부분 당론을 따라야 하지만 개별 의정 활동은 철저한 경쟁의 원칙을 따른다. 다만 국회의원들 간 과도한 경쟁으로 비슷한 요구 자료를 제출하는 등의 행정 낭비가 발생하지 않도록 방안을 찾아야 한다.

부처마다 차이는 있겠지만, 2011년 교육과학기술부에서 국정감사를 준비할 때 수천 건의 국회 요구 자료가 있었다. 20여 일간 열리는 국정감사를 앞두고 자료 요청이 일시에 쏟아졌다. 요구 자료가 많은 부서 직원들은 그야말로 폭탄을 맞은 듯했다. 내가 근무했던 규제개혁법무담당관실에서는 요구 자료를 해당 부서에 배정한 후, 기한 내 제출 여부를 확인하고 미제출 부서에 자료 제출을 독촉하는 일을 했다. 기한을 넘긴 부서 담당자와 전화 통화를 할 때는 흡사 빚 독촉을 하는 대출업자가 된 것 같았다.

국정감사가 다가오면 요구 자료를 제출하는 공무원은 물론이고 국회의원실의 보좌진들도 부지기수로 야근을 한다. 나 역시 여러 일정이

겹칠 때는 일주일에 5일을 밤샘했다. 죽을 것 같이 힘들다는 게 그런 때를 두고 하는 말 같았다.

부처에서는 국회 업무를 처음 하는 공무원들에게 의원실 요구 자료를 잘 처리하기 위해 두 가지 유의 사항을 알려 준다.

첫 번째는 '호칭에 유의하라!' 의원실에 근무하는 보좌진들은 4급 상당인 보좌관, 5급 비서관, 6급 이하 비서로 구분되지만 보좌관을 제외하고는 모두 비서관이라고 통칭한다.

두 번째는 '기한을 지켜라!' 요구 자료 제출 기한이 촉박하여 기한 내에 못할 것 같으면 자료를 요구한 보좌진에게 미리 양해를 구해 기한을 연장해야 한다. 사전에 양해를 받지 못하고 제출 기한을 넘기면 의원실 입장에서는 의정 활동에 제한을 받을 수밖에 없기 때문에 매우 민감하게 반응한다.

덧붙여 '큰북-작은북-큰북의 리듬을 기억하라!' 상임위원회와 특별위원회 일정 대부분이 기본적으로 전체 회의 안건 상정 및 소위원회 검토 요청-소위원회 검토-소위원회 검토 결과 보고 및 전체 회의 의결 등의 과정을 거쳐 이루어진다. 이 리듬을 기억하면 국회 일정을 이해하는 데 도움이 될 것이다.

눈으로 보는 국회 업무와 몸으로 체감하는 국회 업무는 분명히 차이가 있다. 그렇지만 위와 같은 유의 사항을 잘 지키면 웬만한 업무는 웃으면서 할 수 있는 내성을 기를 수 있다.

T자형 경력 설계

우연한 기회에 헤드헌터 일을 하고 있는 친구를 만나 취업 시장에서 어떤 사람을 선호하는지 물은 적이 있었다.

그는 "젊은 재취업자의 경우에는 자격증, 성과, 특이 경력을 갖춘 사람을 선호하지만 경력이 많은 재취업자의 경우는 T자형 경력 관리를 해 온 사람을 선호해요."라고 말하며, 자기가 만나는 사람들 대부분이 고경력자인데, 그중에서 재취업에 성공하는 사람들에게는 그들만의 특징이 있다고 했다. 건설분야를 예로 들면 아파트의 설계, 시공, 분양까지를 다 경험하고 본사에서 관리 업무도 해 본 사람은 희소가치가 매우 높다는 것이다.

여느 직장과 마찬가지로 공무원 선배들에게서도 이런 특징들을 발견할 수 있다. 사업부서의 전문 경력과 함께 다양한 공통지원부서를 두루 경험한 선배들이 일반적인 사업 추진력은 물론이고 위기 대처 능력이 탁월하다. 비근한 예로 우리 부 직원 중에는 대학과 대학원에서 이공계 학과를 졸업한 후 행정직으로 임용된 분들이 많다. 자연과학 공부를 하며 쌓은 체계적인 분석 능력과 정책적 마인드가 잘 믹싱되어 과학기술분야 업무 등을 추진하는 데 두각을 보이고 있다. 정책 현장을 잘 이해하고 있는 공무원들이라, 소위 발이 땅에 닿는 현실성 있는 보고서를 만들려고 노력하는 것을 자주 보게 된다.

공무원 조직은 크게 부처 임무와 관련된 사업부서와 총무, 예·결산, 홍보, 조직, 인사, 감사, 대국회 감사 등의 일을 하는 공통지원부서로 나뉜다. 대다수 직원들은 공통지원부서보다는 사업부서에서 근무하고 싶어 한다. 아무래도 타 부처, 국회, 언론사 등 다양한 기관 사람들

: "공무원은 만 조각의 퍼즐을 맞춰 나가듯 어렵지만 보람 있는 업이자 삶"이라고 필자는 말했다.

과 접촉해서 업무를 처리해야 하는 부담이 있어 공통지원부서 업무를 부담스러워하는 것 같다. 공통지원부서가 전체 조직의 20퍼센트 정도인 점을 고려한다면 대부분의 공무원들이 사업부서 근무 경력이 많은 것은 당연지사다.

    나는 대부분의 경력을 공통지원부서에서 보냈다. 과학관 건설 업무와 기초연구개발사업 경험이 있긴 하지만 아직은 사업부서 경력이 많이 부족하다. 나의 이런 생각은 공무원 후배들과의 인사 상담 시 "전문가 역량과 함께 폭넓은 시야를 갖기 위해 개인의 근무 경력을 잘 설계하세요."라는 충고로 이어지고, 이에 맞춰 직원들의 인사안을 마련하려 고심하고 있다.

    직원들의 인사안을 짜고 있노라면 가끔은 간 조각의 퍼즐을 맞추는 듯한 기분이 든다. 누군가의 인생을 좌우할 수도 있는 일이기 때문에 며칠씩 고심하기도 한다. 개인의 인사 수요와 조직이 필요로 하는 인재를 연계하는 인사안을 만드는 일은 레고블록을 맞추는 것처럼 명료하지 않아서 매번 말 못할 고민이 많다.

    최근에 홍보부서로 배치된 후배 직원은 그때까지 만 10년 동안 유사한 사업부서에만 있었다. 당연히 그 분야 업무에 대한 전문성을 갖추었지만, 공직 연차에 비해 타 분야를 종합적으로 보는 눈이 떨어지는 한계를 드러냈다. 그래서인지 여러 부서 직원들과 부딪히며 업무를 하는 것을 두려워했지만 차차 일에 적응하면서 요즈음은 새로운 업무에 만족하고 있다. 이런 직원들을 볼 때면 인사 업무를 시작한 것에 대한 보람을 느낀다. 누군가의 적성을 찾아 주고 역량을 쌓아 가는 데 작은 도움이라도 될 수 있다는 건 정말 중요하면서도 즐거운 일이기 때문이다.

교도소 수용자들과 울고 웃으며 함께 걸어온 길

| 이만호 |

전주공고 졸업 후 1979년 교도관이 되어 전주교도소와 순천교도소를 거쳐 현재 군산교도소 사회복귀과에서 사회복귀계장으로 재직 중이다. 2013년 모범공무원으로 국무총리 표창을 받았다.

오래전에 집사람이 여고 동창을 만났는데 이야기꽃을 한창 피우다 친구가 문득 내 안부를 물었단다.

"너희 남편 어디 있니?"

"우리 남편 교도소에 있어."

그러자 갑자기 측은한 표정을 지으며 "신랑이 무슨 죄를 지었기에?"라고 물었다.

"우리 남편이 교도관이라서 교도소에서 근무해."

그래도 친구의 표정이 썩 좋아지지는 않았다.

이 이야기를 나중에 집사람으로부터 전해 들었다. 남들이 들으면 한바탕 웃고 넘어갈 일이지만, 내 머릿속에는 아직도 그 이야기가 떠나지 않고 있다.

세상에는 5만 가지 이상의 직업이 있다고 한다. 사회가 복잡하고 다양하게 변화하면서 갈수록 더 많은 직업이 생겨나고 또 없어지기도 한다. 그 많고 많은 직업 중에서 자신의 일생을 걸어야 할 일은 무엇일까?

내가 오래전에 읽었던 거창고등학교의 '직업 선택의 10계명'에 따르면 다음과 같다.

"월급이 적은 쪽을 택하라. 내가 원하는 곳이 아니라 나를 필요로 하는 곳을 택하라. 승진 기회가 거의 없는 곳을 택하라. 앞을 다투어 모여드는 곳이 아니라 아무도 가지 않는 곳으로 가라…."

나는 여기에 딱 들어맞는 직업이 교도관이라 생각한다. 교도관은 월급이 많은 것도 아니고 사람들이 선호하는 곳도 아니며 승진의 기회도 좁고 많은 사람들이 앞다투어 몰려드는 곳은 더더욱 아니다. 그러나 교도관의 길을 가다 보면 좌절과 절망 가운데서 다시 일어서는 수용자들을 보며, 그들에게 작으나마 도움을 주는 보람과 함께 내 일의 소중함을 깨닫게 된다.

교정 공무원은 나의 천직

나는 고등학교 졸업 후 일반 회사를 다녔다. 그러다 몸이 아파 회사를 그만두고 치료를 받았다. 이때 뜻하지 않게 시간적인 여유가 생기면서 이런저런 생각을 많이 했는데, 공무원을 하는 것이 다른 직종의 일을 하는 것보다 낫겠다 싶었다.

나는 곧 고시학원이 많은 광주로 내려가 공무원 시험을 준비하였다. 시험 준비란 것이 언제나 그렇듯, 쉬운 일이 아니어서 스트레스가 컸지만 그래도 나름 열심히 공부하였다. 그러던 중 광주교도소에 근무하면서 사법고시를 준비하던 분을 만나 교정직 공무원에 대해 알게 되었다. 당시에 교정 공무원 시험은 그리 어렵지 않았고 많은 인원을 뽑아서 무난히 합격할 수 있었다.

교정 공무원 시험 합격 후에 군 복무를 하고, 1979년 5월 16일 전주교도소 보안과에 첫 발령을 받았다.

교도관으로 근무하면서 수용자들을 항상 인격적으로 대우하며 스스로 교육자적인 자세를 유지하려고 노력했고 또 지금도 그렇게 하고 있지만, 그게 말처럼 쉽지 않다. 굽은 나무 펴기보다 더 어려운 일이 수용자 교정, 교화이기 때문이리라.

교정시설에 있는 수용자들은 대부분 가정과 학교 그리고 사회에 제대로 적응하지 못한 채 살아온 사람들이다. 그들에게 나는 수시로 "넘어지는 것은 부끄러운 것이 아니다. 넘어진 채로 있는 것이 수치스런 것이다."라는 독일 속담을 들려주며, 수용자들에게 삶을 포기하지 말고 사회에 나가 먹고살 길을 찾으라고 독려한다. 직업 훈련도 받아 자격증도 취득하고 꾸준히 공부하라고 조언한다.

그리고 영국 세인트폴 대성당 재건축 현장에서 유명한 건축가 크리토퍼 렌 경이 인부들에게 "뭘 하고 있습니까?"라고 물으니 한 인부가 "보면 모르시오? 목구멍이 포도청이라 먹고살려고 이 일을 하고 있소."라고 대답하고 또 다른 인부가 "보면 모르시오? 지금 힘들게 돌을 다듬고 있지 않소?"라고 했는데, 세 번째 인부는 '하나님의 성전을 짓고 있습니다. 저는 사실 죄를 짓고 교도소에서 돌 다듬는 법을 배워 가지고 나왔습니다. 부족하지만 저의 기술이 하나님의 성전을 짓는 데 사용된

:: 스페인 개방 교도소 수용자 지급품에 대해 논의하는 모습.(중앙에 있는 사람의 바로 오른쪽이 필자)

다고 생각하니 일이 힘든 줄도 모르겠습니다."라고 답한 이야기를 수용자들에게 들려주곤 한다.

그들이 사회에 나아가 보통 사람들과 어울려 일하며 즐겁고 보람 있는 삶을 살도록 돕는 것이 하나님이 내게 주신 나의 천직(天職)이 아닐까, 생각해 본다.

교도소 수용자들과 함께 울고 웃다

수용자에게 호적을 만들어 주다

1999년 전주교도소에서 수용 기록 업무를 맡고 있을 때였다. 법무부에서 호적이 없는 수용자를 찾아 호적을 만들어 주라는 지시가 내려왔다. 수용자 신분장을 모두 뒤져 보니 우리 소에도 수형자 한 명이 호적이 없었다. 나는 그와 면담을 하였다. 그는 아주 어렸을 적부터 충청도의 한 고아원에서 자랐고 자신이 어디서 태어났는지, 부모가 누군지 전혀 몰랐다.

그의 호적을 만들기 위해 나는 가사소송법, 호적법, 호적법 시행 규칙을 일일이 찾아 가며 서류를 작성해 법원에 제출해야 했다. 우선 그가 교도소에서 생활하고 있다는 수용 증명서와 함께 입소 전 고아원에 수용되어 있었던 기록을 가지고 무호적 증명서를 발부받았다. 그런 다음 법원에 '가사 비송 사건'을 신청하여 성·본 창설 허가를 받았다. 그 과정에서 그의 호적지와 주소지를 전주교도소 주소지와 같은 '전주시 완산구 평화동 3가 99번지'로 하고, 본을 평화 김씨(平和 金氏)로 새로 만들었다.

그러나 일상적인 교도관 업무를 병행하면서 수용자의 호적을 만들기란, 그 절차가 까다롭고 내용이 난해해서 더욱 힘이 들었다. 나는 아침 일찍 출근하여 업무를 빠르게 정리하고, 이후 전주지방법원과 평화동 동사무소, 완산구청 등을 찾아다니며 여러 전문가의 도움을 받아야만 했다. 사비를 들여 발품도 팔고 그분들께 감사 인사도 하는 등 갖은 노력을 한 끝에 약 2개월 만에 호적을 만들 수 있었다.

수용자는 스무 살이 훨씬 넘어서야 호적을 갖게 되었고, 대한민국 국민으로 거듭날 수 있었다.

"고맙습니다, 고맙습니다, 교도관님! 이제야 저도 대한민국 국민이 된 것 같습니다. 앞으로 열심히 살겠습니다…."

호적 초본과 주민등록 초본을 전해 받으며 그는 흐르는 눈물을 주체하지 못하고 펑펑 울었다.

호적이 생긴 그가 더 적극적이고 능동적으로 살고 있다는 이야기를 담당 직원에게서 전해 들으며 가슴이 뿌듯했다.

수용자의 호적을 만들어 주는 과정에서 나 역시 배운 바가 많았다. 부모님의 소중함을 다시 한 번 느꼈고, 교도관이 수용자들의 유일한 보호자라는 것도 새삼 깨달았다.

출소자가 살길을 찾도록 도와주다

2009년 전주교도소에서 수형자 취업 및 창업 지원을 담당할 때 참으로 근면 성실한 수형자를 만났다. 그는 살인죄로 징역 10년 형을 받고 9년간 수용 생활을 하다가 2009년 5월 석가탄신일에 가석방되었다.

수용 중에 나와 상담을 했는데, 출소 후에 세탁소를 창업하고 싶다고 하여 창업 컨설팅과 신용 회복을 위한 상담을 받도록 도와주었다. 그는 법무보호복지공단 전북지부에서 '기쁨과 희망 은행'의 후원으로 2000만 원의 창업 자금을 지원받았고, 그해 9월 세탁소를 열었다.

세탁소 문을 열기까지 어려운 고비가 많았는데, 무엇보다도 세탁소 건물이 무허가 건물이어서 애로 사항이 많았다. 다행히 세탁업은 허가제가 아니고 신고제여서 신고필증을 받고 영업을 시작할 수 있었다.

개업식에는 나를 비롯해 김태호 전주소상공인지원센터장, 이인학 법무사, 유양자 삼풍화학 대표, 한기창 희망본부 본부장, 김길태 전주교도소 수용자 지도목사, 이강충 전주교도소 수용자취업및창업지원협의회 회장 등 6명의 전주교도소 취업 위원들이 참석하였다. 모두 진심으로 성공을 기원하며 축하 화환을 건네고 창업을 축하해 주었다.

개업 후 그는 정말 열심히 일했다. 주변에 대형 평수의 아파트가 많아서인지 세탁물의 양이 엄청났는데, 세탁소에 간이침대 하나를 갖다 놓고 새벽 4시에 일어나 밤 12시 잠자리에 들기까지 쉬지 않고 일했다. 또 누구에게나 친절했으며 찾아오는 손님마다 요구르트를 건네며 깍듯이 대했다. 그러자 성실한 사람이라고 입소문이 나서 일거리가 더 밀려 들었고, 혼자서는 다 감당할 수가 없어서 직원까지 채용했다.

출소할 때 그는 사회에 나가서 어떻게 살 것인지 몇 가지 결심을 했는데, "첫째, 술을 먹지 않는다. 둘째, 택시를 타지 않고 버스를 탄다. 셋째, 남에게 피해 주지 않는 생활로 반드시 성공하겠다."가 그것이다. 그는 지금도 이를 잘 실천하고 있어 주위에서 칭찬이 자자하다.

나는 어쩌다 한 번씩 격려차 세탁소를 방문하는데, 그때마다 그의 팔순 노모가 내 손을 꼭 잡고 "아들을 도와주어 정말 고마워요. 고마워요." 하시며 눈물을 글썽이신다. 그러면 나 또한 울컥할 때가 많다.

우리 이웃과 사회가 이처럼 출소자들의 재사회화를 위해 조금씩 힘을 보태 준다면 아마도 더 많은 출소자들이 올바른 길로 인도될 것이다. 나는 그것을 믿는다. 그리고 그 길 가운데 내가 있음이 자랑스럽고 고맙다.

아픈 수용자를 위해 간절히 기도하다

2011년에 나는 순천교도소 의료과에서 근무했다. 그때 만난 이들 중에 수용자 건강검진을 통해 폐암에 걸린 사실이 발견되어 치료를 받은 수형자가 있었다. 고아로 살면서 세상을 원망하다가 남의 집에 불을 질러 장기형을 선고받은 수형자였다.

그는 순천교도소에서 약물 치료를 받다가 전남대학교 화순병원에서 폐암 수술을 받기 위해 광주교도소로 이송되었는데, 이송 전 그를 의료과 사무실로 불러 기도를 해 주었다. 인간의 방법으로는 어찌할 수가 없다고 생각했기 때문이다. 그의 손을 맞잡고 시멘트 바닥에 무릎을 꿇은 채 하나님께서 역사하여 치유될 수 있게 해 달라고 간절히 기도하

:: 순천교도소 기독선교회 회원들과 함께 목사님이 무의탁자 장례 예배를 드렸다.

였다. 그리고 성경책을 선물하며 힘들 때 읽고 힘을 내라고 당부했다.

　그는 수술 후에도 3차에 걸쳐 항암 치료를 받는 등 오랜 기간 치료를 받았지만 별 효과를 보지 못했다. 그럼에도 나를 비롯한 의료과 직원들은 희망의 끈을 놓지 않고 만날 때마다 기운을 북돋아 주었다. 동료 수용자들도 우리 직원들과 같이 그를 잘 보살펴 주었다.

　여러 사람들의 간절한 바람과 격려 덕분이었는지 폐암 환자는 극심한 통증을 동반한다고 하는데 그는 그렇게 심한 통증은 동반하지 않았다. 치료를 받는 동안 다른 수용자들과 함께 생활하면서도 진통제에 의존하지 않았다. 그러나 그 후 전남대학교 병원에서 더 이상 그를 치료할 수 없다 했고, 순천 성가롤로병원에서 입원 치료를 받다가 상태가 악화되어 죽음을 맞았다. 시신을 인수할 가족이 없어서 그는 교도소 묘지에 묻혔다.

　그의 장례식 날, 순천교도소 기독교 종교지도위원이신 류홍석 목사님과 순천교도소 기독선교회 회원들이 함께 모여 장례 예배를 드렸다.

서로의 주머니에 마음을 찔러 넣으며

교정 공무원으로 일하며 봉사 활동을 활발히 하시는 훌륭한 분들을 참 많이 만났다. 그중 한 분이 창원에 자리한 소망원이라는 보호시설의 김종성 원장님이시다. 김종성 원장님은 몸은 아픈데 의지할 가족이 없는 수형자들을 정말 헌신적으로 치료하고 보호해 주셨다.

내가 순천교도소 의료과에서 근무하고 있을 때 직장암을 앓던 수형자가 수술과 치료를 위해 형 집행 정지 처분을 받았는데, 가족들이 데려가지 못하겠다고 하여 할 수 없이 소망원에 인계한 일이 있었다. 이때 김 원장님은 그를 자신이 잘 아는 종합병원에 입원시키고, 자신이 경영하는 복지시설의 부원장이 직접 그의 대소변을 받아 가며 보름 이상 간호하게 하는 등 하나하나 꼼꼼히 돌봐 주셨다.

그 수형자에게는 팔순이 넘은 노모와 이복형과 동생들이 있었지만 병원비에 대한 걱정 등으로 신원 인수를 포기하였다. 게다가 서류상 가족이 있는 관계로, 그는 기초생활수급자에 선정조차 되지 않았다. 김 원장님은 혼신의 힘을 기울여 여러 독지가로부터 후원을 받고 자신이 운영하는 보호시설에서 비용을 지원해 그를 치료해 주셨다. 수술비와 입원비는 입원 치료를 했던 병원에서 치료비 할인을 받아 힘겹게 완납하였다.

그 수형자가 치료를 마치고 형 집행 정지 기간이 만료되어 교도소로 돌아오던 날, 김 원장님은 하던 일을 멈추고 작업복에 고무신 차림으로 달려 나오셨다. 그리고 내가 근무하던 순천교도소까지 와서 그를 인계해 주신 후, 간식 사 먹을 돈이 없으면 안 된다며 영치금으로 10만 원을 넣어 주셨다.

소망원으로 돌아가시는 김 원장님을 배웅하던 중 그분의 지갑이 빈 것을 알게 되었고, 창원까지 가시는 길에 끌고 온 트럭에 기름이라도 넣으시라며 지갑에 있던 돈 3만 7000원을 드렸다. 안타깝게도 그것이 그날 내가 가진 현금의 전부였다.

그 후 그 수형자는 형기를 마치고 출소해서 소망원으로 김 원장님을 찾아갔다. 그는 그곳에서 재차 입원 치료를 받았고 건강이 크게 좋아졌다.

"죄는 미워하되 사람은 미워하지 말고 사랑으로 대하라."는 말씀을 몸소 실천하고 계시는 김종성 원장님을 볼 때마다 나는 부끄러운 내 자신을 돌아보게 된다. 그렇지만 김 원장님과 같이 훌륭한 정신을 가진 많은 분들과 함께 일할 수 있어서 얼마나 감사한지 모른다.

일하며 공부하며 걸어온 한길

일하며 공부하며

교정 공무원이 되기 전 내 최종 학력은 '고졸'이었다. 집안 사정이 여의치 않아 대학을 가지 못했다. 그래서 늘 배움에 대한 목마름이 있었다. 교정 공무원 생활 초기에는 업무 수행에 치여 꿈도 못 꿨지만, 차츰 일에 익숙해지면서 '이제라도 공부를 시작하자.' 하는 마음을 먹게 되었다. 그리고 1989년 한국방송통신대학교 법학과에 입학해 1995년 졸업을 하였다. 물론 나의 공부는 여기서 멈추지 않았다. 1996년에는 야간 특수대학원인 전북대학교 정보과학대학원에 국비 장학생으로 선정되어 학비에 대한 부담 없이 공부할 수 있었다. 대학원을 졸업한 지 7

년째 되던 2002년 2월에는 「교정행정 정보화를 위한 수용자 접견 내용 동영상 보존관리시스템 설계 및 구현」이라는 제목으로 논문을 썼다. 훗날 이 논문은 전국 교정시설에 무인접견시스템이 도입되어 많은 예산과 인력을 줄이는 계기가 되었다. 내가 공부하고 연구한 지식이 실제 업무 현장에 도움이 되었다는 생각에 흐뭇하였다.

올해 3월부터는 전북대학교 법무대학원에서 형사법 전공으로 박사과정을 밟고 있다. 군산에서 전주를 오가며 주간에 근무하고 야간에 공부하는 것이 쉽지는 않지만 그래도 즐겁고 보람 있다. '평생 공부'는 요즘같이 빠르게 변화하는 세상에 적응하기 위해 꼭 필요하다고 본다. 또 나에게 공부는 이미 오래전에 고인이 되신 아버지가 친구 분이 이사장으로 있으셨던 중학교 교사 신축 현장에서 일하시며 학자금을 마련해 주셨던 데 대한 때늦은 작은 효도이기도 하다.

일하며 글을 쓰며

젊은 날에 나는 집이 가난하여 가진 것이 없었기에 결혼조차 쉽지 않았다. 초등학교 친구의 소개로 지금의 아내를 만나 사랑을 키우다 "아내는 긴 머리를 잘라 남편의 시곗줄을 사고 남편은 시계를 팔아 아내의 머리핀을 사서 서로 선물을 교환하려다가 부둥켜안고 울었다."는 오 헨리의 「크리스마스 선물」 내용을 글로 써서 전해 주며, "우리도 그와 같이 어렵고 힘들지만 서로 의지하고 노력해서 아름다운 가정을 이룹시다."라고 하여 결혼에 골인하였다.

나는 일찍부터 글의 '힘'을 알았던 것이다. 지금도 가끔 집사람은 나에게 받았던 그 편지 구절을 이야기한다.

교도관으로 일하는 중에도 글을 꾸준히 써서 교도관들의 월간 교양 잡지인 《교정》과 수용자들의 교양 계간지인 《새길》을 포함해 각종 언론사와 교양 잡지에 여러 번 기고를 하였다. 글을 통해 교정행정에 대해 잘못 보도된 내용을 바로잡고 교정행정의 변화된 모습을 알려 민간인들이 수용자에게 따뜻한 시각을 갖도록 하고 싶었기 때문이었다.

그러던 중 2008년에 『전주교도소 100년사』 편집 업무를 담당하게 되었는데, 여러 직원들과 2개월에 걸쳐 이른 아침부터 밤늦게까지 정말 열심히 일했다. 이때 책의 제작 과정을 눈여겨보신 신아출판사 서정환 사장님이 문학적 재능이 보인다며 수필지에서 매월 신인상을 모집하니 투고를 해 보라고 권유하셨다. 나는 '수평과비평' 사에 글을 보냈고, 2009년 「낡은 사진 한 장」이라는 글이 신인상에 당선되었다.

2012년부터는 법무부 뉴미디어 기자로 선발되어 법무행정과 교정행정 홍보에도 열과 성을 다하고 있다. 그러는 사이 다양한 분야에서 일하는 분들과 페이스북, 트위터, 카카오스토리로 친구가 되어 지적인 즐거움과 함께 일상의 소소한 기쁨과 슬픔을 나누고 있다.

인생 제2막을 앞에 두고

교도관으로 근무하면서 2009년에 전북도민일보사로부터 '친절봉사' 대상을 받았고, 2010년에 행정안전부에서 개최하는 제1회 '대한민국 참된 공무원상' 대상을 받았다. 그 외에도 교정사도상, 한국 모범 교정공무원상 등을 받았다. 내가 잘나서가 아니었다. 교도관들은 모두 나만큼 또는 나 이상으로 열심히 일하고 있고 사회의 이해와 격려를 받을 만하다. 어쩌다 내가 대표로 상을 받았을 뿐이다. 그래서 나는 상금이라도 형편이 어려운 수용자와 그 가족에게 기부해야겠다고 생각하고 이를 실천하였는데, 감사하게도 모두 모으니 471만 원이나

:: 2010년 제1회 '대한민국 참된 공무원상' 대상을 받았다.

되었다.

    신앙심 깊고 현모양처인 아내를 만나 가정도 꾸리고 공부를 다시 시작하여 대학에도 가고 좋아하는 글도 쓰고 상도 받고…. 돌아보면 이러한 모든 일들이 내가 교도관이었기에 주어진 하나님의 축복이었다. 나는 교도관 일을 통해 "너희가 내 형제 중에 지극히 작은 자 하나에게 한 것이 곧 내게 한 것이니라."라는 성경 말씀을 실천할 수 있었다. 그리하여 세상과 유리되어 소외된 담 안의 수용자들에게 도움이 되는 일을 하기 위해 나름 열심히 뛰어다녔고, 그러한 일을 할 수 있어서 정말 기쁘고 감사했다.

    또 교도소에 근무하면서 나에게 주어진 생명이 소중하듯 남의 생명도 소중하다는 사실을 깨닫게 되어, 부모님이 낳아 주신 육체를 죽는 날까지 잘 보존하고 아껴 가며 사용하다가 사후 사랑의 장기기증운동본부에 장기를 기증하기로 약속하였다.

    나는 이제 얼마 안 있으면 모든 것을 내려놓고 제2의 인생을 살아야 한다. 교도관으로서 한 가지 작은 바람이 있다면, 나와 함께했던 직원들과 수용자들에게 오래도록 정말 좋은 교도관으로 기억되었으면 하는 것이다.

03　　　　　　　　　　　　　　　　　　　　　　　　미래창조과학부

대한민국에서
우정 공무원으로 산다는 것

| 이승수 |

전북대 경영대학원에서 경영학 석사학위를 받고 명지대 사회교육대학원에서 평생교육학 석사학위를 받았다. 현재 전북 완주우체국장(서기관)으로 일하고 있다. 또한 수필가, 영화평론가로서 전주국제영화제 힐링시네마 담당 강사, 한국영상영화치료학회 회원, 전북문인협회 회원, 영·호남수필문학 회원으로 활동하고 있기도 하다. 지은 책으로 『울면 지는 거야: 시골 우체국장의 영화 에세이』가 있다.

"우체국에서 무슨 일을 해요?"라는 질문을 받을 때가 있다. 마땅한 답을 준비하느라 잠시 생각하고 있자면, 다시 "편지 배달?" 하고 묻는다.

"편지요? 아, 네." 나는 이렇게 맞장구를 치면서 상대방을 물끄러미 쳐다본다. 편지 배달 말고도 하는 일 많은데….

현재 우체국은 우편분야에서 우편물 접수·운송·배달과 우체국 택배 및 국제특송을 취급하고 있으며, 금융분야에서는 우체국 예금·보험과 우편환 및 우편대체를 취급하고 있다. 또 수입인지, 알뜰폰, 문화·온누리상품권 등 여러 수탁상품을 판매하고 있다. 부대사업으로 우체국쇼핑을 통해 농·수·공산품의 생산자와 소비자 간 직거래를 돕고 있기도 하다.

여러 국가기관과 다른 우체국만의 특징이라면, 전국 단일 우편요금으로 보편적 우편 서비스를 제공하는 '공익성'과 자체 수입으로 비용을 충당하는 '기업성'을 동시에 띠고 있다는 것이다.

우체국 입사와 함께 직면한 우정사업의 환경 변화

나는 1976년에 5급 을류 공무원으로 입사했다. 재수를 하던 중에 아버지에게 믿음을 드리려고 총무처 시행 채용시험을 본 게 그만 평생 직장이 되었다.

초임 발령지는 섬진강 상류에 위치한 갈담우체국이었다. 그곳은 전형적인 농촌 마을이었는데, 풍부한 수자원을 이용한 내수면 어업을 한창 도입하고 있을 때여서 선배, 동료 들과 함께 민물고기를 자주 먹었다.

퇴근하면 강변도로를 달려, 축조된 지 얼마 되지 않은 섬진강 댐을 돌아보곤 했다. 강가에 떼 지어 늘어선 수양버들나무는 지금도 잊을 수가 없다. 흐느적거리는 듯하면서도 가지런하게 늘어진 나뭇가지가 그 끝자락을 강물에 드리운 채 요지부동이었다. 긴 강은 인생이자 우체국이요 수양버들은 청춘 아니겠는가. 강과 나무는 내 시발점을 이렇게 변주해 주는 것 같았다. '나풀거리지 말고 진득하자.'

우체국 업무도 찢어지고 사람들도 떠나가고

첫 직장의 설렘도 강촌의 낭만도 잠시, 어느 날 특근 명령이 떨어졌다. 국민저금과 보험 원부를 일괄 정리하라는 것이었다.

책상 위에 쌓아 놓은 원부의 높이가 천장에 닿을 정도였다. 보기만 해도 숨이 턱 막혔다. 알고 보니 예금과 보험 업무를 농협으로 이관하기 위한 작업이었다. 끝이 없을 것만 같던 원부 정리도 끝은 나고 예금과 보험 업무의 농협 이관도 폭풍이 지나가듯 정리가 되고 원부도 사람도 떠났다. 짬이 날 때마다 뒤뜰 화초에 정성껏 물을 주던 '김 양' 누나도 떠났다. 이럴 수가. 국가기관이 이렇게 일을 떼어 주는 이유가 뭘까? 허탈감에 목이 메었다.

나도 곧 군대에 갔다. 3년 뒤에 돌아와 보니 우체국 분위기가 뒤숭숭했다. 전신·전화 업무를 떼어 공사화한다는 것이었다. 이관 대상자 명단을 보고 있자니 울컥 화가 치밀어 올랐다. 사무실 직원 절반 이상이 또 떠나게 되었다. 그리고 우리에게 남은 일은 이제 편지밖에 없었다. 우편 업무만으로 수지를 맞출 수 있을까? 우체국 회계는 그때나 지금이나 특별회계로 운영되고 있다. 즉 우체국 자체적으로 수익을 올려 지출에 충당해야 하는 것이다. 일반회계에서는 전입금이 거의 없다.

나의 우려에 아랑곳없이 전신·전화 업무는 분리되어 '한국통신'으로 발족되었다. 맥이 풀렸다. 이제 나도 타 부처로 떠나야 하는 걸까? 동기 몇 명이 선거관리위원회, 노동부, 해운항만청 등으로 떠났다. 그런데 나는 선뜻 결정할 수가 없었다. 아니, 마음이 내키지 않았다. 우체국에 등을 보일 수 없었다.

다시 일에 집중해 숨 가쁘게 달리다

1983년을 기해 체신예금·보험 업무가 부활되었다. 나는 맨땅을 일구는 자세로 유치 활동을 했다.

앞서 우체국 금융을 이관받은 농협은 이제 거대 금융기관으로 성장하여 우리와 비교할 수도 없는 위치에 서 있었다. 목표 시장이나 네트

∷ CS교육을 마치고 우체국 직원들과 함께한 필자.(가운데)

워크가 농협과 유사한 우리는 마케팅 현장에서 "나는 이미 농협과 거래하고 있어요."라며 고개를 흔드는 고객을 만나는 게 큰 어려움이자 아픔이었다. 나는 굴하지 않고 "우체국은 국가가 지급을 보증하니 가장 안전합니다."라고 목이 쉬도록 외쳤다.

주효한 것은 연고 마케팅이었다. 친지, 지인부터 접근하니 효과가 있었다. 창구 직원은 방문 고객을 대상으로 원-투-원 마케팅을, 집배원은 가가호호 방문 마케팅을 전개하였다.

그렇게 10여 년 혼신의 노력을 경주하니, 금융사업이 웬만큼 자리가 잡혔다.

그런데 1992년에 들어서면서 난데없이 택배 시장이 열린다. 민간택배와 완전경쟁을 할 수도 없는 법. 우편사업은 다시 한 번 모진 홍역을 앓게 된다. 통상우편 시장이 계속 하향곡선을 그리고 있는데 택배 시장마저 내주고 나니, 우편 업무는 날로 위축될 수밖에 없었다.

그런 가운데 2000년 7월 1일 '우정사업본부'가 출범했다. 그리고 2008년 정부 조직 개편에 의해 통신·전파 업무를 방송통신위원회, 문화체육관광부, 지자체로 분할 이관하여 현재에 이르렀다.

숨 가쁘게 달려온 38년 내 공직 인생은 이렇게 분사(分社)와 그로 인한 가슴앓이로 점철되어 있다.

이런 큰 변화 속에서 우체국은 그리고 나는 꿋꿋하게 존립하였다. 미래에 대한 희망을 놓지 않고 현재를 살고 있다.

우체국에서 상품을 판매한다?

전자상거래로 '호남평야 쌀' 판로를 개척하라

우체국에서 독점했던 소포는 1992년 택배 시장 개방 후 불과 10년 만에 점유율이 10퍼센트대로 낮아졌다. 설상가상으로 민간 부문을 활성화하려는 정책은 택배 부문도 예외가 아니어서, 우체국 택배는 민간 사업자와 내놓고 경쟁하지 말라는 게 상부의 기본 입장이었다.

암중모색이라고 해야 할까. 정부기관의 면모를 유지하면서 효과적인 마케팅을 할 수 있는 방법을 찾는 데 전사적인 노력을 경주하였다. 나의 책상에는 SWOT 분석과 Fish Bone 차트 파지가 하루하루 높이를 더해 갔다. 6시그마, TQC 등 선진 경영 기법에 대한 공부도 끊임이 없었다.

21세기에 들어서면서 전자상거래 붐이 일기 시작하였다. 직거래의 전형이랄 수 있는 전자상거래에 국민적 관심이 집중되었다. 나는 "이거다!" 하며 무릎을 쳤다.

당시 전북지방우정청에서 우편영업과장을 하던 나는 제안서부터 만들었다. 그런 다음 도청과 농협전라북도지역본부 관계자들을 설득하여 관계 기관 협의회를 만들었다.

상품은 '호남평야의 쌀'. 대상은 '쌀 소비가 가장 많은 서울시와 쌀이 한 톨도 나지 않는다는 제주도 전역'으로 정했다. 쇼핑몰을 만들고, 홍보물도 만들고, 현장에 직원들을 투입하고…, 눈코 뜰 새 없이 바삐 움직였다. 그러나 그만큼의 성과가 없었다.

우리는 다시 숙의했고, 모두 나서서 홍보를 하자고 의견을 모았다. 50여 명의 연합 편대가 시식용 쌀을 짊어졌다. 서울 아파트촌에 들어가서 맛보기 샘플을 나눠 주고 밥을 지어 시식회도 하면서 주부들에게 호남평야 쌀의 우수성을 알렸다. 다른 한편으로 응원을 요청하기 위해 과천정부청사 앞에 진을 쳤다.

그리고 쌀 한 톨 나지 않는 제주도는 우리에게 기회의 땅이었다. 우리는 아파트와 음식점을 연달아 방문했다.

결과는 대성공! 2004년부터 성과가 나타나기 시작했다. 그해에만 전라북도 RPC* 42개소에서 123억 원의 매출을 올렸다. 그리고 2011년에는 149억 원의 매출을 올리면서 전라북도의 농특산물 종합 쇼핑몰인 '거시기 장터'로 재편되어 판매를 가속화하고 있다. 유관 기관, 쌀 생산 농민 그리고 RPC 대표를 체신청에 초청하여 사업 성과 보고회를 개최할 때는 눈물이 앞을 가려 말을 잇지 못할 지경이었다. 그간 지속적으로 택배비 보조금 예산을 편성해 준 전라북도청, RPC와 미질 관리에 노력해 준 농협 관계자들께 진심으로 감사했다.

지자체 주력상품에 역량을 집중하라

전자상거래를 통한 '호남평야 쌀' 판매 업무를 하면서, 특정 지자체

---

* RPC(Rice Processing Complex)란 미곡 종합 처리장을 말한다.

의 주력상품(공동 브랜드 상품)이 시장 점유율이 높다는 사실을 알게 되었다. 그런데 지자체 주력상품은 지자체와 사업자들이 연합하여 만든 것이어서 밖에서는 접근이 쉽지 않았다. 살펴보니, 이들은 마케팅과 물류가 취약하였다. 우리가 파고들 자리를 발견한 것이다.

진안우체국장으로 일할 때였다. 나는 인삼과 홍삼유통(진안은 국가지정 홍삼한방특구이다)에 적극 참여하기로 하였다. 우체국 내에 창고를 짓고 보관과 하역 지원을 했으며 전국의 우체국을 근거지로 판촉 활동을 하였다. 그러자 매출이 점점 증가하여 연평균 1만 5000건에 5억여 원에 이르는 개가를 올렸다.

이후 나는 완주우체국으로 자리를 옮겼다. 완주는 군청의 특화사업으로 로컬푸드의 지명도가 전국적으로 높았다. 로컬푸드란 생산자 실명제를 적용하는 웰빙식품을 말한다. 지역 내에 매장도 있지만 외지 판매가 주류를 이룬다. 스티로폼 상자에 신선한 식자재 6~7종을 포장하여 발송한다. 이 한 상자면 일주일 식단이 거뜬히 해결되는 원스톱 식품 구매 시스템인 것이다. 완주우체국은 마케팅 참여는 물론 포장 작업을 돕고 있으며, 운전원으로 하여금 지게차 면허증을 취득하게 하여 상·하차 작업도 돕고 있다. 완주우체국은 여기서 연평균 5만 건에 13억여 원의 매출을 올리고 있다.

마을과 우체국의 아름다운 동행

진안우체국에서 근무할 때이다. 진안군청의 전국 단위 특색 사업인 '마을 만들기' 사업이 나의 눈에 띄었다. 이 사업의 취지는 날로 노령화되어 가는 농촌에 활력을 불어넣자는 것이었다. 다시 말해 마을의 특색을 살리고 선진 문화도 이식하면서 삶의 질을 높이자는 것이다. 나는 이것을 '현대판 상록수 사업'이라 불렀다.

마을 만들기 사업의 위원으로 참여했다. 위원들이 하는 일이라는 게 300여 개 되는 자연부락을 반복 순회하며 개선안을 찾는 것이었다. 때맞춰 '마실길'이란 순례 길도 열려 외지 탐방객들이 많이 와서 그분들과 대화하는 것도 중요한 임무 중 하나였다.

우리는 마을에 나가면 제일 먼저 마을 회관에 들렀다. 마을 회관은 국고에서 냉·난방비가 지원되기 때문에 어르신들 대부분이 이곳에서 많은 시간을 보낸다.

어르신들을 보며 문득 '외부 내방객을 마을 회관으로 초치하면 좋겠구나.' 하는 생각을 했다. 어르신들도 화투 치고 TV나 보는 따분한 일과보다 바깥세상 이야기를 듣는 게 더 즐겁지 않으실까. 또한 내방객들은 몸도 녹이고 식사도 할 수 있으니 서로에게 좋은 일이다. 더불어 나는 가끔 만돌린 공연단, 웃음치료사 등을 마을 회관으로 초청하여 함께하는 시간도 가졌다. 집배원들에게는 새로운 임무를 부여했다. 어르신들께 반드시 읍내 소식을 들려 드리라고. 편지만 쥐어 주고 얼른 돌아서지 말고 세상 소식을 전해 주는 전령사가 되라고. 이러한 시도는 어르신들께 큰 호응을 얻었다.

한편 지역사회 여론을 선도하는 여성단체협의회 회원에게는 '여성 리더십' 교육을, 선진 농업기법을 도입하기 위해 애쓰는 한국여성농업인협회 회원에게는 '블로그 마케팅' 교육을, 이제 우리의 다정한 이웃이 된 다문화가족에게는 '현지 적응력' 교육을 실시하고 지속적으로 대화하였다.

:: 우체국장은 집배원들에게 새로운 임무를 부여했다. 어르신들께 반드시 읍내 소식을 들려 드리라고. 그렇게 '마을과 우체국의 아름다운 동행'을 만들어 갔다.

그러는 사이, 진안우체국은 자연스럽게 신개념 우체국이 되었다. 나는 이러한 활동을 '마을과 우체국의 아름다운 동행'이라 이름 붙였다. 지역사회 전 세대와 소통하는 계기가 되었고, 고령화된 농촌에 활기를 불어넣는 힘이 되었다. 이 사례를 전국우체국장 경영혁신회의에서 발표하여 커다란 박수를 받기도 했다.

우체국에 대한 오해와 진실

"우체국은 예금 모집이다, 보험 모집이다, 택배 유치다 하여 직원들을 힘들게 한대."라는 소문이 돈 적이 있다. 이런 이야기가 화제로 떠오를 때마다 지인들은 "공무원이 그렇게까지 할 게 뭐 있어. 그런다고 월급 더 나오는 것도 아니잖아?"라고 말했다.

노파심에서 하는 말이라는 것을 잘 안다. 그러나 우체국은 국민의 세금을 한 푼도 쓰지 않는 '착한' 기관이다. OECD 행정국가 선전 문구 중에 "Less Tax More Service(세금은 적게 서비스는 많이)"라는 말이 있지 않은가. 우체국은 세금을 안 쓰고 스스로 벌어서 재원으로 활용하는 기업가형 정부의 훌륭한 모델인데, 그 일에 주인인 직원이 직접 나서지 않으면 누가 해 준다는 말인가.

사실, 일반통상우편물의 원가 보상률은 89퍼센트(2011년 기준)에 불과하다. 그럼에도 우편 업무 종사원은 보편적 서비스 제공이라는 국민과의 약속을 지키기 위해 전국 균일 요금으로 산간, 오지를 누빈다. 신문 한 통을 배달하려고 산꼭대기를 매일 오르고 도서와 벽지에서 구슬땀을 흘린다. 이와 같은 사정을 아는지 모르는지 대도시에서는 기관 및 단체의 다량 우편물만을 골라 접수해 가는 개별 업체의 크림 스키밍*이 반복된다. 이런 현실에서 앉아 기다릴 수만은 없는 것이다.

그런가 하면 요즘에는 우정사업본부를 거대 공룡에 비유하는 사람이 많다. 2014년 3월 말 현재 우체국 수 3700여 개, 직원 수 4만 3000여 명, 금융수신고 110조, 우편 매출액 3조···. 그리고 특이하게 우체국은 양대 노동조합이 병존한다. '전국우정노동조합'과 '미래창조부공무원노동조합'이 그것이다. 혹자는 노동조합을 관리하려면 신경 많이 쓰일 것 같다고 말한다. "전혀." 자랑스럽게도 우리는 노동조합과 사용자 측이 상부상조하는 가운데 안정 성장을 추구한다. 오랜 세월을 변화의 소용돌이 속에서 협력하다 보니 응집력이 더 강해졌지 않나 싶다. 애·경사나 직원 신상 변동 시 우리는 서로 나서서 자기 일처럼 돕기를 주저하지 않는다. '체신 가족'이라는 말이 암시하듯 끈끈한 가족애를 바

* 크림 스키밍(Cream Skimming)이란 '수요가 많은 지역에서의 영업 활동'을 뜻하는 용어로 원유에서 맛있는 크림만을 분리, 채집하는 데서 유래되었다.

탕으로 서로 동고동락한다.

　국장과 직원이 소통하는 방법 또한 아주 인간적이다. 나의 경우 직원들과 '눈 맞추기' 자세로 친교를 도모해 왔다. 아침마다 직원 한 사람, 한 사람을 찾아다니며 말을 건넨다. 신상을 정확하게 파악하여 근황도 묻는다. 행사 시 인사말을 할 때는 한 번도 단상 위로 올라가 본 적이 없다. 앞쪽 맨바닥에 서서 눈을 맞추며 대화하듯 연설하고 질문도 받는다. 명절 때면 주거래 업체(우리 국은 '목우촌'이란 육류 가공업체와 계약되어 있다)에 가서 포장도 같이 한다. 집배원들로 구성된 '우정 사회봉사단'의 활동에 동참하여 독거노인과 생활보호대상자 집을 찾아가 도배도 하고 생필품도 나눠 드리고 이야기도 나눈다. 가족애를 바탕으로 이처럼 뭉치다 보니 사무실 출근이 기다려지고 일 또한 즐겁다.

　한 가지 바람이 있다면, 우정사업의 기반이 보다 안정화되었으면 하는 것이다. 날로 위축되어 가는 우편 시장의 미래를 바라만 보고 있을 수만은 없기에 우리는 수탁사업, 임대업 등으로 사업의 다각화를 꾀하고 있다. 어떤 어려움 속에서도 '국민에게 희망과 행복을 전하는 한국 우정', 그 비전을 실현하는 우체국이 되어야 하겠기에 불철주야 고군분투하고 있다. 범국가적인 관심과 지원이 필요하다고 본다.

우정 공무원이 되어 누린 호사

　나는 40년 가까이 우정 공무원으로 가족들 잘 돌보며 무탈하게 살아왔다. 그리고 우정 공무원으로 일하며 많은 혜택을 봤다. 가장 큰 것은 국비 장학금으로 방송통신대학교와 대학원을 마친 것이다. 고졸로

:: 우체국의 국장이자 지역 사회 리더로서 농촌의 지도자 육성에 힘쓰고 있다.

입사했는데 지금은 석사학위만 두 개다. 다음 학기에는 박사 과정에 도전할 생각이다.

또 미국과 유럽 등 국외 연수를 7개국에나 다녀왔다. 각국의 여러 우체국을 돌아보면서 우리 우체국을 사랑하는 마음이 배가되었다.

정부부처 중 가장 시설이 좋다는 우정공무원교육원에서 많은 교육을 이수했고, 지금도 그때그때 듣고 싶은 분야의 과목을 계속 수강하고 있다. 교육은 "콩나물시루에 물 주기"로 비유되는데 많은 교육을 통해 나 또한 쑥쑥 자라고 있다.

근래에는 나름 열심히 공부한 '영화 치료' 과목으로 강의도 나간다. 한 우물을 파라는 옛말처럼, 우체국에서 열심히 하다 보니 서기관까지 승진도 했다.

"물고기를 운반할 때 수조에 상어를 한 마리 넣으면 물고기들이 살아 있는 채로 목적지에 도착할 수 있다."는 말이 있다. 나의 직장 생활에는 환경 변화라는 보이지 않는 상어가 한 마리 들어와 있었지 않나

하는 생각이 든다.

몇 년 전에 〈나는 공무원이다〉라는 영화가 조용히 인기를 끌었다. 이 영화에서 7급 공무원인 남자 주인공이 동료들에게 입버릇처럼 하는 말이 있다. "공무원 생활은 변화가 없는 게 가장 큰 장점"이라는 것과 "세상 사는 방식에는 대세와 리스크가 있는데 무엇을 선택할 것인지 잘 생각하라는 것"이 그것이다.

나는 그를 향해 큰 소리로 외치고 싶다.

"우체국은 변화 속에서 살아요. 리스크도 있다니까!"

정부부처 중에서 가장 오래된 부처, 손 내밀면 언제나 잡아 주는 친근한 벗 우체국. 그곳에서 나는 여한 없이 고객과 소통하고 진득한 행복을 누렸다고 자부한다. 앞으로도 우정사업이 장강의 물처럼 유유히 흐르기를 바라는 마음 간절하다.

04　　　　　　　　　　　　　　　　　　　　　　　문화체육관광부

공무원 같지 않은 공무원

| 최원일 |

광운대 행정학과를 졸업하고 동 대학원 행정학과에서 석사학위를 받았다. 1993년 행정고시 합격 후 문화체육부에서 근무를 시작했다. 1999년부터 2001년까지 헝가리 부다페스트 경제대학 국제대학원에서 유럽 경제를 공부하여 국제경제학 석사학위를 취득했다. 현재 문화체육관광부 저작권보호과장으로 근무하고 있다.

보통 사람들은 공무원들을 어떻게 바라보고 있을까? 일부 긍정적인 시각도 있겠으나 대체로 그리 호의적이지 않다. 혹자는 공무원은 길거리에서 걸음걸이와 옷차림만 봐도 구별할 수 있다고 한다. 획일적인 옷차림, 격식에 얽매인 모습, 자유롭지 못한 사고방식, 소심하고 책임 회피적인 태도, 결핍된 도전의식 등이 우리 사회가 공무원을 규정짓는 인식이다. 그리고 이러한 모습은 공무원 생활을 오래 하면 할수록 몸에 배어 자연스럽게 밖으로 표출된다고 한다. 이제 공무원 생활 20년 차인 나는 예외일 수 있을까?

나는 여러 차례 좌절을 거친 끝에 1993년 행정고시에 합격했다. 그리고 1994년 공직을 시작하면서 줄곧 문화부에서 근무했다. 문화부는 내가 들어갈 당시 문화체육부였고, 문화관광부 그리고 문화체육관광부

:: 우리나라 공무원 중에서 가장 공무원 같지 않은 공무원인 문화부 공무원들의 한마음 체육대회 때 모습.

로 이름이 바뀌었다. 당시 나는 5급 사무관이었고 현재는 3급 부이사관으로서 저작권보호과장을 맡고 있다.

문화부는 우리의 생활과 밀접한 문화, 예술, 관광, 체육, 종교, 홍보 등 다양한 분야를 담당하고 있어 일을 하면서 많은 보람을 느낄 수 있다. 또한 다른 부처에 비해 자유롭고 탈권위적이다. 물론 민간 부문에 비할 바는 아니겠지만, 다른 부처 공무원들은 문화부 직원들의 이런 모습에 많이 놀란다. 아마도 자유로운 사고가 강조되는 문화예술인들을 상대하면서 영향을 받지 않았나 싶다. 그러한 이유로, 가장 공무원 같지 않은 공무원을 뽑으라면 단연코 '문화부 공무원'들이다.

공무원으로 처음 국제행사를 준비하며

처음 문화부에 들어와 수습 기간 중 맡은 일이 1995년 8월 코엑스에서 열린 제1회 '서울국제만화&애니메이션 페스티벌(SICAF)' 준비였다. 나는 4월부터 준비사무국에 합류했다. 국제행사를 준비하는 일이 처음이었기에 남달리 기대가 컸는데, 준비단이 나를 포함해 고작 7명인 데다 행사 D-Day가 4개월밖에 남지 않았음에도 준비된 것이 거의 없다는 사실에 놀랐다. 그리고 이러한 상황 속에서도 신기하게 일이 되어 가는 모습을 보며 또다시 놀라움을 금치 못했다.

국제행사준비단에서 내가 맡은 일은 국제 심포지엄 준비와 애니메이션 공모전 등이었다. 행사 4개월 전인데도 미국, 영국, 일본, 중국 등지에서 초청할 인사들과 전혀 접촉하지 않은 상태여서, 나는 이 일을 맡자마자 관련 인사들에게 초청장을 보내느라 부산을 떨어야 했다. 그런데 그들 중 누구도 답신을 보내오지 않아서, 결국 해외 공관을 통해 알아낸 전화번호로 직접 전화를 걸어야 했다. 영어에 자신이 없어서 할 말을 종이에 적은 다음 그것을 읽어 가며 통화했다. 외국인과 영어로 전화 통화를 한 것이 그때가 처음이었다. 지금 생각하면 우스운 일이지만, 나의 영어를 상대방이 알아듣는다는 것이 얼마나 신기하던지…. 그 뒤부터는 팩스로 보내도 될 일을 굳이 전화를 걸어 영어로 말하곤 했다.

행사를 준비하면서 계속 든 의구심은 '정부에서 하는 국제행사가 왜 이렇게 주먹구구식인가.' 하는 것이었다. 이런 국제행사는 적어도 1년 전부터 준비되었어야 하며 외국의 초청 인사들은 최소 6개월 전에 확정했어야 했다. 외국 초청 인사들에게 양해를 구하고 지속적으로 접촉하여 행사는 잘 이루어졌으나 그들의 불만을 들으며 얼마나 부끄러웠는지 모른다.

지금도 느끼는 것이지만, 우리는 행사 준비를 마치 군사작전을 하듯 너무 단기간에 해치운다. 물론 이것이 장점도 될 수 있지만 행사가 일회성에 그치지 않으려면 보다 치밀하고 철저한 준비가 필요하다.

서울국제만화&애니메이션 페스티벌 준비가 단기간에 이루어지긴 했지만, 만화나 애니메이션에 대한 사회적 인식을 바꾸는 데 크게 기여한 것은 틀림없다. 당시만 해도 만화나 애니메이션에 대한 인식이 상당히 부정적이었고, 정부에서 이를 다루는 것에 대한 논란이 있었다. 그러나 외국의 유명 만화 전문가들을 초청해 심포지엄을 열고 애니메이션 공모전도 하면서 많은 사람들의 호응을 이끌어 냈다. 지금은 만화나 애니메이션에 대한 부정적 인식이 거의 사라졌다. 도리어 만화 속 이야기가 영화나 드라마의 소재가 되기도 하고 초등, 중등 학습서에도 등장하는 등 스토리 산업의 원천이 되고 있다.

그리고 서울국제만화&애니메이션 페스티벌은 민간 주도로 계속 이어져 올해 19회째를 맞았다.

공무원이 누릴 수 있는 가장 큰 혜택, 유학

공무원이 되어 누릴 수 있는 가장 큰 혜택 중 하나는, 비록 치열한 내부 경쟁을 거치긴 하지만 국비 유학과 해외 연수이다. 나 또한 1999년 8월부터 2001년 7월까지 2년 동안 헝가리의 유서 깊은 부다페스트 경제대학* 국제대학원에서 유럽 경제를 공부했다. 헝가리에 대해 거의 무지한 상태에서 무작정 비행기에 올라 현지에 도착했을 땐 말도 안 통하고 모든 게 낯설어 다시 돌아오고 싶은 마음이었다. 그러나 현지에

---

* 동구권 시절에는 '칼 막스 대학'으로 불렸으며 마르크스 경제학의 이론적 토대를 제공한 것으로 유명하다. 지금도 강당엔 칼 막스의 흉상이 남아 있어 많은 사람들의 눈길을 끈다.

:: 2001년 헝가리 부다페스트 경제대학 국제대학원을 졸업했다.

정착한 한국 사람들의 도움을 받아 집을 구하고 차를 구입하면서 천천히 적응이 되었다. 영어로 진행되는 강의도 처음 6개월은 몹시 어려웠으나 2학기부터는 어느 정도 알아듣게 되었고 현지인들과도 교류하였다.

당시 나에게 집을 세준 사람이 헝가리 국영전력회사의 부장이었는데, 그와 친해지기 위해 매월 그를 집에 초대해 직접 월세를 건네주며 식사를 하곤 했다. 그는 미역국, 된장찌개 등을 맛보고 당혹해하면서도 한편으로 무척 맛있게 먹곤 했다. 그와 가까워지고 그의 생활을 알게 되면서 부러운 점이 많았는데, 그중 하나가 그가 누리는 중류층의 삶의 질이 우리나라 사람들에 비해 훨씬 높다는 것이었다. 그는 부다페스트 발라톤 호숫가에 별장을 지어 놓고 주말을 거기서 보냈다. 여름휴가는 한 달 정도 되어서 차를 몰고 가족과 유럽 여행을 다닌다고 했다.

그만 그런 것이 아니었다. 헝가리의 거의 모든 사람들이 주말이나 휴가에 자동차로 이웃 나라를 여행하거나 테니스, 골프, 수영, 스키 등을 즐겼다. 유럽 전역에 걸쳐 사람들이 쉽게 이용할 수 있는 운동시설이 주변에 많았으며, 자동차 여행자들을 위한 값싼 숙소며 텐트촌, 관광 안내소가 많아서 마음만 먹으면 누구나 쉽게 여행할 수 있었다.

헝가리 생활은 직장과 집 사이를 쳇바퀴 굴리듯 살아온 나에게 새로운 활력이 되었다. 그때까지 할 줄 아는 운동도 거의 없었고 더군다나 운전도 잘 못했던 나는 자투리 시간에 자동차 여행을 다녔다. 또 테니스와 골프, 스키를 배우면서 그때까지 몰랐던 새로운 세상이 열리는 것 같은 희열을 느꼈다. 유럽 사람들이 어렸을 때부터 학교에서 배워 생활의 일부가 된 여가 활동의 기쁨을 나는 그렇게 삼십 대 중반에 처음 알게 된 것이다.

그리고 유럽 선진국들을 여행하면서 언제 어디서든 약자를 배려하는 생활 습관, 유머를 잃지 않는 모습, 모르는 사람에게도 다정하게 건네는 인사 등 진정한 선진국의 모습이 어떤가를 몸소 체험하였다.

2002년 월드컵을 준비하면서

2002년 월드컵을 준비할 때는 문화부 관광국에 근무했는데, 월드컵 관람을 위해 우리나라에 오는 외국인들의 숙박을 책임지는 일을 맡았다. 언론에서 월드컵을 치르기 위한 숙박시설이 부족하다는 지적을 많이 하고 있어서 숙박 대책을 총괄해야 하는 나로서는 부담이 많았다. 호텔이나 콘도만으로는 관광객의 수요를 충족할 수 없다고 판단하여 모텔이나 여관 중에서 일정 기준을 통과하는 곳을 찾아 '월드인'이라는 명칭을 부여하고 외국 관광객들을 이곳으로 안내하는 대책을 마련하였다.

처음에는 월드인 제도가 월드컵 이후에도 이어질 수 있도록 기준을 엄격히 적용하였는데, 대회가 다가올수록 월드인을 추가로 지정해야 한다는 소리가 높아졌다. 결국 처음의 정책 의도를 지키지 못하고 일부 미흡한 여관이나 모텔도 월드인으로 지정하였다. 월드인으로 지정된 숙박시설은 해외에서도 예약할 수 있도록 인터넷 예약 시스템을 운용했다. 외국 관광객이 이 시스템을 통해 예약하면 해당 숙박업소에서 이를 확인하고 담당 지자체 공무원도 이런 상황을 알 수 있게 만든 시스템이었다. 월드인들 중에는 예약을 받아 놓은 상태에서 폐업을 하는 곳도 종종 있었다. 이들 폐업한 업소에는 이른 아침부터 해당 지자체 공무원들이 나가서 손님들을 기다렸다가 주변의 다른 업소로 안내하였다.

중소 호텔들도 월드컵 숙박업소로 지정됐는데, 호텔 경영자들이 호텔 내 증기탕과 슬롯머신을 허용해 달라고 요구하였다. 그리고 이것이 받아들여지지 않을 때는 외국 관광객을 받지 않겠다는 몽니를 부렸다. 1988년 서울올림픽을 유치하고 외국 관광객을 위해 호텔 설립을 유도하고자 부대시설로 증기탕과 슬롯머신을 허가해 주었다가 이를 폐지한 것이 빌미가 된 것이다. 우리는 중소 호텔 대표자들과 여러 차례 회의도 하고, 읍소도 하고, 설득도 하여 월드컵이 열리기 직전에 중소 호텔 업계에서 외국 관광객에 대한 보이콧 선언을 철회하고 월드컵에 협조하도록 하였다.

호텔 업계의 요구가 진정되자 또 다른 위기가 찾아왔다. 관광 업계를 대표하는 노조인 '관광노련'이 파업을 선언한 것이다. 사무관이었던 나는 과장과 같이 관광노련 위원장을 찾아가 월드컵의 중요성을 수차례 설명하며 설득하였다. 그리고 우여곡절 끝에 관광노련과 호텔경영자협회, 정부가 참여하는 '노사정 평화선언'을 하기로 전격 합의하였다. 이 선언식은 모든 언론매체가 대대적으로 다루었고, 당시 파업을 주도하던 노동계가 월드컵 행사를 위해 파업 선언을 철회하는 계기가 되었다.

2002년 월드컵에서 히딩크 감독이 이끄는 국가대표팀이 사상 최초로 4강 신화를 이루어 온 국민이 환호했지만, 그 이면엔 이른 새벽부터 폐업한 숙박업소에 나가 예약 손님들을 기다리고 안내한 지자체 공무원들을 비롯해 곳곳에서 묵묵히 자신의 역할을 수행한 많은 공무원들이 있었다. 그 덕에 이러한 큰 행사가 성공리에 끝난 것이 아닌가 생각된다.

공무원도 '을'이다

흔히들 공무원의 위치를 '갑'이라고 하는데, 실제 업무를 하면서 '갑'이라고 느껴 본 적은 특별히 없는 것 같다. 도리어 국회 보좌관과 기자 앞에서는 공무원이 확실한 '을'이어서 국회 담당 업무와 홍보 업무를 그리 달갑게 여기지 않는다. 그러나 이 업무들은 워낙 중요해서 승진의 인센티브가 주어지기도 한다.

차관도, 장관도 국회에서는 '을'이다

먼저 국회 업무는 예산을 따기 위해, 국정감사 준비를 위해 또는 법안을 통과시키기 위해 필요하고 또 중요하다. 나는 국회 업무를 서기관과 과장으로서 두 번 경험하였다. 나이 어린 국회의원 보좌관들에게 머리를 숙이고 때로는 그들의 무리한 요구에 대응하는 일이 쉽지는 않았지만, 부처를 대표해 국회 업무를 수행하는 입장에서는 어쩔 수 없었다. 국정감사 시기에는 더욱 그러하다. 아무래도 수세적 입장에 놓이게 되니 그럴 수밖에 없다. 밀려드는 요구 자료들 때문에 종종 밤을 새우기도 한다. 국회에서 터무니없는 양의 자료를 요구받으면 실무자들은 하루 종일 복사기에 매달려 제출할 자료를 만든다. 국회 보좌관들은 정부에서 제출받은 자료를 가공하고 이슈화하여 언론에 제공한다. 그래서 국정감사 기간이면 정부의 업무에 대한 비판 기사가 많이 나오고, 각 부처들은 폭로성 기사에 대응하기 위해 바쁘게 움직인다.

국정감사가 끝나면 국회의 예산심의가 시작된다. 정부에서 보낸 예산안을 국회에서 심의하기 때문에 공무원들은 자신이 맡은 업무의 예산이 삭감되지 않도록 또는 정부안에 포함되지 않은 예산이 국회에서 추가되도록 하기 위해 국회 보좌관들을 찾아간다. 국회 예산심의 기간에는 정부가 원하지 않는 예산이 반영되기도 하는데 '쪽지 예산'이 그것이다. 국회의원들이 주로 자신의 지역구에서 청탁을 받아 국회 예산심의 과정에서 예산을 추가하는 것을 말한다. 예산이 확정되어 정부로 넘어오면 이를 집행할 의무가 정부에 주어진다. 그런데 쪽지 예산은 사업 자체가 부실한 경우가 많아서 집행에 애를 먹게 되며, 예산 집행이 부실하게 될 경우 그 책임은 담당 공무원에게 돌아간다.

국회 담당 공무원이 겪는 가장 큰 애로 사항은 국회의 법안이나 예산심의 시간에 맞춰 장관이나 차관 등 윗분들을 모시는 일이다. 국회에서는 여러 부처의 법안을 하나씩 심의해 나가므로, 각 부처 국회 담당자는 자기 부처의 법안을 심의하는 시간에 맞추어 장관이나 차관을 국회에 출석시켜야 한다. 법안을 심의할 때 장관이나 차관이 없으면 국회는 해당 법안을 심의하지 않고 뒤로 미루어 버린다. 그래서 국회 담당자에게는 장관이나 차관을 제시간에 국회로 모시는 일이 엄청나게 중요한데, 문제는 그 시간을 예측하는 일이 불가능하다는 것이다. 장관이나 차관이 국회에 도착할 즈음 회의가 파행되거나 앞 순서 법안의 심의가 여당과 야당 간의 의견 차이로 길어지는 일이 비일비재하기 때문이다. 이럴 때는 장관이나 차관으로 하여금 발길을 돌리게 하거나 복도에서 마냥 기다리게 하는 일이 발생한다. 윗분들을 모시는 공무원들은 좌불안석이지만, 장관이나 차관도 국회에서는 '을'이기 때문에 어쩔 수 없다.

기자 앞에만 서면 공무원은 자꾸 작아진다

기자들을 상대하는 것도 쉽지 않은 일이다. 얼마나 어려우면 고위 공직자가 되기 위해 치르는 역량 평가시험에 이 분야가 포함되어 있을까. 기자들을 상대할 때 입조심을 해야 한다는 교육을 귀에 못이 박히도록 받고도 이들을 만나다 보면 어느 순간 긴장이 풀어져 실수를 할 수 있다. 나도 예외는 아니어서 언론에 무책임한 공무원으로 비친 적이 있다.

사무관 시절, 문화부 관광국에서 유원시설(놀이공원 등) 업무를 맡은 지 일주일쯤 됐을 때였다. 모 방송국의 뉴스 방송작가가 전화를 걸어왔다. 번지점프가 위험성이 큰데 해당 부서에서 어떤 대책을 마련하고 있는지 설명해 달라는 것이었다. 당시 번지점프는 담당 부처가 없는 자유 업종이었으며 안전에 대한 법적인 규제가 전혀 없는 상태였다.

그러나 그러한 상황을 잘 몰랐기에 나를 찾아오겠다는 작가의 방문을 허락하였다. 인터뷰 당일 기자와 방송작가에게 번지점프는 담당 부처가 없으며, 모든 문제를 정부의 규제로 풀 수는 없고 그것은 바람직하지도 않다고 30분에 걸쳐 충실히 설명하였다. 그런데 다음 날 아침

:: 부산 관세청에서 관세청 공무원들에게 정책 홍보 강연을 하였다.

방송 뉴스에 나온 내 모습은 정말이지 무책임한 관료의 전형이었다. 방송사에서 자신들이 필요로 했던 말만 편집해서 내보낸 바람에 더욱 그랬다. 억울했지만, 좋은 교훈을 얻었다 생각하고 그냥 넘어갈 수밖에 없었다.

언론은 공무원에게 동전의 양면과 같다. 정부의 정책을 국민들에게 알려 주는 홍보 수단이 될 때도 있으나, 다른 한편으로 정부의 잘못된 점을 지적하는 고발자의 역할도 한다. 그래서 공무원이 직위가 높아질수록 언론에 신경을 많이 쓰며 기자들과의 접촉도 많아진다. 고위 공직자들은 홍보에 많은 신경을 쓰며 정책을 올바로 알리는 일에 큰 비중을 두기 때문이다.

우리는 가끔 기자 간담회 등에서 말을 함부로 하여 좌초되는 고위 공직자들을 본다. 기자들을 만나 식사를 하다가 반주를 곁들이는 일이 종종 있는데, 이때 많은 공직자들이 실수를 하는 것이다. 부처 대변인이나 홍보 담당관을 부처 내 대표 주당들이 맡는 경우가 많은 이유다.

그러나 최근 여성 기자들이 많아지면서 이러한 분위기가 빠르게 바뀌었다. 과거에는 부처 대변인이나 홍보 담당관이 대낮에도 술에 취해 있곤 했는데 현재는 그런 모습을 찾아볼 수 없다. 술을 거의 못하는 나도 1년 전에 부처 홍보 담당관을 하였고, 업무를 수행하는 동안 술을 못해서 곤란을 느낀 적은 없었다.

공무원은 철밥통인가?

흔히들 공무원을 '철밥통' 또는 '영혼이 없는 인간'으로 묘사한다. 나는 이런 표현을 접할 때마다 공무원의 한 사람으로서 가슴이 아프다. 외국에서 경험한 공직 서비스와 비교해 우리나라만큼 경쟁력 있고 친절한 곳을 찾아보기 어려운데 왜 이런 소리를 들어야 할까?

사실상 공무원들에게 철밥통이란 말은 더 이상 의미가 없다. 우리 부처의 경우, 최근 정년까지 채우고 퇴직하는 공무원은 거의 없다. 후배들에게 밀려서 나가기도 하고, 무능하다고 여겨지면 가차 없이 한직으로 밀려나기 때문이다.

또 '영혼 없는 인간'은 주로 정권 교체기에 들려오는 소리인데, 이전 정부의 철학을 따라 충실하게 업무를 수행한 공무원들은 정반대의 철학을 가진 정부가 집권하게 되면 어려움을 겪을 수밖에 없다. 공무원에게는 개인의 철학이나 이념에 상관없이 선거로 선출된 선출직들의 공약을 충실히 집행할 의무가 있기 때문이다.

지난 20년 동안 나는 자신의 위치에서 묵묵히 봉사하는 많은 공무원들을 보았다. 밤을 새워 가며 혹은 국회 문지방이 닳도록 동분서주하는 공무원들을 보면서 저렇게까지 하는 게 그들에게 무슨 이득이 있을까, 생각한 적도 있었다. 심지어 업무 스트레스로 인해 자살을 하거나 지나치게 많은 업무를 하다가 과로사 하는 공무원들도 있었다. 몇 해 전 구제역 파동이 일어났을 때에도 많은 현장 공무원들이 격무로 사망했었다. 전 세계 어느 나라 공무원들이 그렇게까지 일할까 싶다. 나는 공직자들의 이런 희생정신이 있었기에 우리나라가 지금과 같은 발전을 이룰 수 있었다고 생각한다.

과거 공무원이 민간 부문 위에 군림하며 누렸던 혜택은 사라진 지 오래다. 이제 공직이 주는 진정한 매력은 밑에서 섬기고 봉사하며, 다른 사람들의 삶에 기쁨을 불어넣어 주는 것에서 찾아야 할 것 같다.

05　　　　　　　　　　　　　　　　　　　　　　　　　보건복지부

쁘띠 퐁시오네르*를
위한 변명

| 박종하 |

인하대 불문과를 졸업하고 프랑스 그르노블 2대학에서 보건경제학 석사학위를 받았다. 1993년부터 공무원 생활을 시작해 식품의약품안전본부, 보육아동과, 보험정책과, 건강정책과 등 보건복지부에서 20년간 근무해 왔다.

　　일반인들에게 공무원은 안정적이지만 다소 따분하고 답답한 일을 하는 이미지로 굳어져 있다. 관료들의 시대 영합성은 끊임없는 비판의 대상이기도 하다. 그런 비난을 굳이 부정하고 싶은 생각은 없다. 관료라는 직업이 일반인에게 경멸과 비난의 대상인 것은 어쩌면 당연한 일이다.

　　공공과 민간은 기본적으로 추구하는 가치가 다르다. 기업의 목표가 이윤이라면 정부는 공익성을 가치 기준으로 운영되고 있다. 정책 서비스 대상의 공감대를 바탕으로 하지 않으면 일이 잘 진행되지 않는 것이 공공의 기본 특성이다. 공공 이익의 최대화를 꾀하는 일이기에 느리고

---

* 불어로 petit fonctionnaire, 즉 말단 공무원을 가리킨다.

복잡하고 따분한 것은 어쩔 수 없다. 그 답답하고 지루한 공감대 형성 과정을 맨몸으로 뚫고 나가는 것이 공무원의 일이다.

공무원의 일이란 마치 하나의 건물을 짓는 것과 같다. 건물 주인을 대신해서 설계 도면을 그린 다음 도면을 보면서 벽돌도 쌓고 못질도 하고 페인트도 칠하는, 그런 일이다. 공무원은 비가 오면 비를 맞고 눈이 내리면 눈을 맞으면서 끊임없이 걸어가야 하는, 길 위의 직업과도 같다. 겉으로 쉽게 드러나지는 않지만 끊임없이 뭔가를 진행시켜 나가야 하는 것이 공무원이라는 직업이다.

그럼에도 내가 경험한 바에 따르면 공무원 세계에는 몇 가지 숨길 수 없는 매력이 존재한다.

첫 번째는 어지간한 잘못을 하지 않고는 잘리지 않는다는 것이다. 공무원법에 정해져 있는 몇 가지 치명적인 실수를 하지 않는다면 2~3년 공부해서 30년 가까이를 보장받을 수 있는 직업이다.

두 번째는 자기 나름대로 정해 놓은 원칙하에 소신을 지켜 가며 살 수 있는 기회가 주어진다는 것이다. 국가직 공무원이 하는 일은 '법에 대한 집행', '그 집행 과정에서 나타난 문제점에 대한 개선 작업', '국회 대응' 이렇게 세 가지로 나누어 볼 수 있다. 이 세 가지 과정에서 평소 자기의 소신과 원칙을 나름대로 정책에 반영할 수 있는 여지가 곳곳에 숨어 있다.

세 번째는 다양한 일을 경험할 수 있다는 것이다. 일을 하다가 자신의 역량과 소신에 반한다면 다른 부처나 부서로 옮길 수 있다. 제너럴리스트 공무원에게 보직은 간이역과 같은 것이어서 필요하면 훌쩍 뛰어내릴 수 있다. 중앙 단위에만 15개 부처가 있고 복지부만 해도 무려 64개 부서가 있어서, 1년에 1개 부서씩 돌아도 퇴직할 때까지 다 경험

:: 2006년 미국 뉴욕에서 열린 유엔아동총회에 참석했다.

하지 못하는 다양한 직무가 존재한다.

신분보장과 소신껏 경험할 수 있는 직무 그리고 직무의 다양성 때문에 공무원 세계로 빠져든 내가 경험한, 복지부 공무원의 세계에는 상큼한 매력이 있다. 먼저 현대사회에서는 거의 모든 부처가 복지 관련 정책을 추진하고 있다. 과거 보건사회부에 맡겼던 일들을 이제는 각 부처에서 앞다투어 시행하는 일이 비일비재하다. 또 복지는 소외된 계층을 보듬고 아픔을 같이하는 것은 물론 모든 국민의 행복과 평안을 보장하기 위해 노력하는 일이다. 이제부터 복지가 대세라고? 아니, 이미 그런 세상은 진작부터 시작되었다.

'원칙'도 따르고 '소장의 부탁'도 해결하려면

대학 졸업 후 입사 원서를 들고 이리저리 헤매다 운 좋게 7급 시험에 붙어 첫 발령을 받은 곳이 지금의 김포공항에 자리 잡은 서울검역소였다. 검역소는 해외에서 유입되는 전염병을 차단하는 일을 하는 곳이다. 검역은 영어로 'quarantine'인데 40을 뜻하는 프랑스어가 어원이다. 항구에 배가 들어오기까지 40일 정도를 외항에서 대기한 것에서 유래했다고 한다.

그 검역소라는 곳이 평상시에는 조용하지만 사스, 신종 인플루엔자 등 해외에서 전염병이 유행할 때는 생지옥이 따로 없다. 내가 검역소에 근무할 때도 인도에서 페스트가 유행해 단단히 욕을 본 적이 있다.

그 당시 '보고서 기안'이 뭔지도 모를 만큼 신출내기였던 나는 본부와 주고받는 문서를 작성하고 통계를 내는 등 일상적인 행정을 처리하기에 급급했다.

검역소에서는 지금의 식약처에서 맡고 있는 수입 식품 검사도 했는데 서류 검사와 관능 검사, 정밀 검사로 나뉘어 시행되었다. 이 가운데 가장 문제가 되었던 것은 직접 실험을 해서 식품의 위해성 여부를 가리는 정밀 검사였다. 수입 식품 검사 1건당 적게는 3일, 많게는 20일까지 걸렸는데, 워낙 검사 물량이 많아서 실험실 직원들은 야근을 밥 먹듯이 했다.

정밀 검사를 신속하게 해 달라는 외압도 대단했다. 수입업자 입장에서는 창고를 빌리는 물류비를 줄이고 싶은 것이 당연했다. 그러던 어느 토요일 오후, 검역소 소장조차도 무시할 수 없는 높은 곳에서 전화가 왔다. 내용인즉 무조건 월요일까지 검사를 끝내 달라는 압력이었다. 앞에 높다랗게 검사 물량이 쌓여 있는데 맨 뒤에 들어온 건을 먼저 처리해야 하는 난감한 상황이었다. 고민하던 실험실장은 아주 안전한 정공법을 택했다. 밤새워 실험을 해서라도 접수된 모든 정밀 검사를 다 마치겠다는 것이다. '원칙'도 따르고 '소장의 간절한 부탁'도 해결하는 그 방안으로 실험실 직원들은 주말을 모두 반납해야만 했다.

접수 순서에 따라 공정하게 일을 처리하면서 주어진 압력을 깔끔하게 정리하는 그 지혜로운 발상(?)은 당시에 선배 공무원들이 자주 써먹는 기법이기도 했다. 사람들은 공무원들이 거의 칼퇴근을 한다고 생각하지만, 현실적으로 공무원들은 야근이 많을 수밖에 없다. 심지어 주말에도 일을 하러 나올 때가 많다.

소년소녀가장 지원 업무 중에 흘린 눈물

검역소와 식품의약품 안전본부를 거치면서 감사도 받고 거짓말탐지기로 취조까지 받아 가며 3년을 버티고 나니 보육아동과로 발령이 났다. 나는 아동복지시설과 소년소녀가장 지원 업무를 맡았다. 소년소녀가장, 말 그대로 부모가 없거나 있어도 경제적 생활 능력이 거의 없는 가정들을 지원하는 업무였는데 문제는 예산이었다.

연도 중에 모자란 예산을 협의하러 재경부에 갔다. 담당 주사는 "복지부 통계가 부풀려져 있어서 추가로 예산을 배정할 수 없습니다."라고 딱 잘라 말했다. 그렇다고 바로 발길을 돌릴 수 없어서 대기하고 있는데, 노인시설 담당자에게는 통계조차 제대로 확인하지 않고 추가예산을 배정해 주는 것이 아닌가. 화가 잔뜩 난 나는 서류를 집어 던지면서까지 항의했지만 결과는 KO패였다.

젊은 혈기로 예산 담당자에게 화를 내는 것은 독배를 자기 앞에 끌어다 놓는 것과 같았다. 사실 분을 삭이지 못하고 날뛰기만 했지 실제로 소년소녀가장 수가 얼마나 많이 늘어났는지, 단순한 허수는 아닌지

:: 2006년 과천청사에서 유시민 장관에게서 부서 격려금을 전달받았다.

조차 확신하지 못하고 있었다.

시, 군, 구 담당자들 앞에서 정해진 예산에 맞추어 소년소녀가장 지원 규모를 조정하라는 지침을 전달하며 얼마나 마음이 참담했는지 모른다. 그때의 심정은 지금도 잊을 수 없다.

하지만 인생이란 놈은 실패한 자에게 다시 기회를 주기도 한다. 그로부터 수년이 지나 또 한 번 아동과에 발령받아 희망(드림)스타트 신규사업을 맡게 된 것이다. 그동안 세월도 바뀌었고 아동에 대한 사회적 투자 개념도 생겨나면서 예전보다 좋은 환경에서 일을 할 수 있었다. 일에 대한 노하우도 터득해서, 외국 사례와 정책 통계를 빈틈없이 챙겼고 사전에 시범사업도 철저하게 돌렸으며 근거가 명확한 결과를 제대로 제시하였다. 무엇보다도 예산 당국을 설득하는 데 엄청난 공을 들였다. 예산을 담당하는 기획예산처가 "늘 굳게 닫혀 있지만 어딘가에 샛문이 열려 있는 동네"라는 것을 깨닫기까지 꽤 오랜 시간이 걸린 셈이었다.

스탕달의 고향 그르노블에서의 2년

공무원 생활 중에 노려 볼 만한 것으로 해외 유학이 있다. 전액 국비 유학으로 학비, 생활비 외에 봉급까지 지급되므로 경쟁률이 높기는 하다.

대학 때 프랑스어를 전공한 나는 비교적 수월하게 시험에 합격해 프랑스로 유학을 떠났다. 프랑스에서 내가 머군 곳은 남쪽의 그르노블이었다. 나폴레옹이 엘바섬에서 탈출하고 나서 파리로의 진격을 시도한 곳으로, 제2차 세계대전 때는 레지스탕스 활동으로 유명했고 『적과 흑』의 작가 스탕달의 고향이기도 하다.

그르노블은 공산당이 집권하고 있어서 각종 사회복지수당이 후하기로 유명했다. 당시 나는 아이가 둘 있어서 한 아이당 15만 원씩 매월 30만 원의 수당을 받았다. 또 거주하고 있는 아파트 월세에 대한 보조수당으로 매월 30만 원을 받았다. 게다가 첫해에는 소득 파악이 되지 않아서 우리나라의 의료급여에 해당하는 무상의료혜택을 누렸다. 아이들 교육비도 무상인데 개학 때는 개학수당까지 나왔다. 한 아이당 10만 원씩이나 했다. 한마디로 교육과 의료만큼은 누구에게나 거의 평등한 수준을 보장하고 있었다.

그르노블 2대학에서 보건경제학 과정을 이수하는 동안, 프랑스어로 논문을 쓴다고 새벽까지 낑낑대던 몇 개월을 제외하고는 읽고 싶은 책 맘대로 읽고 먹고 싶은 포도주 맘대로 마시며 그야말로 황금 같은 시간을 보냈다. 셀 수 없이 많은 도서가 쌓여 있는 도서관에서 책을 필사하던 기억, 전철 종점 옆 노천카페에서 마시던 에스프레소 커피 향 그리고 가족과 함께 고물 자동차로 이탈리아 국경을 넘으면서 느낀 서늘한

:: 2000년 프랑스 그르노블 유학 당시 바스티유를 돌아보았다.

기운…, 이런 것들이 떠오를 때면 당장이라도 프랑스로 달려가고 싶다.

프랑스에는 프랑스만이 가진, 보이지 않는 힘이 있다. 공무원이 여름휴가를 20일 이상 가도록 법으로 정한 나라, 데모와 파업으로 국영철도가 수시로 마비되는 나라, 도심 곳곳에 유랑인과 소매치기가 들끓는 나라, 인종차별과 폭력사태가 곧잘 발생하는 나라…, 뭐 이런 것들이 신문과 뉴스에 심심찮게 오르내리는 나라가 바로 프랑스이다.

하지만 학교 도서관 앞 장애인 통행로를 아름다우면서도 실용적으로 설계하기 위해 학생회에서 분과위원회를 만들어 2년 가까이 토론하고 고민하는 나라이다. 의사와 간호사가 피켓을 들고 싱글싱글 웃는 얼굴로 출근 전철을 막아서며 임금 인상을 요구해도 승객들이 불평 한마디 하지 않는 나라이다. 병원비가 부족해서 조금 깎아 달라고 병원장에게 장문의 편지를 쓰면 한 달 후에는 "귀하의 사정을 적극 고려해서 병원비를 면제해 주겠습니다."라는 답장이 도착하는 나라이다! 이런 프랑스가 궁금하다면 프랑스로 떠나면 될 것이다. 일반 기업에 비해 상대적으로 어학이 약한(?) 공무원의 세계에서는 2~3년만 진하게 투자하면 가능하다.

현역 사병은 민간 병원 출입 금지?

정책을 결정하는 행정 과정에서는 제대로 방향을 잡았던 정책이 정치 과정에서 종종 엉뚱하게 흐르기도 한다. 표를 의식한 정치인들의 비합리성 때문이다. 그 대표적인 사례로 국민연금 개혁과 병원 식대에 대한 보험급여 적용 문제를 들 수 있다.

보건복지부 업무 중 정치와 조금 떨어져 할 수 있는 일이 하나 있었다. 현역 사병에 대해 건강보험을 적용하는 일이었다. 나는 2002년 월드컵 직후 보험정책과에 발령받았다. 그 당시 책상 위에 가장 많이 쌓이는 민원, 그것이 현역 사병에 대한 건강보험 문제였다.

군대나 교도소에 가면 건강보험 자격이 중지된다. 이는 개인에게 보험료를 부과하지도 않지만 공단에서 병원에 지급하는 환자의 진료비인 보험급여도 중단한다는 의미이다. 하지만 이러한 자격 정지를 모르고 또는 알면서도 많은 사병들이 휴가 중에 진료를 받았고, 이것이 나중에 사병 개개인에게 부당 이득금으로 환수되는 악순환이 계속되고 있었다.

현역 사병을 주관하는 국방부에서는 관리를 제대로 하지 못하는 복지부를 탓했고, 복지부는 제도 개선에 팔짱을 끼고 있는 국방부를 탓하고 있었다. 그렇게 10년 가까이 계속돼 온 민원이었다.

지난 10년과 마찬가지로 앵무새 같은 답변을 달기는 싫었다. 나는 휴가 나온 현역 사병에게 진료를 제공하고 나중에 국방부에서 사후 정산하는 방식으로 제도 개선안을 만들어, 부처 간 갈등 문제로 총리실 조정 회의에 상정했다. 그런 다음 국방부 담당 라인과 개별 접촉을 시작했다.

국방부에 끊임없이 들이대다 보니 해결의 실마리가 보이기 시작했다. 국방부가 이를 반대하는 실제 이유는 국군통합병원의 위상과 연결되어 있었다. 우리는 법안 개정문을 만들고 예산 규모를 추계했으며 다시 시행령과 지침을 만들었다. 마지막으로 진료 범위를 "입원에 한정한다."는 문구를 넣자는 국방부를 설득했다. 확신은 있었지만 참으로 지난한 과정이었다.

시행령이 공포된 후, 과천청사 앞 오비광장에서 함께 애쓴 동료 공무원들과 맥주 한잔을 마셨는데, 그 맛은 지금도 잊을 수 없다.

담뱃값을 인상하면 흡연율이 감소할까?

담뱃값을 인상하면 흡연율이 감소할까? 통계적으로 그렇다. 하지만 세계에서 담뱃값이 가장 비싼 영국은 여전히 높은 흡연율을 유지하고 있다.

건강정책과로 발령을 받자 과장 한 분이 말했다.

"그 자리에서는 잠깐 쉰다고 생각하고 금연해야 하는 거야."

'그래, 잠깐 쉰다고 생각하고 일을 해 보자.' 그 정도 마음으로 나는 흡연자의 몰골을 한 채 업무 인계를 받았다.

정책적으로 담뱃값을 500원 인상하고 흡연율의 추이에 관심을 집중하고 있을 때였다. 그런데 이게 웬걸! 담뱃값 인상 이후 조금씩 줄어들었던 담배 판매량이 6개월도 지나지 않아 다시 상승 추세를 탔다.

'그래, 맞아! 담뱃값 인상 폭이 너무 작았던 거야.' 500원을 추가로 인상해야 금연 가격정책이 효과를 볼 거라는 보고서를 올렸다. 담뱃값을 인상해서 불린 기금으로는 전국 240개 보건소에 금연 클리닉을 설치했다. 그러나 결과는 신통치 않았다.

WHO 보고서를 뒤져 본 뒤, 금연 클리닉을 통한 금연정책의 효과가 낮다는 사실을 알게 되었다. 『담배의 역사』, 『건강사회학』 등 관련 서적을 찾아 읽기 시작했다. 그리고 얻은 결론은 '금연정책도 중요하지만 흡연예방정책도 중요하다.'였다. 학교에 썩어 가는 폐 사진 등의 홍보물을 뿌려 댔다. 국방부에는 담배를 무상 보급하면 안 된다고 설득하고 다녔다. 하지만 결과에 맥이 빠지기는 매한가지였다. 흡연율이 하루 아침에 내려가는 것도 아니고 사회적 인식이 금방 바뀌는 것도 아니니.

그래도 다시 털고 일어나 비가격정책, 즉 도처에서 흡연자들을 괴롭게 만드는 일을 시작했다. PC방, 만화방을 금연 구역으로 정했다. 아침 출근부터 저녁 퇴근까지 눈과 손으로는 인터넷 민원에 답변을 달고 입과 귀로는 항의 전화를 받았다. 심지어 깍두기 머리를 한 아저씨가 사무실로 쳐들어오기도 했지만, 뭐 후회는 없었다. 공무원이 하는 일이 원래 그런 일이니까.

제주 영리병원 설립 계획은 아직도 진행 중

세계자연유산 제주에는 괜찮은 병원이 없다? 아니, 괜찮은 병원이 있다. 제주한라병원이 그곳이다. 하지만 대부분의 제주 사람들은 큰 병에 걸리면 서울로 온다. 이른바 빅 파이브가 몰려 있는 서울로. 그건 다른 시도들도 마찬가지이다.

총리실에 파견을 나가 내가 한 일은 제주에 영리병원을 설립하는 것이었는데, 주무부처인 복지부는 반대했고 기획재정부(약칭 기재부) 등 경제부처는 적극 찬성하는 상황이었다.

"아니, 안 되는 이유가 뭐야?" 파견 나간 지 얼마 되지 않아서 기재부 출신의 국장이 따지듯 질문을 던졌다. 경제 논리로 무장된 그의 심각한 얼굴 앞에서 "의료의 상업화 우려"라는 원론적인 답변은 불필요했다.

"글쎄요, 상식적으로 병원이 운영 자금을 투자받아서 이익금을 배당한다고 하면 투자자들은 보다 많은 이익을 원할 것이고, 병원은 이윤 산출이 높은 일에 집중하게 될 것이고, 이윤이 나오지 않는 진료 과목과 환자는 소외될 수밖에 없을 것이고, 그런 환자들을 치료할 공공병원 인프라가 잘돼 있으면 모를까…."

나름 쉽게 설명한다고 했지만 그를 이해시키기에는 한계가 있었다. 솔직히 나 역시 그에 대한 충분한 정보와 지식이 없었다. 이참에 제대로 공부하기로 마음먹었다. 의료 관광에 관한 책을 빌려 보았고 보건의료산업에 관한 그간의 보고서도 찾아다 읽었다. 인도 봄베이를 비롯해 싱가포르, 태국 등 의료 관광이 활성화되어 있는 국가에 연수도 다녀왔다. 왜 그랬는지는 모르겠지만, 영리병원의 폐해를 열거하며 국장을 설득하기 위해 갖은 노력을 다했다.

그러나 그로부터 몇 달 지나지 않아 복지부에서 제주도의 특정 지역에 한해 영리병원 설립을 허용한다는 정책 결정을 했고, 나는 이제 그 일을 실행하느라 정신이 없게 되었다. 바로 얼마 전까지 영리병원 설립반대 근거를 찾느라 정신이 없었음에도 말이다. 어쩔 수 없는 일이다. 영리병원 설립으로 예상되는 부작용이 있다면 그것을 최소화할 방법을 찾는 것이 공무원인 내가 할 수 있는 유일한 일인 것이다.

복지를 위한 자리싸움

"그게 뭔데? 그걸 왜 하는데? 해서 좋은 게 뭐야?"

모 대기업 회장이 결재 서류를 들고 온 사람에게 매번 하는 질문이라고 한다.

공무원이 하는 일도 이와 다르지 않다. 다만 CEO 한 사람의 의견이 아니라 사회 전체의 공감을 등에 업고 가야 하는 고단함이 조금 다르다. 완전한 정책은 있을 수 없고 있어서도 안 된다. 누군가에게 완벽하다는 것은 다른 누군가에게 최악일 수 있다는 이야기다. 그저 그때 그런 정책이 있었을 뿐이다. 누군가로부터 비난을 받아도, 사회적 조롱의 대상이 되어도 그저 묵묵히 지나가야 하는 것이 공무원에게 주어진 숙명이라고 나는 생각한다.

지나온 나의 공무원 생활은 '복지를 위한 자리싸움'에 점철돼 있다. 그리고 여전히 뒷심이 부족한 복지 비중을 조금이라도 늘리기 위한 자리싸움을 앞으로도 계속할 것이다. '분배보다는 성장', '트리클 다운 효과' 같은 성장 위주의 정책 속에서 가끔은 보건복지부 공무원으로서 지치고 힘들었다. 하지만 더불어 가야 하는 사회 전체를 위한 노력이었다면 족할 일이다.

세월이 지나 사람이 바뀌어도 어느 누군가는 반드시 복지를 위한 싸움을 계속할 것이다. 풀 위에 바람이 불면 풀은 반드시 눕는다. 그러나 바람 속에서도 풀은 다시 일어나고 있는 것이다.

고용노동부

정책과 제도로 국민을 돕는 기쁨

| 김유진 |

서울대 동양사학과를 졸업하고 미국 플로리다주립대에서 정책학 석사학위를 받았다. 1996년 행정고시 합격 후 노동부에서 공직 생활을 시작해 지금까지 일하고 있고, 현재는 고용노동부 기획재정담당관으로 일하고 있다.

대학 3학년 때 군대 문제로 그간의 장래 계획이 틀어지면서 나는 갑작스레 외무고시를 공부하게 되었다. 운 좋게 1차는 금방 붙었지만 준비가 부족했던 2차에서 떨어져 졸업도 하고, 군대에도 가게 되었다.

군 생활을 마치고 돌아오니, 나를 기다리던 여자 친구(지금의 아내)는 고등학교 선생님으로 이미 일을 하고 있었다. 빨리 취직하고 싶었고, 우리 과 선배들이 가장 많이 선택하는 신문기자가 되기로 마음먹었다. 그런데 여자 친구가 나에게 공무원 시험을 보라고 권유했다. "나는 학교에서 일찍 퇴근하고 방학도 있어. 자기도 공무원 하면 함께 칼퇴근해서 오순도순 재미있게 살 수 있잖아."라고 이유를 대면서.

지금도 그렇지만 나는 언제나 아내의 말을 잘 들어 왔다. 행정고시 공부에 돌입했고, 어머니의 기도 덕분인지 운 좋게 합격했다.

하지만 막상 공무원이 되고 보니 칼퇴근커녕 주말에도 출근하기 일쑤였다. 그때도 지금도….

'나'의 의견이 곧 '대한민국'의 의견

1998년 4월 공무원으로서 내가 첫 발령을 받은 곳은 노동부(지금의 고용노동부) 국제협력관실. 그리고 국제노동기구(ILO)의 국제노동규범에 관한 일이 나의 첫 업무였다. 국제협력관실 선배 공무원들과 함께 우리가 비준한 협약에 대한 이행 보고서를 작성하고, 새로이 만들어지는 협약과 권고에 대해 우리나라의 의견을 제출하는 등의 일을 했다. 국내외 사례 등을 검토하고 노사단체 등의 의견을 참고해 작성하는 '나의 의견'이—물론 상관들의 수정과 결재를 거친다— '대한민국 정부의 의견'으로 국제기구에 공식 제출된다는 것에 스스로 놀라기도 했다. 중앙정부 사무관이 어떤 자리인지 처음으로 실감하였다.

그렇게 2년여의 시간이 흘러 두 번째로 발령받은 곳은 고용보험정책과였다. 고용보험은 실업급여, 고용안정사업, 직업능력개발사업의 3개 사업으로 이루어져 있는데, 나는 사업주를 지원하는 고용안정사업을 담당하게 되었다.

외환 위기의 어려운 여건에서, 사업주들이 근로자를 해고하지 않으면서 경영 위기를 극복하도록 지원하거나 여성 가장, 장기 실업자, 고령 실업자를 채용하면 일정 기간 인건비를 지급하는 제도를 운영하는 것이 주 업무였다. 법령 개정을 통해 지원금 제도를 개선하거나 필요한

:: 스위스 제네바 국제노동기구(ILO) 본부로 출장을 갔던 당시의 필자.

제도를 새로 만드는 일을 하면서, 동시에 전국 일선 기관에서 지원금을 지급하는 과정 중에 생기는 온갖 문제도 해결해야 했다. 법령이나 지침에 어떠어떠한 사람에게 어떠한 요건이 갖추어지면 지원금을 지급하도록 정해져 있다. 하지만 아무리 상세하게 규정해도 현실에서 발생하는 수많은 사례를 다 담을 수는 없다. 그래서 일선 공무원들은 실제 집행을 하면서 고민스러운 경우가 많고, 그럴 때 본부에 공문으로 질의를 하면 답을 보내는 것이 우리의 일이었다.

각종 제도 검토와 여러 회의를 마치고 나면 밤 10시. 그때부터 같이 일하는 직원과 지방 관서에서 올라온 질의 문서를 검토하고 일일이 회신 문서를 작성했다. 밤 12시를 넘기는 것이 다반사였다. 그래도 이러한 업무를 통해 정책과 제도가 현실에 접목될 때 생기는 많은 문제들을 경험할 수 있었고, 훗날 내가 새로운 제도나 정책을 만드는 데 큰 도움이 되었다. 한편으로 일선에서 실무를 담당하는 직원들의 애로와 고충도 조금은 헤아리게 되었다.

국민을 위한 정책과 제도 만들기

모성보호급여제도를 신설하다

고용안정사업 업무를 하면서 정말 많은 일을 했지만, 그중 가장 기억에 남은 일은 모성보호급여제도 신설이다.

그 당시 여성 근로자가 출산을 하면 2개월의 유급 산전후휴가를 갈 수 있도록 법에 보장되어 있었다. 하지만 이 제도는 두 가지 측면에서 문제가 있었다.

첫째, 다른 나라들에 비해 기간이 너무 짧다.

둘째, 산전후휴가를 받은 여성에게 사업주가 일정 수준의 급여를 제공한다.

특히 후자의 경우, 사업주들이 여성 고용을 기피하는 이유, 여성이 임신을 하면 회사에서 내보내는 불법을 저지르는 이유가 되었다.

이즈음 여성 단체들을 중심으로 산전후휴가를 3개월로 늘려야 하고, 늘어난 1개월에 대해 사업주에게 부담을 지울 수 없으니 정부가 이를 해결해야 한다는 주장이 강력하게 제기되었다.

대부분의 나라에서는 산전후휴가에 대한 소득 보전을 건강보험이 부담하지만 우리나라 건강보험의 재정 상황은 너무나 열악했다. 결국 제도상 논리나 외국 사례에 비추어 보면 말이 안 되지만, 재정 여력이 있는 고용보험에서 새로운 제도를 만드는 것으로 국회와 정부가 의견을 모았다. 이때 내가 법 개정 초안을 만들어 고용보험법의 목적까지 수정하면서 산전후휴가급여를 새로이 도입했다. 또 당시 거의 활용이 안 되고 있던 육아휴직을 활성화하기 위해 육아휴직 근로자에게 지급하는 육아휴직급여제도를 신설했다. 이 일을 하느라 고생은 정말 많았지만 여성의 모성보호와 고용안정에 힘을 보탤 수 있어서 참으로 기뻤다.

이후 지속적인 제도 개선으로 중소기업의 경우에는 3개월의 산전후 휴가급여를 모두 고용보험에서 지급하고 있다.

전직지원장려금 제도를 신설하고 각종 지원금 제도를 정비하다

외환 위기 이후 정리해고나 권고사직이 많아졌다. 미국 등 선진국에서는 회사가 정리해고 등을 실시하는 경우, 이직하는 직원들이 다른 곳으로 취업할 수 있도록 도와주는 전직지원서비스를 제공한다. 실직자들은 그런 서비스 공간에 가서 정보를 얻고 이력서도 작성한다. 우리나라에서도 사업주들이 이직하는 근로자들에게 이러한 서비스를 제공해 주도록 유도하기 위해 정부가 여기에 필요한 비용의 1/2에서 2/3를 지원하는 전직지원장려금을 신설했다.

각종 지원금의 지급 방식을 바꾸기도 했다. 예컨대 이전에는 사업주가 장기 실업자를 채용하면 우리 지방 관서에서 사업주가 그에게 지급한 임금의 1/2(대기업은 1/3)을 지원해 주었다. 하지만 이 제도를 집행하는 실무자 입장에서는 임금 체계가 너무 복잡해 지급한 금품 중 어느 것이 임금에 해당되고 어느 것이 해당되지 않는지를 산정하는 데 어려움을 겪었다. 그에 따라 회사와 다툼도 많았다.

나는 많은 검토와 조사를 거쳐 이러한 정률제 방식을 정액제로 바꾸었다. 예컨대 장기 실업자를 채용할 경우 대기업, 중소기업 모두 월 60만 원을 지원하는 것이다. 이후 임금에 대한 다툼이 사라져 직원들의 일이 간편해지고 사업장도 얼마를 받는지 쉽게 알 수 있게 되었다. 또한 대기업이나 임금을 많이 받는 근로자에게는 적게 지원하고 중소기업이나 임금을 적게 받는 근로자에게는 상대적으로 많이 지원하는 재분배 효과도 거둘 수 있었다.

　많은 지원금 제도들을 정액제 방식으로 바꾸려니, 솔직히 겁도 좀 났지만 확신이 있어서 과감히 추진했다. 그리고 제도 시행 후에는 현장에서 문제가 생길까 싶어 직접 고용센터에 가서 반응을 살펴보았다. 다행히 우리 직원들의 만족도가 높았고 사업장의 만족도도 꽤 높았다. 그러한 모습을 바라보며 스스로가 자랑스러웠다.

　내가 이 일을 하고 있을 때 둘째 아이가 태어났다. 아내는 직장 생활을 하면서 시댁이나 친정 도움 없이 두 아이를 돌봤다. 그런데 나는 매일 12시가 넘어 집에 들어오니 혼자서 고생이 이만저만이 아니었다. 출근을 안 하는 일요일에는 아내와 번갈아 잠을 자면서 주중의 피로를 풀기도 했는데, 지금 생각해 보면 그때가 정말 힘들었다.

　이후 나는 산재보험 업무, 노사관계 업무를 거쳐 차관 비서관으로 근무했다. 차관님을 가까이서 모시면서 행정 공무원의 자세와 문제를 풀어 가는 지혜를 새롭게 배울 수 있었다. 무엇보다 사무관이면서도 차관님의 시각에서 우리 부가 돌아가는 것을 바라보고, 어설프게나마 차관님의 고민을 함께하면서 스스로 한 단계 성장했던 것 같다.

일자리 창출의 원동력을 어디서 찾을 것인가?

　나는 주로 고용정책을 담당하는 부서에서 일했다. '고용 없는 성장' 현상이 우리나라에서도 일어나면서 일자리 문제가 사회적 이슈로 떠오른 때였다.

　당시 대통령은 '고용지원서비스 혁신'을 국가적 과제로 제시했다.

새로운 일자리 창출도 중요하지만 기업은 적합한 인재를 찾는 데 어려움을 겪고 있고, 구직자들은 자신에게 맞는 일자리가 어디에 있는지 잘 모르는 경우가 많다. 따라서 일자리 연결만 잘해도 기업이나 구직자 모두에게 큰 도움이 될 수 있다. 지방 노동관서에서는 이미 취업 알선 등을 하고 있었지만, 선진국에 비해 정부의 투자나 인프라가 턱없이 부족한 상황이었다.

공공고용서비스 확대를 위해

선진국에서는 중요하게 다루어지는 공공고용서비스에 대한 인식이 우리나라에서는 유난히 낮다. 독일만 해도 공공고용서비스를 제공하는 연방고용청 직원이 7만 명이나 된다. 나 또한 독일 연방고용청에 가 보았는데, 구직자들이 전문 상담원에게 취업에 대한 풍부한 서비스와 정보를 제공받고 있었다. 더욱이 이 모든 상담은 예약 방문 시스템으로 이루어졌다.

우리도 그와 같이 고용서비스를 혁신하기로 하였다. 직업능력개발 시스템 혁신과 함께 새로운 국가적 청사진을 만드는 작업에 들어갔다. 그리고 그 청사진을 대통령과 여야 정치인, 지자체장, 각부 장관, 노사 대표 앞에서 제시하기로 했다.

2005년 4월 6일, 그날은 나에게 잊을 수 없는 날이다. 선후배 공무원들과 함께 한 달 넘게 휴일도 없이 잠도 제대로 못 자고 혁신 방안과 보고대회를 준비했다. 어려운 작업이었지만 보고대회는 무난히 잘 끝났다.

그날 저녁 우리는 보고를 잘 마쳤다는 기쁨에 자축 회식을 했다. 그리고 다음 날 나는 이마를 몇 바늘 꿰맸다. 전날 밤 피곤이 쌓인 상태에서 과음을 하고 취한 채로 집에 오다가 집 앞 계단에서 굴렀던 것이다. 술에 취해서 아픈 줄도 모르고 잠자리에 들었는데, 베개와 이불 여기저기에 묻은 피를 보고 놀란 가족들 때문에 아침부터 한바탕 난리가 났었다.

어쨌든 이후 공공고용서비스의 중심인 전국 고용센터는 발전에 발전을 거듭하고 있다.

사회적기업육성법 제정을 위해

일자리 문제 해결을 위해 사회적기업육성법 제정을 추진하기도 했다. 생산 공정의 자동화, 생산 공장의 해외 이전 등으로 민간 기업들의 일자리 창출 능력이 현저히 떨어지고 있었다. 공공 부문에서 공무원을 늘려 일자리를 만들 수도 없는 노릇이었다. 이때 주목한 곳이 제3섹터였다.

선진국과 비교할 때 1, 2섹터인 정부나 민간에 비해 우리나라는 제3섹터 NGO의 취업자 비중이 현저히 낮았다. 또 업종을 중심으로 비교하면 선진국에 비해 보건, 복지, 교육 등 사회서비스 부문에 취업자 비중이 매우 낮았다. 급속한 고령화와 핵가족화 등으로 돌봄서비스의 수요가 급격히 늘어났지만, 국가의 복지서비스 확대는 이에 미치지 못했기 때문이다. 여하튼 이러한 업종은 상대적으로 일자리 창출 여력이 높았다.

또 사회적기업은 다양한 형태를 취할 수 있지만, 그중에서도 사회서비스를 제공하는 NGO에 특히 적합했다. 사회적기업은 생산이나 영리 활동을 한다는 측면에서는 '기업'이지만, 목적하는 바는 이윤이 아니라 취약 계층을 위한 일자리 창출이나 서비스 제공 등 '사회적 가치' 실현이다.

2005년 말부터는 나는 사회적기업을 육성하기 위한 법률 제정 준비에 들어갔다. 우리나라에 사회적기업을 아는 사람이 별로 없어서 주로 외국 사례와 법을 많이 찾아 읽었다. 또 사회복지관에서 일하는 분들, 협동조합이나 자활공동체를 운영하는 분들, 빈민운동을 하는 분들과 많은 이야기를 나누었다. 당시 나는 사회서비스를 제공하는 NGO들에게 인건비를 지원하는 사회적일자리사업도 맡고 있어서 어렵지 않게 많은 NGO들을 만날 수 있었다.

법조문 작업을 하다 보니 민법이며 상법 등에 대한 지식이 상당히 필요해 법 공부도 많이 했다. 유럽 국가들의 법을 벤치마킹하려고 관련 법이며 자료도 많이 보았는데, 우리와 회사법, 민법 체계가 너무나 달라 별 도움이 되지 않았다. 그렇다 보니 우리나라 사회적기업육성법은 다른 나라에서 유사 사례를 찾아보기 어려운 특이한 법으로 탄생하게 되었다.

사회적기업육성법은 정부 입법으로 가면 시간이 너무 오래 걸릴 수 있어, 뜻이 맞는 국회의원실과 협의해 의원 입법으로 2006년 12월 국회를 통과했다. 많은 NGO와 기업들의 관심과 동참으로 사회적기업은 점차 우리 사회에 자리를 잡아 갔다. 그리고 그해에 나는 서기관이 되어 첫 승진의 기쁨을 맛보았다.

빈곤 문제 해결을 위해

이후 나는 다시 고용서비스 혁신 업무로 돌아왔다. 외환 위기의 대량 실업 상황에서 민간 계약직으로 뽑았던 직업상담원 1500여 명을 공무원으로 전환하는 일을 수행했다. 솔직히 이 일은 정말 어려웠다. 그러고 나서 새로운 저소득층지원제도를 모색했다.

당시 우리나라에는 실업급여와 공적부조(기초생활보장제도)는 갖추어져 있었지만 실업부조제도가 없었다. 실직을 하면 일정 기간 실업급여를 받다가 실업 상태가 계속되어 생계가 어려워지면 실업부조를 받아야 하는데, 우리나라는 실업부조제도 자체가 없었던 것이다. 게다가 저소득 취업취약계층에 대한 체계적인 취업지원제도도 미흡하였다.

과거 노동부는 실업문제 해결에 주력했다. 실업은 개인의 문제이지만 빈곤은 가구의 문제이다. 실업자 한 사람이 아닌 한 가족의 문제인 빈곤을 해결하기 위해서는 보다 포괄적인 접근이 필요했다.

나는 취업취약계층이 오면 심층 상담을 통해 취업 욕구나 능력을 진단해 그에 맞는 취업준비프로그램을 지원하고 취업에 장애가 되는 가정 내 문제 해결도 도와주는 취업성공패키지제도의 초안을 만들었다. 취업성공패키지제도는 그 후 후임자들이 시범사업과 사업 확장을 통해 2014년 현재 전국적으로 25만여 명이 취업에 도움을 받고 있다.

미국 유학생으로, 그리고 다시 공무원으로

2009년 여름, 가족과 함께 미국으로 유학 가서 2년간 공부하고 정책학 석사학위를 받았다.

인류 역사상 최고의 문명을 구가하는 미국 사회를 체험한 것은 내게 매우 소중한 경험이었다. 놀랍게도 미국은 세계 최강대국이면서 의료보험조차 제대로 갖추지 못하고 있다. 부자들과 가난한 사람들은 사는 동네가 확연히 다르고 빈부 격차가 날로 극심해지고 있다. 그러면서도 소득재분배에 대한 문제의식은 너무나 희박하다.

『작은 것이 아름답다』라는 책으로 유명한 에른스트 슈마허는 미국

∷ "정부의 업적은 부지런함에서 나오는 것이 아니라 올바른 방향감각에서 나온다."고 그는 믿는다.

에 대해 "세계 인구의 단 6퍼센트를 위해 자원의 40퍼센트를 사용하면서 정작 행복이나 복지, 평화 등과 같은 소중한 가치들의 증진에는 거의 기여하는 바가 없다."라고 비판했다. 20세기 초 막스 베버는 "만약 윤리 없는 자본주의의 비극적 파국이 현실에서 일어난다면 그곳은 바로 미국일 것"이라고 경고했다.

타국에서 온 유학생이 주제넘게 미국 사회를 접하며 머릿속으로 해결책을 궁리하기도 했지만, 그러한 가운데 우리가 나가야 할 방향을 보다 분명하게 깨달을 수 있었다.

귀국 후 홍보기획팀장을 거쳐 장관 비서관으로 자리를 옮겼다. 그리고 남다른 열정과 추진력이 있는 외강내유형 장관님을 열심히 보좌했다. 장관님은 "문제 없는 사회 없고 해답 없는 문제 없다."는 말씀을 자주 하셨다. 어느 사회에나 문제는 있기 마련이고 아무리 어려운 문제라도 해답은 있으니, 행정 공무원으로서 최선을 다하면 해결하지 못할 문제는 없다는 뜻이었다. 나는 지금도 어려운 일을 만나면 그 말씀을 되새기며 마음을 다잡는다.

이후 나는 기획재정담당관으로 자리를 옮겨 지금에 이르고 있다.

"방향이 틀리다면 속도는 무의미하다"

나의 공무원 생활은 해결하기 힘든 과제들을 안고 씨름하기의 연속이었다. 청년 실업, 비정규직 문제, 새로운 일자리 창출, 고령화대책, 근로빈곤 등 국민들의 생활에 큰 영향을 미치면서도 해결하기 어려운 숙제들이 많은 고용노동부에서 일했기 때문에 더욱 그랬던 것 같다. 해답을 찾고 대책을 세우겠다며 컴퓨터와 씨름하다 밤을 새운 적도 많다. 그럴 때는 차라리 밖에서 땀 흘려 일하고 시원한 맥주 한잔으로 하루를 마무리할 수 있는 건설 근로자들이 부럽기조차 했다. 물론 그분들에게는 그분들만의 고충이 있겠지만 말이다.

또 공무원으로서 힘든 것은 '책임 있는 결단'을 내려야 한다는 거다. 언론이나 학계에 계신 분들은 자신의 소신이나 아이디어를 마음껏 주장할 수 있지만 그에 따르는 책임이나 부담은 적은 편이다. 하지만 공무원의 일―법령을 개정하거나 예산을 편성, 집행―은 곧바로 국민들의 권리, 의무, 이해관계에 영향을 미친다. 또 당장 적절한 해결책이 없어도 회피하거나 미룰 수 없는 일이 많다.

공무원으로 일하면서 동료, 선후배, 지혜를 보태 준 외부 전문가의 도움이 있었기에 어려운 난관을 헤쳐 나갈 수 있었다. 특히 훌륭한 선배들한테 배운 것이 참 많다. 내가 존경하는 한 차관님은 이임하시며 이런 말씀을 남기셨다.

"일은 잘해야 합니다. 열심히 하는 것보다 더 중요합니다. 일을 잘하기 위해서는 '해야 할 일과 해서는 안 되는 일', '급한 일과 덜 급한 일', '중요한 일과 덜 중요한 일'을 구분해야 합니다.

그러기 위해서는 첫째, 문제 인식이 명확해야 합니다. 항상 깨어 있어야 하고 시대 변화를 예민하게 느껴야 합니다. 둘째, 본질적으로 사고해야 합니다. 상투적이거나 매뉴얼에 집착하거나 선례를 답습해서는 안 됩니다. 본질적으로 사고할 때 거기서 혁신이 나오고 창의도 나옵니다. 셋째, 독단에 빠지지 말고 겸손해야 합니다. 혼자서 할 수 있는 일은 아무것도 없습니다. 겸손하게 소통을 잘해야 합니다."

또 내가 좋아하는 모 대학교수는 그의 책에서 "방향이 틀리다면 속도는 무의미하다."는 간디의 말을 소개했다. 그러면서 "정부의 업적은 부지런함에서 나오는 것이 아니라 올바른 방향감각에서 나온다."고 말했다.

일은 열심히 하기보다는 '더 잘' 하고 올바른 방향 모색에 매진하는 것이 중요하다. 아울러 공무원에게는 추진력이 중요한 덕목이다. 어떤 난관이건 뚫고 나아가 해결하지 않으면 안 되기 때문이다.

우리 사회는 변화가 심하고 아주 역동적이다. 세계에서 유례를 찾아보기 어려울 만큼 빠르게 발전하면서 많은 문제와 갈등이 불거졌다. 또 그런 문제들을 정부가 해결해야 한다는 생각이 강하다. 그래서 우리나라 공무원들은 할 일도 많고 고생도 많이 하지만 그만큼 보람도 크다. 길다면 긴, 짧다면 짧은 나의 공무원 생활을 돌아보니 그런 확신이 생긴다. 내 아이들도 '원한다면'—아빠의 삶을 옆에서 보고 있으니 과거의 나보다는 더 많은 이유와 근거를 가지고 선택할 것이기에—공직의 길로 잘 이끌어 주고 싶다.

다양한 업무, 배움, 실천의 기회

| 조영태 |

서울대 경영학과와 행정대학원, 국제대학원을 졸업했다. 1992년 제36회 행정고시에 합격한 후 산업통상자원부에서 통상, 산업기술, 무역투자, 자원 등 다양한 업무를 하고 현재 무역정책과장으로 일하고 있다.
영국 케임브리지대, 미국 스탠퍼드대, 주베트남한국대사관 등 해외 경험을 했다. 2008년에 대한민국 근정포장, 2012년에 베트남 산업무역훈장을 수상했다.

농촌에서 자라고 경영학을 전공한 내게 공무원은 관심 밖의 직업이었다. 그런 내가 행정고시를 보게 된 것은, 공무원으로서의 안정된 삶보다는 국비 유학에 대한 희망이 더 직접적인 계기였다.

나는 대학 졸업 후 군 복무를 마치고 나서 행정대학원에 진학하였다. 그리고 2학년 재학 중에 행정고시 재경직에 합격하였다.

공무원에 대한 지식이나 정보가 특별히 없었던 내게 공무원 의식과 일상을 처음 알게 해 준 것은 『과천종합청사 불빛은 꺼지지 않는다』라는 책이었다. 당시에 한 경제기획원 과장이 쓴 책인데, 국가 경제를 위해 열심히 일하는 공무원의 모습이 매우 인상적이었다.

과천종합청사의 불빛

나는 과천 공무원 연수원을 시작으로 대전엑스포 수습 근무를 거쳐 상공자원부(지금의 산업통상자원부)에 배치되었다. 나의 첫 보직은 통상진흥국 구주통상과 사무관이었다. 구주통상과는 유럽 지역과의 통상협상 및 협력 업무를 수행하는 과였고, 나는 여기서 EU의 일반특혜관세 협의와 영국 등과의 양자 간 통상협력 업무를 담당하였다.

이 무렵 우리나라는 비약적인 경제 발전으로 EU 지역으로부터 받아왔던 특혜관세가 폐지되어 가고 있었다. 일반특혜관세 철폐에 대한 품목별 대응은 초임 사무관이 감당하기에 상당히 어려운 업무여서 밤늦도록 일하는 날이 부지기수였다. 거기다 영국과의 통상장관 회담, 러시아 정상의 방문 지원 등 통상 업무는 긴장과 스트레스의 연속이었다.

옆자리에서 일하던 고참 사무관은 고된 일과와 스트레스를 견디지 못하고 공무원을 그만두고 말았다. 오랫동안 공부하고 어렵게 행정고시에 합격해 근무하기 시작한 지 2년 만에.『과천종합청사 불빛은 꺼지지 않는다』라는 책에서 본 '멋있는 경제 관료'의 허상이 산산이 깨어져 나갔다. 나 또한 그렇게 일한 지 1년여 만에 몸에 이상이 생겼다. 간염이 생겨 간 기능이 순간적으로 안 좋아진 것이다. 치료를 위해 잠시 일을 쉬어야 했다.

다양한 업무와 공부의 기회

건강을 회복한 나는 통상정책과로 자리를 옮겼다. 1995년에 WTO

가 출범하면서 김영삼 정부가 세계화 시책을 본격적으로 추진하던 시기였다. 나는 대한무역투자진흥공사(KOTRA)와 함께 우리나라 세계화 시책을 추진하는 일과 통상정보시스템 구축 등을 담당하였다. 통상정보시스템을 구축할 때는 당시에 컴퓨터 운영 체계로 쓰였던 도스(DOS)가 아닌 윈도우(WINDOW)를 도입하였다. 공무원 조직에서 최초로 도입한 것이었기에 정보기관에서 보안을 이유로 반대가 심했다. 통상이나 산업 관련 업무를 하려면 기업들보다 앞서야 하는데, 정부 조직에서는 보안이나 책임 문제로 그때나 지금이나 선도적으로 행동하기가 쉽지 않다.

통상정책과에 근무할 때 나는 단기통상협상교육 프로그램에 참여해 하버드대학교를 방문했다. 화창한 봄날 포토맥 강가에서 자유롭게 공부하는 학생들을 보니 너무나 부러웠다. 돌아보면 내가 공무원이 된 것은 '유학'에 대한 희망 때문이 아니던가.

이때 마침 통상 전문 인력 양성이 국가적 이슈가 되어 서울 소재 9개 대학에 국제대학원이 신설되었다. 국제대학원은 국내 교육과 해외 교육을 섞어 총 2년 과정으로 운영되었기 때문에 유학의 효과도 있었다. 정부의 국내 위탁교육제도를 통해 나는 서울대학교 국제대학원(당시 국제지역원)으로 연수를 갔다. 공무원이 된 지 4년 만에 다시 학생이 된 것이다.

홀가분한 마음으로 입학했던 대학원 과정은 녹록지 않았다. 일반 대학원과는 달리 정부 지원으로 처음 만든 국제대학원인 까닭에 교수진들이 엄격하고 혹독한 교과 과정을 운용했던 것이다. 그래도 기대했던 대로 여름방학을 이용해 미국의 통상정책교육을 받기 위해 워싱턴 근교에 자리한 메릴랜드대학교로 단체 연수를 갔다. 대학 기숙사에서 생활하면서 매일 수업을 듣고, 세계은행(World Bank) 등 주요 기관을 방문하면서 유익한 시간을 보냈다. 무더운 여름날 뜨거운 햇빛 아래서 동기들과 족구를 하며 땀에 흠뻑 젖었던 기억이 아직도 선명하다.

내가 국제대학원에서 연수를 받는 동안 우리나라는 두 가지 큰 변화를 겪었다. 하나는 1997년 말 외환 위기로 IMF 구제금융을 신청한 것이다. 그 덕에 환율이 급등하여 국제대학원 교육 과정에서는 방학을 이용한 해외 연수 과정이 중단되었다. 다른 하나는 정부 조직 개편으로 통상 기능이 산업과 분리되어 외교부로 이관된 것이다. 같이 일했던 동료들 대부분은 이때 이름이 바뀐 외교통상부로 옮겨 갔다. 이러한 변화 속에서 나는 2년에 걸친 통상협상 전공 과정을 마치고 「GATT/WTO 협상이 우리나라 국가 경쟁력에 미치는 영향에 관한 연구」라는 제목으로 석사학위 논문을 영어로 썼다. 그러고 나서 그사이 이름이 바뀐 산업자원부로 복귀했다.

세계적인 디자인과 브랜드를 키우는 일

1999년 초 산업자원부에 복귀해 배치된 부서는 품질디자인과였다. 우리나라 제품이 디자인 경쟁력이 없어서 저가 제품으로 팔리던 시절이었다. 물론 디자인의 중요성에 대한 인식도 낮았다. 대학 내 디자인학과는 서양화과나 동양화과에 비해 선호도가 낮았고, 공학과의 연계는 전혀 이루어지지 않는 등 디자인 기반 또한 취약했다.

한마디로 디자인에 대한 인식을 제고하고 디자인 역량을 높일 수 있는 획기적 대책을 제시할 필요가 있었던 때였다. 이에 나와 우리 부서원들은 1999년 10월 대통령 주재 제1회 디자인진흥대회를 개최해 국가적인 디자인진흥시책을 발표하였다. 디자인 전공자를 병역 특례 대상자에 포함시키고, 각 지역에 디자인혁신센터를 건립해 기업들의 디자인 경쟁력을 제고하는 정책 등을 마련했다.

이러한 과정에서 디자이너들과 관련 기업들을 폭넓게 접촉하여 의미 있는 정책들이 관계 기관 협의를 거쳐 수립되고 집행되었다. 그리고 이듬해 우리 부서는 과명을 품질디자인과에서 디자인브랜드과로 바꾸고 세계적인 브랜드 육성을 위해 의욕적으로 업무를 추진하였다.

지금은 디자인과 브랜드의 중요성을 국민 대다수가 인식하고 있다. 삼성전자 휴대폰이나 현대자동차가 디자인 때문에 팔리고 우리의 많은 유명 브랜드가 세계인에게 알려져 있다. 이것은 우리 기업인들이 그간 땀 흘려 노력한 대가이기도 하지만, 정부에서 디자인의 중요성을 인식시키고 디자인 인력과 제도 등 인프라를 구축해 지원한 것도 한몫했다고 본다.

디자인브랜드과에서 2년 정도 열심히 일하고 나서, 서울대학교 국제대학원 시절 외환 위기로 빠뜨렸던 해외 연수를 보완할 기회를 만났다. 영국 케임브리지대학교 국제대학원 단기 연수 기회를 얻은 것이다. 비록 짧은 기간이었지만 영국 학문과 유럽 문경을 경험할 수 있는 값진 기간이었다.

이후 무역투자실 수출과에 배치받아 수출진흥 업무를 하였다. 9·11 테러, 이라크 전쟁 등으로 수출이 20퍼센트 이상 하락하는 등 어려운 시기였다. 매번 비상대책을 세워야 했고 거의 매일 밤늦게까지 일했다. 그 덕일까. 사무관으로 일한 지 9년 만인 2002년 초 나는 서기관으로 진급했다.

나노 기술의 세계에 눈을 뜨다

공무원 생활을 하다 보면 보직이 바뀔 때 상사와 같이 옮기는 경우가 많다. 내 경우에도 무역정책국장으로 일하다가 산업기술정책국장으로 자리를 옮긴 국장님과 함께, 그 당시 인기가 좋았던 산업기술정책국으로 자리를 옮겼었다. 통상 기능이 외교부로 이전되고, 산업 부문 규제 완화로 산업자원부의 위상이 다소 약해지면서 산업기술 관련 업무가 한참 각광을 받던 때였다. 나는 "고생 끝 행복 시작"이라는 부푼 마음으로 '산업기술'이라는 새로운 업무를 시작하였다.

산업기술국 근무 2년여 기간 동안 기술개발자금 지원, 나노 기술 육성, 기술료 관리, 기술사업화 등 다양한 업무를 하였다. 그 과정에서 경제경영분야에 한정되었던 나의 세계가 이과 영역, 그중에서도 공학분야로 넓어졌다. 새롭게 부상한 '나노 기술' 업무의 일부를 담당할 때는 각종 포럼에도 참석하고 책도 번역하는 등 활발한 활동을 하였다.

워싱턴에서 개최된 나노 기술 관련 국제학술세미나에도 참석했는데, 이때 실리콘밸리 지역에 있는 버클리대학교와 스탠퍼드대학교 나노센터도 방문하였다. 특히 스탠퍼드대학교는 실리콘밸리 산학 연계의 중심지로 매우 인상적이었다. 우리나라에도 그러한 산학 연계의 노하우가 절실하였다. 이후 나는 기술과 경영의 접목을 통한 혁신 역량 강화를 위해 기술 경영 과정에 대한 연구 용역을 실시해 우리나라 대학에 기술 경영 과정(MOT)을 도입하는 계기를 만들었다.

스탠퍼드대학교 하리 마노하란(Hari Manoharan) 교수가 주도하는 나노기술연구그룹에 나노기술사업화분야 전문가로 참여하기도 하였다. 참여자 대부분이 공학 전공자인 나노기술연구그룹에서 나는 경영학적 측면에서 나노 기술을 전자, 바이오, 소재 등에 접목하고 이를 다시 비즈니스로 연결하는 방안 연구를 담당하였다.

그리고 이곳에 머무는 동안 NASA, HP 등 실리콘밸리에 있는 기업에 근무하는 사람들과 함께 스탠퍼드 고급 프로젝트 매니지먼트(SCPM) 과정을 이수하였다. 나중에 나는 여기서 만난 한국 교수들과의 인연으로 서울대학교 공대에 개설된 EPM(Engineering Project Management) 과정에서 강의도 하였다.

잠시도 방심할 수 없는 대외 업무

중국이 2000년대 중반 급격히 성장하면서 세계적인 자원 쟁탈전이 벌어졌다. 부존자원이 거의 없는 우리나라에서는 자원 확보가 국가적 아젠다로 부상하였고, 산업자원부에 에너지자원개발본부가 신설되었다.

스탠퍼드대학교에서 복귀하자마자 나는 초대 광물자원팀장으로 발령받았다. 석유와 가스는 유전개발과에서 담당하였고, 우리 팀은 석탄, 철광석, 희토류 등의 광물자원을 해외에서 확보하고 그 개발을 지원하는 업무를 하였다.

광물자원팀장을 하면서 나는 중앙아시아, 아프리카, 남미 등 전 세계 오지 20여 곳을 방문하였다. 그중 가장 인상에 남았던 곳은 제일 처음 방문했던 몽골 타슈켄트였다. 고비사막의 오유톨고이 구리광산을 보고 돌아오는 길, 비행기가 바람 때문에 뜨지를 못해서 사막 한가운데 게르에서 자야 하는 상황이 펼쳐진 것이다. 다행히 늦게나마 바람이 약해져서 경비행기를 타고 그곳을 떠나왔다. 그때 내려다본 저녁노을에

:: 2008년 금융 위기 때 산업통상자원부가 117억 달러 투자 유치를 달성하여 그해 말 산업통상자원부 과장급 대표로 대한민국 근정포장을 받았다.

불타오르던 사막은 지금도 기억이 생생하다.

그 이듬해에는 세계적인 매장량을 자랑하는 타반톨고이 유연탄 개발 프로젝트를 확보하기 위해 차관님을 모시고 몽골에 방문했는데, 이 때도 바람 때문에 곤욕을 겪었다. 우크라이나를 방문하고 모스크바와 베이징을 경유해 간신히 타슈켄트에 도착했는데, 차관님 가방이 없어진 것이다. 알고 보니, 몽골은 바람이 많이 부니까 안전한 비행을 위해 베이징 공항에서 비행기 무게를 줄이고자 수하물을 무작위로 빼 버렸던 것이다. 다른 가방은 처음부터 수하물로 부치고, 차관님 가방은 특별히 직원이 챙겨 기내로 들고 들어오려다 스튜어디스가 책임지고 보관하겠다고 하여 맡겼는데 그런 문제가 생길 줄이야.

"오페라 할 때 주연배우 복장은 안 챙기고 조연들 것만 가지고 오면 공연이 제대로 되겠는가."라고 질책하시던 차관님 모습이 지금도 눈에 선하다.

이동거리가 멀어 차관님은 정장이 아닌 간편복 차림으로 이동하셨고, 사전에 준비한 면담 자료 등도 활용할 수 없게 되어 실무 책임자인 나는 혼쭐이 났다. 다행히 현지에서 차관님 의복 등을 급히 조달해 위기는 모면했다. 공무원으로서 대외 업무를 할 때는 내용도 중요하지만 의전도 각별히 신경 써야 함을 뼈저리게 깨달았다.

그날 저녁 중국 상무관의 도움으로 차관님의 수하물을 무사히 찾았다. 하지만 참으로 당황스럽고 긴 하루였다. 또한 다시는 겪고 싶지 않은 경험이었다.

베트남 대사관은 기업인들의 문제 해결사?

광물자원팀장 시절 업무차 베트남을 방문한 적이 있다. 그때 하노이를 방문했는데 1970년대 우리나라처럼 편안하고 정겨웠다. 이러한 기억이 남아서인지 베트남 상무관 교체 시점이 되자 관심이 갔다. 미국, 영국 등 선진국과 다른 개도국 생활에 대한 기대도 있었고 외교관으로 근무해 보고 싶은 생각도 있었다. 그래서 베트남 상무관 공모에 응했고, 2009년 초부터 하노이에 소재한 한국대사관에서 근무하게 되었다.

막상 하노이에 도착해 상무관으로 일해 보니, 한국에서 상상한 베트남과 실제 현장에서 본 베트남은 많이 달랐다. 우선 교통 사정이나 공기가 좋지 않았다. 2월이었는데도 어찌나 더운지, 가자마자 피부 발진이 생겨서 매일 냉수 목욕을 했다. 더 놀라운 것은 베트남에 10만여 명의 한국 교민이 살고 있고 3000여 개의 한국 기업이 비즈니스를 하고 있다는 것이었다.

대사관 상무관의 일은 여태껏 내가 해 왔던—자신이 속한 기관에서 열심히 일하면 되는—일과 업무 구조가 크게 달랐다. 우선 대사관과 외교통상부에서의 역할이 있고, 두 번째로 원 소속 부처인 지식경제부에서 필요한 업무가 있다. 아울러 베트남과 교역, 투자 관계에 있는 우리 기업들의 애로 사항을 해결해 주고 각종 행사를 지원하는 역할도 중요했다. 특히 정무보다는 경제와 통상, 에너지 협력이 주된 업무였기에 상무관으로 지내는 동안 바쁘기도 했지만 보람도 컸다.

그중 기억에 남는 일은 한국통신(KT)의 베트남 통신망 구축사업 정산금 환수 건이다. 2009년 막 베트남 상무관으로 부임했을 때 KT 하노이 지사 사람이 대사관을 찾아왔다.

"1992년 한국과 베트남이 구교한 이후 양국 간 상징적인 협력사업으로 실시된 기본 통신망 구축사업이 2006년에 완료되었는데, 이후 베트남 측에서 정산금 약 3640만 달러를 차일피일 미루면서 지급하지 않고 있습니다."

KT와 베트남통신공사(VNPT) 간 문제였지만, 대사관에 도움을 요청한 이상 방관할 수는 없었다. 게다가 정황을 파악해 본 결과 VNPT에서 결정할 수 있는 일이 아니었다. 총리실, 정보통신부, 국세청 등 베트남 정부가 적극적으로 설득해야만 해결될 수 있는 사안이었다.

대사 명의의 협조 서한을 베트남 정부에 보내는 한편, KT 지사와 함께 베트남 부처 관료들을 면담하여 설득하는 작업을 진행하였다. 이 사안이 해결 안 되면 베트남에 대한 외국 기업들의 신뢰가 깨져 외국인 투자 유치에 찬물을 끼얹는 셈이 될 거라는 논리가 다소 통했다. 그해 10월에 대통령이 베트남 국빈으로 방문할 때 이 문제를 정상 의제로 제기하겠다는 협박성(?) 설득까지 더하니, 베트남 경제정책을 총괄하는 총리실이 "VNPT는 계약에 따라 KT에 보상하라."는 공문을 시달하면서 문제가 풀리기 시작했다. 그 뒤 보상 액수를 놓고 다소 시간이 지체

:: 베트남 상무관 시절 우리나라 석유 공사가 주도하는 붕따우 11-2광구를 방문하였다.

되긴 했지만 2010년 2월 정산금 전액이 KT에 지급되었고, KT에서는 회장 명의로 외교통상부와 지식경제부 장관에게 감사의 뜻을 표하는 서한을 보내왔다.

그런데 이 일이 베트남에 진출한 우리 기업인들에게 알려지면서, 문제가 생기면 대사관 상무관실로 찾아오는 사람이 부쩍 많아져 뜻밖에 엄청 바쁜 하루하루를 보내야 했다.

대한민국 산업과 통상의 발전에 기여하며

베트남을 방문하거나 베트남에 투자한 기업인들에게 비즈니스를 하면서 주의할 점이나 베트남의 투자 환경에 대해 개별적으로 안내해

:: 베트남에서의 상무관 근무 경험을 바탕으로 『동남아시아의 넥스트 코리아, 베트남에서 기회를 잡아라』를 써냈다.

주는 것도 상무관의 주된 업무 중 하나다. 하지만 단체로 찾아올 때는 대사관이나 행사장에서 베트남 경제와 투자에 대해 브리핑을 해 주는 경우도 많다.

나는 2012년 귀국 시점에 이르러, 이때 만든 자료를 바탕으로 『동남아시아의 넥스트 코리아, 베트남에서 기회를 잡아라』라는 책을 펴냈다. 코엑스몰 서점의 베스트셀러 코너에서 팔릴 정도로 반응이 좋았고, 베트남에 투자하거나 베트남과 비즈니스를 하려는 사람들의 문의와 감사 편지도 많이 받았다.

베트남 상무관 생활을 마치고 산업통상자원부로 복귀한 나는 수출입과장을 거쳐 현재 무역정책과장으로 일하고 있다. 15년 만에 통상 기능이 산업 파트로 이관되어 산업과 통상 업무가 한곳에서 이루어지게 되었고, 우리나라 무역 규모도 1조 달러를 넘어 세계 7위 수출 대국이 되었다.

무역정책과장으로서 나는 분기마다 개최되는 대통령 주재 무역투자진흥회의를 지원하고, 전자상거래 무역 등 새로운 수출 먹거리 발굴 작업을 하고 있다. 이제 우리 무역은 1조 달러를 넘어 2조 달러, 세계 5강 도약을 위해 나아가고 있다. 무역의 주역은 기업인들이지만 정부도 무역 인력을 양성하고 정보 인프라를 확충하는 등 이를 뒷받침하고 있다. 또한 중소·중견기업 수출 경쟁력 제고와 중계·가공무역 활성화, 지식서비스 수출 확대 등 중·장기적인 무역정책 방향을 설정하고 제도를 정비하는 일들을 하고 있다.

돌아보면 산업통상자원부 업무는 매우 다양하고 빠르게 변화하기 때문에 끊임없이 공부하지 않으면 안 된다. 그 덕에 나는 케임브리지대학교 국제대학원, 스탠퍼드대학교 공과대학원 등 유명 대학에서 공부와 연구를 했다.

지난 20여 년의 공무원 생활을 짚어 보면, 긴간 기업에 비해 상대적으로 적은 월급, 비효율적이고 융통성 부족한 공무 처리에 가슴이 답답했던 적이 종종 있었다. 하지만 적극적으로 일하고 또 열심히 배워 효과적으로 정책을 추진함으로써 국민후생을 증진시킬 수 있는 기회를 찾는다면 공무원보다 더 좋은 직업도 없는 것 같다.

08 기획재정부

공무원의 다섯 가지 보람

| 김건민 |

성균관대 경제학과를 졸업했다. 2005년 행정고등고시에 합격 후 행정자치부를 거쳐 기획재정부에 근무하고 있다. 기획재정부 근무 중 해군 장교로 군 복무를 마쳤다. 2014년 가을부터 일본 문부성 장학생 자격으로 일본 국립정책연구대학원에서 정책학을 공부할 계획이다.

나는 2006년 수습 사무관으로 첫 출근을 했다. 나의 첫 번째 사수였던 선배 공무원은 무섭기로 소문난 분이셨다. 매일 이른 아침부터 밤까지 공문서를 작성하는 법부터 전화 통화하는 법까지 꼼꼼히 가르쳐 줬다. 나는 잘해 보려는 긴장감 가득한 얼굴로 오들오들 떨면서 배웠다.

지금 생각해 보니, 나도 정신이 없었지만 서투른 나를 가르치며 일하는 선배는 더 힘들었을 것 같다. 내게 후배가 생기고 보니 그 마음을 조금은 알 것 같다. 애정이 아니면 불가능한 일이었다고 생각한다. 하지만 비단 나뿐만이 아니다. 공무원의 첫 근무는 다 이렇게 시작된다.

공무원 시험에 합격하기 위해 공부한 행정학, 경제학, 행정법 등은 소양과 교양을 테스트하기 위한 도구일 뿐이다. 풍부한 교양은 필수이지만, 실제 업무에 필요한 진짜 지식은 일하면서 일을 통해 배운다. 다행히 공직은 후배들이 성장하기를 진심으로 바라는 선배들이 많고 세상을 배울 수 있는 고급 자료가 충분하다. 본인이 노력하면 배울 기회가 충분하다. 시간이 흐르면 전문 지식과 현실감각을 두루 갖춘 행정가가 될 수 있다. 20~30대가 직업을 통해서 세상을 배우는 시기라고 생각한다면 공무원은 우리 사회의 제일 앞에서 가장 많은 것을 배울 수 있는 직업이다.

"할머니, 온누리상품권이 도움이 좀 되세요?"

기획재정부 경제정책국 경쟁력전략과에 근무하던 2008년의 일이다. 당시에는 '친서민 정책'이 정부의 최대 화두였고 관련 아이디어가 다양하게 제시되었다. 나는 공무원, 공공기관 임직원, 대기업 등 상대적으로 여유 있는 계층이 최소한의 부담으로 전통시장을 도울 수 있는 방법을 고민했다. 그리고 전국 모든 전통시장에서 사용 가능한 온누리상품권 출시 및 판매를 기획했다. 주니어 사무관다운 풋풋한 아이디어였다.

당시 수십 개의 지방자치단체가 지역별 전통시장 상품권을 제작하여 향토 기업 근로자와 자치단체 공무원을 통해 판매하고 있었는데, 유통 범위가 지역에 한정된 시장 상품권은 전국 단위 캠페인을 통해 국가공무원과 대기업, 공기업 근로자에게 판매할 수 없었고, 따라서 전국적인 친서민 정책으로 발전하기 어려웠다.

나는 정성을 다한 정책기획안을 만들어 과장님과 국장님께 잘 설명

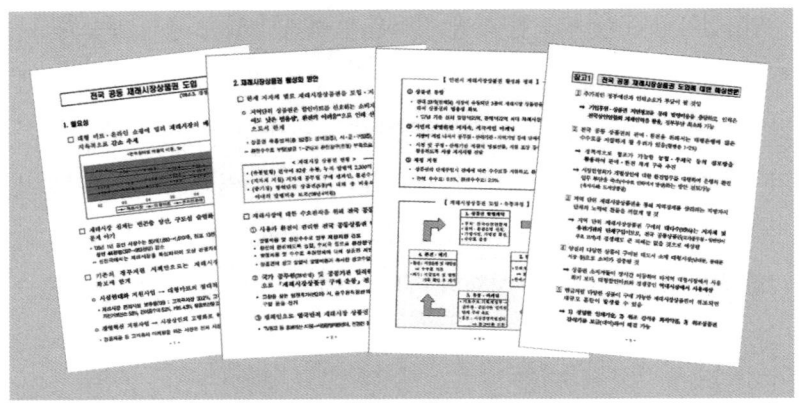

:: 전국 공동 재래시장 활성화 방안으로 제출된 온누리상품권 아이디어 기획 문서.

드리고 지적받은 사항은 보완했다. 그러고 나서 예산, 세제 관련 부서를 설득해 기획재정부 차원의 정책 추진 준비는 일단 마무리했다. 아무리 아이디어가 좋아도 현장에서 반대하는 정책을 추진할 수는 없으므로, 다음으로는 일선에서 전통시장정책을 담당하고 있는 중소기업청 관계자와 관련 전문가가 참석하는 회의를 개최해 추진을 확정해야 한다. 나는 정책을 기획한 담당자로서 회의에 참석한 모든 사람들에게 진심을 담아 설명했다.

"이제 우리 전통시장은 유통 기능만 가지고는 대형 마트와 경쟁할 수 없습니다. 우리 시장은 유통보다 지역 관광의 중심지 역할을 해야 합니다. 우선 시장에 사람이 많이 찾아오게 해야 하는데, 그러기 위해선 전국의 모든 시장에서 통용되는 상품권이 꼭 필요합니다. 상품권 발행에 동의해 주시면 범정부 차원의 캠페인을 통해 정부와 공공기관 재직자들에게 판매할 것입니다. 마땅한 지역공헌사업이 없는 대기업들도 흔쾌히 구입에 동의할 것입니다. 이렇게 판매된 전통시장 상품권이 낙

후된 시장 회생의 마중물 역할을 할 것입니다. 현재 지역별, 시장별로 나뉘어 있는 전통시장 상품권은 판매에 한계가 있습니다. 같은 지역 사람들끼리만 주고받을 수 있는 상품권을 사 달라고 홍보할 수도 없습니다. 저의 계획에 동의해 주시면 사람이 넘쳐 나는 활기찬 관광 시장을 만들 수 있습니다."

사무관이 입에 침이 마르도록 정책 추진의 당위성을 설득하고 나면 국장님과 과장님이 또 한 번 설득을 위한 대화를 시작한다. 비평을 업으로 하는 전문가들은 냉소적일 수밖에 없고, 새로운 업무 추진에 따르는 현실적인 어려움을 알고 있는 현업 부처에서는 보수적인 태도를 취하기 마련이다. 그 때문에 새로운 정책을 추진하기 위한 회의는 항상 치열하다. 가끔 정책기획안이 현실을 잘못 파악한 점이 있을 수도 있다. 그러한 부분은 현장 관계자, 전문가와의 토론 과정에서 수정된다.

전통시장 통합상품권 발행이 정부정책으로 확정된 후에 각 기관의 관련 업무 담당자 전원에게 선물로 오징어를 한 박스씩 보내 드렸다. 격무에 시달리는 와중에 혈기 왕성한(?) 기획재정부(약칭 기재부) 사무관 덕분에 추가로 업무를 떠안은 그분들에게 미안하고도 고마웠기 때문이다.

내가 처음 기획한 전통시장 통합상품권은 2008년 하반기 경제 운용방향을 통해 발표되었고, 이듬해 온누리상품권이라는 이름으로 첫선을 보였다. 현재 온누리상품권은 연간 3600억 원 이상 판매되고 있으며, 그 이상의 전통시장 매출을 견인하고 있다. 전통시장에 가지 않았던 많은 사람들이 시장에서 물건을 사고 식사를 하게 되었다. 또 많은 전문가들이 드물게 성공한 전통시장 지원 정책이라고 평가하고 있다.

이 과정을 통해 내가 받은 보상은 오직 내적인 보람이 전부다. 유별

난 칭찬도, 특별한 포상도 없었다. 공무원이 늘 하는 일 중 하나일 뿐이기 때문이다. 언젠가 친구들이랑 광장시장 포장마차에서 순대 안주와 막걸리로 기분 좋게 취한 적이 있는데, 포장마차 한쪽에 온누리상품권 결재가 가능함을 알리는 스티커가 붙어 있었다. "할머니, 온누리상품권이 도움이 좀 되세요? 제가 공무원인데요, 그거 제가 만들었어요."라고 말했다. 할머니는 내 말을 믿지 않는 눈치였지만 온누리상품권이 많은 도움이 된다고 신이 나서 한참을 말씀하셨다.

공무원의 다섯 가지 보람

자랑스러운 대한민국을 위해 일하는 보람

2007년 기획예산처 성장전략팀에서 근무하던 나는 그해 크리스마스를 춥고 어두운 평양에서 보냈다. 남북정상회담 후속 조치 차원에서 각 부처는 실무 수준에서 남북경제협력 확대 시행을 준비하고 있었다. 실현 가능하고 남과 북 모두에 도움이 되는 방향으로 경제협력을 구체화하는 과정이었다.

북한 경제시설 시찰이 끝나고 나면 호텔 방에서 어두워져 가는 평양 시내를 말없이 바라보았다. 편의시설 하나 없는 호텔에서 체제 선전 방송만 하는, 없느니만 못한 TV와 함께 일주일을 보내려니 참 답답하고 심심했다. 평양 시민들이 난방용으로 태우는 석탄, 나무 연기가 대동강에서 피어오른 안개와 합쳐져 매캐한 스모그를 만들어 내고 있었다. 그 스모그가 체제 선전을 위한 조형물을 감싸는 가운데 평양의 겨울밤이 찾아온다. 슬픔을 이미지로 표현하면 그런 모습일 것이다.

:: 기획예산처 성장전략팀 근무 시절 선후배 공무원들과 잠시 자리를 함께했다.

　내가 만난 북측 당국자들은 하나같이 애국심으로 민족협력사업에 임한다고 과장되게 말했지만 전기조차 들어오지 않는 수도에서 일하는 그들에게 자부심이 있을 리 없었다. 정책담당자, 시설관리자 모두 내가 묻는 질문에 정해진 모범 답변을 갖고 있었지단 북한의 산업 기반은 보고서에 담기 민망할 정도로 열악했다. 나를 안내하던 북한 공무원들도 말은 못했지만 자신이 봉사하는 조국을 사랑하기 어렵다는 딜레마 속에서 괴로워하고 있었을 것이다. 말 못하는 그들의 심정을 분명히 느낄 수 있었다.

　같은 공무원이지만 대한민국 정부에서 일하는 나는 입장이 달랐다. 대한민국 공무원으로 자랑스러운 조국 대한민국을 위해 일한다는 것은 아주 멋진 일이다. 대한민국 정부는 경제개발5개년계획을 수립해서 고도성장을 견인하였고 일본보다 앞선 IT 인프라 구축을 주도하였으며 경제, 산업, 환경 등 모든 분야에서 세계 최고 수준의 관리 역량을 갖고 있다. 그리고 무엇보다 국민을 최우선으로 생각한다. 충분히 평생을 헌신하며 일할 만한 가치가 있다. 멋지고 보람차다.

끊임없이 이상을 추구할 수 있는 보람

어느 시인은 인생이 "잡지의 표지처럼 통속"하다고 표현했다. 먹고 사는 일이 중심이 되는 삶이란 언제나 작고 소박하다. 대부분의 직업은 생업의 수단이기 때문에 이상을 추구하기에 적합하지 않다. 직업적으로 성숙하는 과정은 끊임없이 이상과 현실이 타협하는 과정이다. 그래서 이상을 추구하는 사람들은 주변으로부터 "고상한 척한다."라는 말을 듣고 적절한 수준의 타협을 강요받는다.

하지만 공무원은 늘 꿈을 꿀 수 있는 직업이다. 한가하게 꿈이나 꾸는 것이 아니다. 어떤 미래가 바람직한가를 업무 과정에서 치열하게 고민한다. 공무원이 정책을 검토하고 수립하는 과정은 추상적인 미래를 예측하고 대비하는 과정인데, 여기서 우리는 어떤 사회에서 살아야 하는지, 우리의 이상은 무엇인지 검토한다. 우리 사회가 꾸는 꿈이 당장 내일 아침 회의 주제가 되고 내가 쓰는 보고서의 바탕이 된다. 민간에서 근무했더라면 느끼지 못했을 행복이라고 생각한다.

그간 정부는 경제개발5개년계획, VISION2030, 경제혁신3개년계획 등 크고 작은 미래 계획을 끊임없이 마련했다. 단순한 비전이 아니라 정부의 정책이 뒷받침되는 실천적인 계획들이다. 이 과정에서 당장 오늘의 이야기가 아니라 늘 먼 미래의 이상이 주제가 된다. 직업이 아니더라도 하고 싶었을 이런 설레는 일을 직업으로서 할 수 있다는 것은 큰 보람이다.

대가 없이 헌신할 수 있는 보람

'국가공무원은 박봉에 과로'라는 세간의 인식은 사실과 다르지 않다. 화장실 갈 시간도 없이 바쁘게 일하는 고급 인재들에게 주어지는 보상이란 아주 작아서 민간과 비교할 수준이 못 된다. 좋은 성과를 낸 공무원에게도 외적인 보상은 거의 주어지지 않는다. 물질적인 보상은 물론 승진, 영전 등의 보상도 느낄 수 없을 만큼 적다. 나는 이 점이 오히려 공직의 장점이 될 수 있다고 생각한다. 내가 하는 일이 생업이 아니라 국민을 위한 봉사와 헌신이라고 느끼도록 만들어 주기 때문이다. 외적인 보상이 없기 때문에 오히려 내적인 보상이 크다.

어느 겨울날이었다. 낮에 국장님이 지시한 정책 과제를 끌어안고 한참을 고민하다 보니 어느덧 밤이 되었다. 그래도 겨우 그럴듯한 문서를 만든 것 같아서 보람이 컸다. 눈이 내리기 시작한 퇴근길에 보이는 관악산은 밤이었지만 도시의 빛을 받아 환하고 아름다웠다. 지하철은 이미 끊겼고 택시를 잡으려고 주춤주춤하는데 등 뒤로 선배가 다가오며 소주나 한잔 하고 천천히 가자며 어깨를 툭 친다. 이렇게 시작된 술자리는 재밌다. 노련한 선배들과 황당하게 버거운 일을 묵묵히 해낸 후배들의 무용담을 들으면 내 일인 양 자랑스러워진다. 껄껄껄 웃다가도 가끔 한없이 진지해지는 술자리다.

흔히 공무원들에게 "박봉에 고생"이라는 푸념을 들을 수 있겠지만 그 속뜻은 '그만큼 조국을 위해 봉사한다는 자부심'인 경우가 많다. 내 주변에도 대가 없는 헌신을 하며 공직이 주는 보람을 누리는 공무원들이 많다. 종교인도 아니고 이런 종류의 기쁨을 누릴 수 있는 직업은 많지 않다고 생각한다.

사랑하는 선후배와 함께하는 보람

일요일 아침, 집으로 걸려온 국장님의 전화를 스피커폰으로 받으면서 정책 상황을 보고하고 있었다. 통화가 끝나자 옆에서 부엌일을 하던

∷ 기획재정부 체육대회 때 선배 공무원과 후배 공무원 모두 함께 웃고 웃으며 하나 되는 시간을 보냈다.

아내가 "정말 국장님 맞아? 이상하네." 하고 말했다. 국장님이 "건민아, 그 건은 어떻게 진행되고 있어? … 좋아, 잘됐네."라고 자상한 삼촌처럼 보고를 받으셨는데, 집사람은 이런 기획재정부 국장님의 모습을 상상하지 못했던 것 같다. 뭔가 권위적이고 딱딱할 것 같았다고 했다.

모든 공직 사회가 그렇지는 않겠지만, 기획재정부에서는 직급이 높은 선배 공무원도 권위를 세우기보다 후배와 동고동락하는 것이 일반적인 모습이다. 상명하복이 아니라 대부분 토론을 통해 의사를 결정한다. 입직한 지 얼마 안 되는 수습 사무관들도 적극적으로 의견을 제시하고 그 의견이 정책 방향으로 채택되는 경우도 많다.

세종시를 걷다가 공원 벤치에서 나이 든 간부와 젊은 직원이 자유롭게 토론하는 모습을 보더라도 별로 놀랄 게 없다. 아마도 새로운 정책을 기획 중인 공무원일 것이다. 항상 새로운 이슈를 접하고 이에 대응해야 하는 정책 담당자들이야말로 토론과 수평적인 조직 문화의 필요성을 잘 알고 있다. 나는 기획재정부만큼 자유롭게 개인의 의견을 표출할 수 있는 직장은 많지 않다고 생각한다. 정말 멋진 곳이다.

글로벌 인재로 성장하는 보람

공무원에게 유창한 외국어는 기본이고 선진국 정부가 사회문제를 어떠한 방법으로 해결하고 있는지에 대한 지식은 필수다.

공무원의 시야가 국내에만 머무른다면 제대로 된 정책을 마련할 수 없다. 우리 경제에 영향을 미치는 대부분의 이슈가 이미 세계화되어 있기 때문이다. 최소한 해외 정책 사례를 잘못 인용하는 전문가들의 주장을 분별해 내기 위해서라도 세계에 대한 이해가 필요하다.

공무원은 해외 유학, 파견 등을 통해 자신의 전문성을 더욱 발전시키고 활용할 수 있는 기회가 비교적 많은 편이다. 정책 지식과 글로벌 네트워크를 비약적으로 넓힐 수 있는 기회가 열려 있는 것이다. 물론 이러한 기회는 자기 계발에 관심을 갖고 치열하게 경쟁할 때에만 가능하다.

나도 올해 일본 문부과학성 장학생(Young Leader Program)에 선발되어 일본 유학이 예정되어 있다. 1년간 도쿄에 있는 국립정책연구대학원에서 각국의 공무원들과 함께 정책학 석사 과정을 이수하고 다음 1년 동안 일본에 있는 국제기구에서 근무하고 기재부로 복귀할 계획이다. 일본은 고령화, 재정 위기, 각종 재난에 대처해 왔고 우리가 참고할 만한 사례를 많이 남겼다. 일본의 정책은 성공한 것이건 실패한 것이건 우리에게 많은 교훈을 줄 것이다. 내 능력이 허락하는 범위에서 모든 것을 배워 오고 싶다. 다시 대학 신입생이 된 것처럼 설렌다.

유학을 가는 모든 공무원들이 나와 같은 마음일 것이다. 더 배우고 더 성장해서 국가에 더 큰 기여를 하고 싶은 마음이다. 그렇지 않다면 승진이 늦어지고 부족한 비용 지원으로 많은 빚까지 생기는 해외 유학은 계획하지 못한다.

보이는 길 밖에도 길이 있다

내 주변에도 공무원은 무슨 일을 하는지, 공무원이 되려면 어떻게 준비하는 것이 좋은지, 보수나 처우는 어떤지 등을 물어 오는 이들이 많다. 이럴 때면 딱히 뭐라 답하기가 어려워 머뭇거린 적이 많다. 편리한 대로 쉽게 말해 주면 '장님 코끼리 만지듯' 공무원이란 직업에 대해 오해하기 쉽기 때문이다. 하지만 현명한 장님은 눈이 보이지 않아도 여러 번의 접촉으로 코끼리를 그려 낼 수 있을 것이다. 깊은 주름과 드문드문 거칠게 솟은 털에서 거친 삶을 묵묵히 살아 내는 동물이란 것을 알 수 있고, 몸속 깊은 곳에서 뱉어 내는 흙냄새와 물 냄새를 통해 코끼리가 살고 있는 곳의 환경을 짐작할 수 있을 것이다. 나의 공무원 이야기도 사람들에게 공무원을 이해할 수 있는 여러 단서 중의 좋은 하나가 되기를 바란다.

무엇보다 나의 공무원 이야기를 통해 부모님의 권유, 전공, 경제적 여건 등 일체의 얽매임에서 벗어나, '직업으로서 공무원'을 진지하게 고민하기를 바란다. 보이는 길 밖에도 길이 있듯, 공무원 말고도 인생을 의미 있게 만드는 직업은 많다. 공무원은 우리 사회를 빛나게 만드는 무수히 많은 직업 중 하나일 뿐이다.

세종특별시에 대하여

세종특별자치시가 출범한 지 올해로 2년째가 되었다. 처음에는 황량했던 이곳도 차츰 아파트와 상가로 채워지며 활기를 더해 간다. 아직 서울만큼 화려

하거나 과천만큼 정돈된 모습은 아니지만, 나는 기대해도 좋다고 생각한다. '세종'이라는 이름에 어울릴 만큼 잘 계획된 도시로 성장하고 있다.

아직 생활 기반이 갖추어지지 않은 세종시에 내려와 건설 장비와 더불어 살아가는 과정에서, 많은 공무원들이 어려움을 느끼고 있다. 교통비, 생활비 부담 증가는 차치하고라도 각종 네트워크의 중심지인 서울에서 멀어졌다는 상실감이 크다.

하지만 세종특별시는 국토의 균형 발전을 위해 역사상 가장 공고한 민주적 의사 결정을 거쳐 만들어진 도시다. 수많은 토론과 선거로 국민들의 의견을 묻고 또 물었다. 대한민국 전체가 고뇌에 찬 선택을 했다. 우리 국민은 국토의 균형 발전을 위해 세종특별시 건설을 결정했고, 이에 따라 나를 포함한 국가공무원 대다수가 이곳 세종시에 살게 되었다.

이 결정에는 국토의 균형 발전뿐만 아니라 오랜 시간 굳어져 버린 편향된 인식까지 균형을 이루겠다는 국민들의 열망이 담겨 있다. 그동안 이 땅에서 이루어지는 모든 중요한 결정이 서울에서만 흘러나왔다. 그 때문에 서울은 물적 시설뿐만 아니라 사람들의 마음까지도 잠식해 버려서 "훌륭한 인재는 지방에 남아 있으면 안 된다."는 모두에게 해로운 인식을 깊이 심어 놓았다. 그러나 2012년부터 국가의 경제정책 대부분이 서울이 아닌 세종특별시에서 논의되고 결정되는 시대가 시작되었다. "큰일을 하기 위해서는 서울로 가야 한다."는 말은 더 이상 맞지 않다.

국가공무원이 되고자 하는 이들은 먼저 세종특별시와 이 도시가 상징하는 대한민국의 이상을 흔쾌히 받아들이는 것부터 시작해야 한다. 세종시가 대한민국이다.

4장

더 전문적인 공무원의 세계

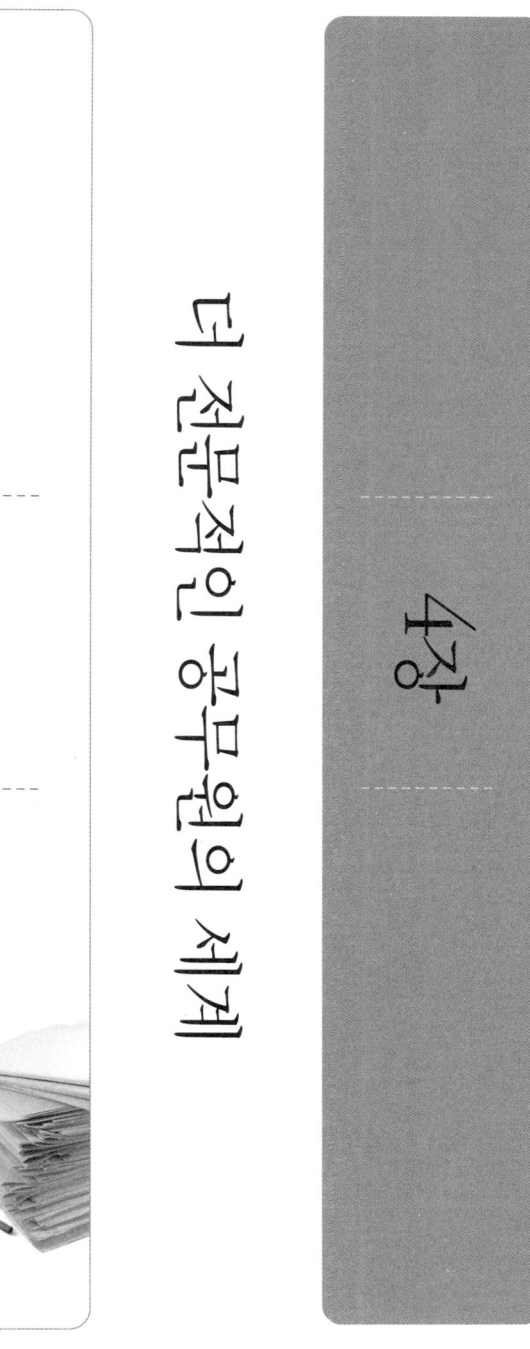

01 공정거래위원회

시장경제의 파수꾼, 공정위

| 지철호 |

고려대 법과대학 행정학과를 졸업하고 서울대 행정대학원과 일본 사이타마대 정책과학대학원을 졸업했으며, 2013년부터 동국대 법과대학에서 스포츠·엔터테인먼트법 박사 과정을 밟고 있다.
1985년 제29회 행정고시 합격 후 경제기획원, 재정경제원, 공정거래위원회, 대통령비서실, 국무조정실 등에서 근무했다. 주로 공정거래위원회에서 근무했으며 현재 공정거래위원회 상임위원으로 재직 중이다.

"공무원은 원하면 누구나 국비 유학을 갈 수 있다."
1982년 어느 봄날, 지도 교수의 이 말에 나는 행정고시를 준비했다. 공부를 하겠다는 마음만으로 막연히 시간을 보냈던 대학 생활을 즉시 청산했다. 새로 구체적인 목표를 세우고 이에 집중하여 1985년 시험에 합격할 수 있었다.

해외 유학의 꿈도 이루고

나의 공직 생활은 경제기획원 공정거래실에서 시작되었다. 경제기획원은 1994년 12월 재무부와 통합되어 재정경제원 등을 거쳐 기획재

:: 공정위 상임위원으로서 3인 소회의를 주재하고 있는 필자.

정부가 됐고, 공정거래위원회(약칭 공정위)는 별도의 중앙행정기관으로 독립했다.

1987년 근무를 시작하며 꿈에 부풀어 있었지만 주변 공무원들의 분위기는 사뭇 달랐다. 공정거래분야는 소위 3D 분야로 불렸는데, 이곳에 근무하게 된 것을 위로해 주는(?) 그런 분위기였다.

보통 3D는 더럽고(Dirty) 어려우며(Difficult) 위험한(Dangerous) 일을 뜻하지만 공정거래의 3D는 달랐다. 당시 공직은 증권회사와 같은 민간 기업에 비해 인기가 떨어지고(Decreasing), 경제기획원은 일이 많아 근무하기 어려우며(Difficult), 공정거래분야는 경제기획원 본연의 업무와 달랐던(Different) 것이다.

나는 해외 유학의 꿈을 그리며 3D 생활을 견뎠다. 보통의 경우 공직 중에 유학을 가려면 부처 내 경쟁이나 부처 간 경쟁을 통해 유학 대상자로 선발돼야 한다. 이때 각 부처 실·국의 추천이 반드시 필요하다.

나의 경우에는 공정거래실에서 다른 실·국으로 순환보직을 하지 않고 1~2년 더 근무하는 대신에 유학 추천을 받았다. 그 덕에 남보다 조금 빨리 일본 유학길에 올랐다. 공직 입문의 동기였던 국비 유학은 아니었지만, 일본 정부의 장학금을 받는 것이었기 때문에 국비 유학과 별 차이가 없었다. 나는 이때 일본어와 함께 일본의 산업정책 등을 공부했다.

한편 공정위는 경제가 성장할수록 그 조직과 기능이 확대되어 오늘날 핵심 경제부처의 하나로 발전했다. 경쟁정책과 소비자정책을 추진하는 장관급 중앙행정기관이면서, 위법 행위에 대해 1심 법원 판결에 준하는 효력의 시정 조치를 하는 준사법기관이 된 것이다. 공정위가 3D 분야에서 '시장경제의 파수꾼' 역할을 하는 기관으로 변화한 것은 그야말로 상전벽해라고 하겠다.

공무원이 밤새워 하는 일

유학을 마치고 귀국했을 때 경제기획원의 이철환 선배가 『과천종합청사 불빛은 꺼지지 않는다』라는 책을 펴냈다. 경제부처 공무원으로 일하며 느낀 보람과 긍지, 고뇌 등을 썼는데, 여기서 공무원들은 거의 매일 밤새워 일하는 것으로 그려져 있다.

그렇다면 공무원들이 밤을 새우고 휴일 근무를 하고 심지어 휴가를 반납하면서까지 하는 일이란 무엇일까? 그것은 대개 보고서를 작성하여 결재를 받고 이런저런 회의를 하는 것이다. 이 일은 도무지 끝이 없다.

행정기관의 보고서 내용은 정책이나 법 집행 과정을 통해 국민들에게 영향을 미친다. 그런 보고서에 오류나 실수가 있으면 국민들이 피해를 입거나 혼란에 빠질 수 있다. 보고서를 보고 또 보면서 수십 번 수정과 보완을 하는 이유다.

:: 공무원 생활 중 유학을 가서 1993년 일본 사이타마대학교 정책과학대학원을 졸업했다.

　나는 신입 공무원들에게 "공무원은 외모가 잘생기거나 말을 잘하는 것보다 보고서를 잘 쓰는 것이 제일 중요하다."라고 말한다. "보고서를 잘 쓰려면 무엇보다 좋은 보고서를 많이 봐야 한다."라는 말도 반드시 덧붙인다. 공무원은 퇴직할 때까지 보고서와 씨름해야 하는 운명이라고 해도 과언이 아니다.

　또한 공무원은 여러 조직이나 기관과 관련된 사안을 가지고 각각의 의견을 조정해야 하기 때문에 회의를 자주 하는데, 이때 회의 자료를 작성하거나 검토하고 회의 결과를 정리하여 보고하는 것도 공무원의 대표적인 업무이다.

　공무원은 실무자 시절에는 보고서를 작성하고 회의 준비를 하면서 바쁘게 보낸다. 그러다가 승진해서 과장이나 국장 같은 관리자가 되면 보고서를 수정하고 보완하거나 회의에 참석하느라 또 바쁜 나날을 보낸다. 공무원이 푹신한 회전의자에 앉아 폼을 잡는 것은 TV에서나 볼 수 있는 아주 예외적인 경우다.

공정위에서 잊지 못할 기억들

공정위 업무에서 가장 큰 비중을 차지하는 것은 경제활동 과정에서 일어나는 각종 불공정 행위를 적발하여 시정하는 일이다. 이렇게 처리한 사건 중에는 대기업의 위법 행위에 수천억 원의 과징금을 부과한 사례도 있지만, 건수는 보통 사람들의 일상생활과 밀접한 분야에서 발생하는 소소한 위법 행위가 더 많다. 이런 사건을 해결하는 것이야말로 공적 서비스를 통해 국민 생활의 편익을 도모하는 공무원 본연의 모습이 아닐까 싶다.

한편 공정위는 사건 처리 외에도 정책 수립이나 제도 개선과 같은 업무를 많이 한다. 이러한 업무는 경제에 큰 영향을 미치고 많은 기업들의 관심 대상이 된다. 주요 언론 매체의 경제면을 장식하는 기사가 되기도 한다.

나는 공정위에 첫발을 들여놓은 후, 다른 기관 등에 파견됐던 8년 정도를 제외하면 현재까지 20여 년을 공정위에서 근무하고 있다. 이렇게 한 부처에서 오래 근무하며 크고 작은 풍파를 헤쳐 나가는 가운데 보람과 사명감을 느꼈던 일이 참 많았다.

면도칼과 껌으로 훼손된 웨딩드레스

우선, 공무원 생활을 시작한 지 몇 년 되지 않아 맞닥뜨린 '예식장 끼워 팔기' 사건이 떠오른다. 지방에서 웨딩드레스숍을 운영하던 신고인이 예식장 업주들을 고발한 사건이었다.

예식장 업주가 식장을 빌려 주면서 혼주 측에 드레스 임대, 사진 촬영, 식음료 접대 등과 관련해 해당 예식장 시설만 이용하도록 강제했다는 것이다. 게다가 예식장의 드레스숍이 아닌 다른 드레스숍에서 빌린 드레스를 고의로 훼손했다고 했다. 긴 사연을 적은 신고서에는 면도칼과 씹던 껌으로 엉망이 된 드레스 사진이 들어 있었다.

예식장 측의 횡포가 너무 심하다는 데 공감하며 사건 처리를 위해 조수 공무원 한 명과 함께 그 지역으로 내려가 현장 조사를 시작했다. 쉽게 처리할 수 있는 일인 줄 알았는데, 해당 예식장들을 돌아보니 사건 해결이 만만치 않을 듯싶었다. 드레스 이용을 강요한 구체적인 증거가 없는 가운데 예식장 측의 반론이 나름 일리가 있었기 때문이다.

"술집에서 술과 안주를 함께 판매하는 것처럼 예식장에서 관련 물품과 서비스를 함께 판매하는 것도 자연스러운 일이지 않나요?"라고 예식장 업주들은 입을 모았다. 그리고 "가정의례준칙에서 예식장 임대료를 규제하니까 다른 방법으로 수입을 얻으려고 예식장 시설을 이용하도록 권고하고 있는 것"이라는 입장을 견지했다. "끼워 팔기를 강요한 증거가 없지 않나요?"라면서 신고 내용은 드레스숍의 자작극이라고 주장하기까지 했다.

출장 마감은 다가오는데 사건이 해결될 기미가 보이지 않아 고민만 깊어 갔다. 그러던 중 함께 출장 온 노련한 조수(직책상으로 6급 공무원이었지만 경력은 아주 고참이었다)가 끼워 팔기의 결정적 증거를 찾아냈다. 각 예식장의 혼례 계약서마다 한쪽 귀퉁이에 똑같은 사인이 있었다. 예식장 측에서 끼워 팔기를 이행했는지 점검했다는 명백한 증거였다. 증거를 들이대자 예식장 업주들이 위법 행위를 인정했고 사건은 잘 마무리됐다.

비록 지방에서 일어난 작은 사건이었지만, 나는 이 사건을 처리하며 많은 교훈을 얻었다. 무엇보다 사건을 객관적으로 이해해야 하고 신고인이나 피신고인 어느 한쪽의 주장에 흔들리지 않는 것이 중요하다. 또 사건 처리에서 결정적인 증거를 확보해야 하며 이를 위해 업무 경험을 많이 쌓아야 한다. 마지막으로, 현장 확인을 통해 민원을 신속히 처리하는 것이 매우 중요하다는 점도 가슴 깊이 새겼다.

양복보다 비싼 교복 가격 담합

공정거래법 위반 행위로 가장 대표적인 것이 담합 사건이다. 특히 경쟁 사업자들이 서로 짜고 가격을 인상하여 소비자에게 피해를 입히는 사례가 끊임없이 일어나고 있다. '교복 가격 담합' 사건도 여기에 속했다.

2000년에 중·고교 교복 가격은 어른 양복보다 비싸서 학부모들에게 큰 부담이었다. 3개 대형 교복업체가 인기 스타를 동원해 과도한 판촉 경쟁을 하며 매년 교복 값을 인상한 결과였다.

공정위가 교복 시장 전체에 대한 개선 대책을 추진키로 했다. 내가 속한 제도개선과 직원 10여 명은 3개 팀으로 나뉘어 3대 교복업체의 담합 혐의를 조사했다. 그러나 담합 증거를 찾지 못했다. 오히려 교복 값이 업체별로 천차만별이고 지역별로도 다르다는 결과만 얻었다. 교복 시장 개선커녕 아무런 성과 없이 시간만 낭비한 셈이었다. 그렇다고 쉽게 물러설 수는 없었다.

우리는 고민을 거듭했다. 그리고 조사를 처음부터 다시 했다. 교복이 지역별, 학교별로 조금씩 다르다는 점에 착안해 지역별로 담합을 할 수 있다고 가정하고 각 지방 대리점을 집중 조사하기로 했다. 이를 위해 다른 과 직원의 지원을 받아 2~3명 규모로 5개 조사팀을 꾸렸다.

이 조사를 통해 3대 교복업체들이 가격 인상 가이드라인과 가격 인상 방법을 각 지역에 제시했을 뿐 아니라 지역 대리점에 관련 모임이나 문서 등의 증거를 폐기하도록 지시한 사실을 확인했다. 일부 대리점에서 미처 폐기하지 못한 여러 서류를 공정위 조사관들이 찾아냈던 것이다.

이 과정에서 교복업체들이 가격 담합은 물론 학부모들이 교복을 저렴하게 공동 구매하는 일 등을 교묘한 방법으로 방해한 사실도 알아냈다. 심지어 교복업체들은 졸업생이나 재학생이 교복을 물려주면 자신들의 매출이 줄기 때문에 교복 판매 대리점을 동원하여 물려주려는 교복을 헐값으로 사들여 처분하기까지 했다.

이 사건을 처리하면서 나는 담당 과장으로서 조사 단계에서 조사 계획 수립을 지시하고 조사 사항을 점검하고 조사 인력 지원을 요청하는 등 조사가 원만하게 진행되도록 했다. 또 조사 후에는 조사 결과를 종합하고 확인된 위반 행위에 대해 심사보고서를 완성하여 위원회 안건으로 상정했다.(심사보고서는 형사 사건의 공소장에 비유할 수 있다.) 다른 담합 사건과 크게 다르지 않으리라는 가벼운 생각으로 시작했다가, 예상치 못하게 몇 개월이 걸린 쉽지 않은 사건이었다.

3대 교복업체들의 담합이 사실로 드러나자, 언론은 물론 학부모들이 "담합으로 가격을 인상해 기업 이익을 챙겼다." "공동 구매를 교묘하게 방해했다." "교복 물려주기를 막기까지 한 것은 지나쳤다." 등등의 비판을 쏟아 냈다.

이 사건을 통해 나는 업무 추진 계획을 치밀하게 수립해야 한다는 것과 실제 추진 과정에서 문제점이 발견되면 신속하게 다른 방안을 모색하는 것이 매우 중요하다는 사실을 배웠다. 그리고 각계로부터 큰 호응과 격려를 받고 학부모들로부터 감사의 말을 전해 들으며 공직자로

:: 수많은 카메라 세례를 받으며 기자들 앞에서 언론 브리핑을 하는 필자.

서 긍지와 사명감을 동시에 느꼈다.

대형 유통업체의 독과점 남용 행위

공정위는 일반 행정기관과 마찬가지로 정책 수립이나 제도 개선 업무도 한다. 내가 기업협력국장으로 일할 때 처리한 대표적인 일이 백화점 등 대형 유통업체들의 독과점 남용을 방지하고 백화점에 물건을 납품하는 중소 업체의 애로 사항을 해소하는 대책 마련이었다.

우리나라에서 백화점, 대형 마트, 홈쇼핑 등의 유통업은 상위 3개사가 전체 시장의 80퍼센트 정도를 차지할 만큼 독과점이 심화된 상태다. 이들 유통업체들은 막강한 구매력을 바탕으로 중소 납품업체가 부담하는 판매수수료를 매년 일방적으로 인상했다. 특히 백화점은 일부 품목의 수수료가 40퍼센트 수준에 이르러, 소비자가 10만 원짜리 제품을 구입하면 백화점은 이를 납품한 기업에 판매수수료만 4만 원 정도를 부담시켰다. 그뿐 아니다. 납품업체에 판촉 사원 파견을 강요하고 판매 촉진비나 인테리어비 등을 떠넘기는 횡포를 부렸다.

이러한 구조적 문제점을 개선하기 위해 우리는 대규모 유통업에 적용되는 공정거래법을 별도로 제정하기로 했다. 먼저 언론이나 정치권에서 유통업체의 횡포를 지적할 때 그것을 기회 삼아 입법의 필요성을 홍보했다. 당정회의와 공청회 등에도 적극 참석해 공감대를 확산시켰다. 또한 중소기업의 판매수수료 실태 등을 발표하여 입법의 당위성을 강조했다. 이러한 노력 끝에 2011년 새로운 법률이 여야 만장일치로 국회에서 통과되었다.

한편 백화점과 중소 납품업체 임직원들을 지속적으로 면담하고 간담회 등을 개최하여 일방적으로 과도하게 인상된 판매수수료를 인하하는 방안도 마련했다. 인하 수준을 둘러싸고 기나긴 협의 과정이 필요했지만, 중소 업체 중 절반의 수수료를 인하하는 성과를 거뒀다.

물론 이에 대해 대형 유통업체들의 반대는 상상을 초월할 정도로 강력했다. "정부 대책은 시장경제 원리나 계약 자유의 원칙과 거리가 멀다." "경쟁을 보호하는 것이 아니라 경제적 약자를 보호하는 것이다." 등등의 목소리가 높았다. 그러나 대형 유통업체들의 주장은 '힘의 논리'만 앞세운 데다 대기업과 중소기업의 상생 협력과 공생 발전을 무시한 것이었다. 이런 주장이 입법이나 대책 수립 과정에서 받아들여질 여지는 없었다.

누구나 그렇듯 반대와 비판을 받으면 마음이 편치 않다. 하지만 정부 대책 수립 과정에는 항상 반대와 비판이 따르기 마련이다. 모두를 만족시키는 대책은 있을 수 없기 때문이다. 그러므로 어떤 대책을 세울 경우 반대를 최소화하고 찬성을 최대화해야 한다. 정부 정책은 그 내용도 중요하지만 효과적인 추진 전략을 마련해야 성공할 수 있다는 사실을 다시 한 번 절감했다.

:: 2009년 BRICs(브라질, 러시아, 인도, 중국) 주최 '경쟁법' 회의에 참석했다.

젊은 인재가 더 필요한 공정위

우리 사회가 돌아가는 것을 가만히 보고 있으면 문제가 많이 발생할수록 그에 대해 여러 대책이 만들어지고, 사건이 많을수록 법 집행이 잦아진다. 이런 대책 마련과 법 집행이 바로 공무원의 일이다.

사회적인 이슈나 사건이 많을수록 공무원의 일은 어렵고 고되다. 그래도 공무원의 업무 처리에 박수쳐 주는 다수의 국민들이 있고 스스로도 이런 일을 통해 보람과 만족을 느끼기 때문에 나는 한 사람의 공무원으로서 오늘도 맡은 업무에 충실을 기한다.

시장경제가 발전하면서 경제 이슈와 사건은 해마다 더욱 증가하고 있다. 그와 동시에 '시장경제의 파수꾼' 역할을 하는 공정위에 대한 기대도 높아지고 공정위 공무원들의 어깨도 무거워지고 있다. 공정위는 더 많은 젊은 인재들을 필요로 하고 있다. 공정위가 원하는 인재는 경제현실에서 숲과 나무를 동시에 볼 수 있는 안목은 물론 대기업, 중소기업과 소비자 간 이익의 균형을 도모할 수 있는 자질을 갖춘 젊은이다.

'공정위'는 어떤 일을 하는 곳인가?

공정거래법은 독과점 남용 행위, 담합, 불공정 거래 행위 등을 방지하여 자유롭고 공정한 경쟁을 촉진하는 것을 주요 목적으로 하는 '시장경제 질서의 기본법'이다. 국가에 따라 독점금지법, 반독점법, 경쟁법 등 다른 명칭으로도 불리는데, 오늘날 120개 이상의 자본주의 국가에서 시행하고 있다.

우리나라 공정거래법은 1980년 12월에 제정되었고 이 법을 집행하는 기관이 바로 공정거래위원회(약칭 공정위)이다. 공정위는 설립 당시 직원 71명으로 시작하여 오늘날 520명이 일하는 장관급 중앙행정기관으로 성장했다. 집행하는 법률도 계속 증가하여 현재는 공정거래법을 포함해 13개에 이르고 있다. 산하 기관으로 한국소비자원과 한국공정거래조정원을 두고 있다.

공정위는 일반행정기관과 달리 '합의제' 행정기관이다. 공정위 위원회는 장관급 위원장을 포함해 9인의 위원(상임 5인, 비상임 4인)으로 구성되는데, 모든 위반 사건에 대한 판단은 위원회 의결을 거쳐 최종 결정된다. 위원회는 9인의 위원이 참석하는 전원 회의와 3명의 위원이 참석하는 소회의가 있다. 또한 공정위는 경쟁정책이나 소비자정책을 추진하는 중앙행정기관이면서 동시에 공정거래법 위반 사건을 제재하는 준사법기관이다. 공정위가 위법 행위에 대해 판단한 결정은 1심 법원의 판결에 준하는 효력이 있다. 따라서 공정위 결정에 불복하는 기업은 1심을 거치지 않고 바로 서울고등법원에 소송을 제기한다.

공정위의 사건 처리는 누군가가 신고를 하거나 공정위의 직권으로 사건을 인지하면서 시작된다. 사건별로 담당자가 지정되면 해당 공무원이 조사 대상 기업과 범위, 조사반 편성, 조사 내용, 일시와 장소 등을 포함한 조사 계획을 수립한다. 조사는 일부 간단한 사건을 제외하고 사건 현장에 나가 직접 조사하는 경우가 대부분이다.

조사 후 위법 사실이 확인되면 담당 공무원은 형사 사건의 공소장이라 할 수 있는 심사보고서를 작성하여 위원회에 상정한다. 그러면 위원회가 각종 위반 행위에 대해 시정 조치나 과징금 부과 등의 방법으로 제재를 한다.

일 많고 탈 많은, 그래도 보람이 더 많다

| 정기원 |

이화여대 화학과를 졸업하고 1994년 미국 노스캐롤라이나주립대에서 박사학위를 받았다. 1995년부터 국가기술표준원(당시 공업기술원)에서 근무하고 있다. FTA협상팀장, 제품안전조사과장, 기술규제서비스과장을 거쳐 현재 국제표준과장을 맡고 있다. 2009년부터 ISO/TMB(국제표준화기구/기술관리이사회) 위원으로도 활동하고 있다.

국가기술표준원(당시 공업기술원), 내가 사회인으로 첫발을 디딘 곳이다. 미국에서 박사학위를 받고 귀국한 다음 해인 1995년이었다.

처음 내가 이곳에 들어왔을 때는 박사급 연구직 공무원을 특채로 뽑는 등 기관의 능력과 위상을 높이기 위한 노력을 막 시작하던 때였다. 나는 연구직 공무원이 정확히 무엇인지도 몰랐고 이곳에서 무슨 일을 하게 될지도 모르는 채 업무에 돌입했다.

내게 떨어진 첫 업무는 고무, 페인트, 활성탄, 종이류 등에 대한 KS 시험과 관련 제품의 신기술 인증 업무 등이었다. KS 시험이란 제품의 강도, 내구성, 중금속 함량, 안전성 등 기본적인 물리화학적 시험과 제품의 특성 평가이다.

처음에는 일이 익숙하지 않아 상사에게 꾸중을 듣기도 다반사였고 심지어 하급자에게 창피를 당하기도 했다. 순수 학문을 전공하고 박사학위만 받았을 뿐인 내가, 어느 날 갑자기 고무며 페인트 시험을 하게 되었으니 숙련된 하급자들만 못한 것은 일면 당연했다. 하지만 이런 일을 겪을 때마다 '미국에서 죽어라 공부해서 박사학위까지 받고 결국 얼마 되지도 않는 공무원 월급을 받으며 이 일을 해야 하나.' 하는 생각이 드는 것은 어쩔 수 없었다.

직장을 다니면서 다음 세 가지 중 한 가지라도 만족하면 그 직장에 다닐 수 있다고 한다. 첫째, 자기가 하고 있는 일이 너무 좋은 경우, 둘째, 같이 일하는 사람들이 너무 좋은 경우, 셋째, 월급(보수)이 많은 경우가 그것이다.

지금도 그렇지만 내가 공무원 생활을 시작할 즈음에는 공무원 월급이 말도 안 되게 적었고, 하는 일도 그다지 맘에 들지는 않았다. 그러니 위의 세 가지 중 두 가지가 벌써 제외되는 상황이었는데, 다행히 같이 일하는 동료들은 괜찮은 사람들이 많았다. 서로 격려하고 위로해 주는 그들이 있어서 공무원 생활 초기의 낯설고 물설던 그 시기를 무사히 잘 넘겼던 것 같다.

공무원도 IMF는 비껴가지 못했다

우리나라가 IMF라는 국가적 위기를 겪을 때 소위 철밥통이라는 공무원 조직에도 위기가 있었다. 대부분의 정부기관, 특히 연구기관들을 대상으로 기관의 필요성, 정부기관으로서의 의미 등이 검토되었고, 그 과정에서 많은 기관들이 몸집을 줄이거나 민영화되었다. 내가 속한 기관도 예외가 아니어서 조직 하나가 민영화되었다.

우리 조직은 IMF 이전까지 5개국 25개과로 구성된 본원이 과천에 있고 1개국 4개과로 구성된 요업기술원이 서울 구로동에 위치해 있었다. 요업 파트에서는 50여 명의 정규 직원이 요업 원료나 제품에 대한 시험, 분석 및 연구개발 업무를 했다.

그런데 IMF가 터지고 정부기관들에 대한 조직 진단과 업무 평가가 시행되었다. 평가기관으로부터 자료 요청이 매일 수도 없이 들어왔다. 시험, 분석을 했던 자료 10년 치, 20년 치를 요청하기도 했고 각종 민원서류며 통계자료를 수없이 요청했다. 우리는 매일 밤 자정 즈음까지 자료를 만들어 제출했고 집이 먼 직원은 퇴근을 하지 못할 때도 있었다. 그 결과 국가기술표준원은 존치의 필요성을 인정받았으나, 연구 업무 비중이 높은 요업기술원은 민영화시키는 것으로 결론이 났다.

이때 몇몇 요업기술원 연구관들은 "기관이 민영화되었지만 공무원을 고집하여 공무원으로 남는 경우, 오버 TO 직원(정원 외 직원)으로 분류되다가 보직도 제대로 못 받고 결국 해임되는 것은 아닐까? 자기 전공 분야와 상관없는 다른 분야에서 일하다 승진 때마다 불이익을 보는 게 아닐까?" 하는 걱정을 많이 했다. 암튼 그 과정에서 10여 명은 공무원 신분을 유지하겠다고 하여 우리 기관에 남았고 다른 40여 명은 민간기관으로 옮겨 갔다.

이후 우리 기관의 임무가 일부 조정되었으며 많은 업무가 민간으로 이관되었다. 또한 정원보다 10명이 늘어난 상태라 퇴직자에 의한 자연 감소 등으로 정원이 맞춰질 때까지 신입 직원을 뽑지 못하게 되어 인사 적체와 직원 간 연령 차이가 심하게 편중되었다. 이렇듯 공무원 조직도

:: 2012년 미국 샌디에이고에서 열린 ISO총회에 국가기술표준원 서광현 원장, 한국전기전자시험연구원 심윤수 원장 등과 함께 참석했다.

일반 회사들과 마찬가지로 어려운 IMF 시기를 거쳤다.

일 많고 탈 많은, 그래도 보람 있는 국제 업무

2000년대 들어와서 우리 산업은 무역을 확대하고 수출 경쟁력을 높이기 위해 정부와 민간이 모두 노력을 기울였다. 그와 함께 자유무역협정(FTA)을 빠르게 추진하였고, 이 협정 중 기술표준분야는 국가기술표준원이 담당하였다.

국제 업무를 수행하기 위해서는 영어 능력은 물론 해당 분야에 대한 전문성이 필요한데, 미국에서 박사학위를 취득하고 공무원이 된 나는 우연히도 여기에 잘 맞아떨어졌다. 그 덕에 국제 업무를 10년 이상 하게 되었고, 국제표준화기구(ISO)의 기술관리이사회(TMB)에서 우리나라 최초로 이사가 되는 영광을 누리기도 하였다.

REACH의 법령 초안을 검토하다

오래전 유럽연합에서 REACH라는 강력한 신화학물질관리법안을 준비할 때 정부 대표단에 합류해 EU 본부를 방문했다. REACH의 법령 초안은 부록까지 포함해 A4 용지로 800장이 넘는 영문 문서였다. 예산도 없고 법령이 완결된 것도 아니어서 누구에게 번역을 맡기지도 못하고 무작정 전문을 읽어 댔다. 그러다 문제점을 하나 찾아냈다. 나는 국내 업계에 미칠 영향을 파악하고 EU 측 담당관에게 면담을 신청했다. 당시 내가 이의를 제기하며 한 말의 요점은 이러했다.

"국내 업계에 무리한 부담을 줄 수 있다. 다시 말해 모든 화학물질에 대한 안전성 자료를 각 기업들이 개별적으로 만들게 되면 그 시험 비용이 중복적으로 들 것이다. 그리고 고분자 물질의 원료 물질에 대한 안전성 자료는 의미가 없다. 고분자 제품은 원료 물질이 반응하여 고분자화하면서 초기 원료 물질이 모두 없어지기 때문에 실제적으로 전혀 의미가 없다."

그러자 담당관은 "우리가 듣고 싶었던 내용이다. 긍정적으로 검토하겠다. 여기까지 와서 내용을 전달해 주어 정말 고맙다."라고 흔쾌히 답하였다.

이후 그 법령은 우리 측 의견이 크게 반영되어, 현재 유럽 전역에 시행되고 있는 강력한 화학물질 관련 법령으로 자리를 잡았다.

WTO, FTA, 그리고 잦은 해외 출장

2008년부터 나는 WTO 협정 가운데 기술표준분야의 협정인 무역기술장벽(TBT) 협정 업무도 하고 있다.

우리나라는 원자재가 거의 없어서 원료를 수입하여 반도체, 전기제

:: 2009년 제네바에서 열린 WTO 회의장에서 휴식 시간 중 우리나라의 제도에 불만을 갖고 있던 외국 측 대표의 이해를 돕기 위해 설명하는 필자.(가운데)

품, 자동차, 조선 영역에서 각종 완제품이나 반제품을 만들어 수출한다. 이 과정에서 무역과 관련한 기술적 분쟁이나 다툼이 있을 수 있다. 국가 간에 첨예한 대립각을 세우게 되는 기술적 문제들이 생기면 해결 창구도 필요한데, 내가 속한 국가기술표준원 기술규제서비스과가 이 문제를 해결하는 주무 부서인 것이다. 나는 이러한 분야의 분쟁 해결이나 관련 질문 사항에 대한 답변 업무를 주로 하였고, 2010년부터는 FTA 협상 업무를 본격적으로 시작하게 되었다.

FTA 협상 업무를 위해 미국, 벨기에(EU 본부), 스위스, 프랑스, 독일, 호주, 인도 등 수많은 국가로 출장을 다녔다. 또 호주, 뉴질랜드, 페루, 콜롬비아, 터키, 중국 등 많은 나라와의 FTA 협상에 참여하였다. 친구들과 친척들은 내가 해외 출장을 자주 다니면서 여기저기 구경도 많이 할 거라며 부러워한다. 하지만 나는 출장이 제일 싫고, 그중에서도 비행기 타고 가는 출장이 제일 싫다.

공무원이 출장을 가게 되면 과장까지는 이코노미석을 타는 건 물론이고 출장비로 나오는 숙박비, 식비, 일비가 터무니없이 적다. 더군다나 우리나라 공무원 여비 규정은 세계적인 물가 상승이나 각 국가의 현실을 아직까지도 제대로 반영하지 않은 상태다.

이를테면 나에게 주어진 숙박비로는 스위스 제네바에 머물 경우 2성급 호텔(우리나라의 허름한 모텔이나 여관 수준)에서만 잘 수 있다. 여자 혼자서 미국이나 유럽의 허름한 2성급 호텔에서 자려면 대단한 담력이 필요하거나, 스스로를 방어할 능력이 있어야 한다. 하지만 이러한 이야기를 해 봐야 누구에게도 통하지 않는다. 그러니 굶거나 손가락 빨겠다는 각오로 일비와 식비를 줄여서 더 좋은 방을 구하는 수밖에 없다.

이런 이야기를 가끔 다른 직원들에게 얘기하면, 자기는 해외 출장을 1년에 한 번도 다니기 어렵다는 둥, 여권이 만료된 지가 몇 년 되었다는 둥 빈정댄다. 나는 혼자 속으로 울 뿐이다.

"협상 안 해!"

FTA 협상장에서 협상이 진행되는 동안에는 지속적으로 긴장감이 감돈다. 한 치도 양보할 수 없다는 것이 기본 입장이다. 나는 국가를 대표하여 왔다. 우리 국민과 기업의 이익을 최대한 확보하기 위해 한 마디, 한 마디를 조심한다. 또한 상대국 협상팀을 설득하기 위해 온갖 수단을 다 동원한다. 이런저런 국내 상황을 설명하기도 하고, FTA 경험이 거의 없는 개발도상국을 상대로 할 때는 WTO 협정과 FTA 협정의 차이, 기술규제의 필요성이나 과도한 규제의 문제점 등을 설명해서 우리나라의 제도를 이해시킨다. 그러나 협상이란 것의 본질이 그렇듯, 언제나 참 쉽지 않은 일이다.

FTA 협상을 수년 맡으셨던 타 부처 과장님으로부터 그의 빛나는 협상 경험을 들은 적이 있다. 협상장에서 상대가 말도 안 되는 주장을 계속 하기에 "협상 안 해!"라고 소리치면서 펜을 집어 던지고 나왔다는 이야기다. 나도 그런 적이 있다. 선배님의 경험담을 바탕으로 냅다 소리를 지른 것이다.

남미의 한 국가와 TBT 협상을 할 때 일이다. 1차 협상은 상대국에서 협상을 했다. 당시 상대측은 산업부과장이 분과장으로 나왔고, 사무관이 보조원으로 나와 회의록과 협정 문안을 정리하였다. 그런데 이후 우리나라에서 2차 협상을 할 때는 1차 때 나왔던 과장이 분과장으로 오지 않고 1차 때의 사무관이 분과장으로 나왔다. 이 새 분과장이 지난 협상에서 서로 이해를 끝내고 완성한 문구를 다시 언급하며 번복하려 했다. 결국 나는 큰 소리로 "지난 협상 때 다 합의가 끝난 문구입니다. 그때 했던 분과장이 안 나오고, 분과원이 대신 나와서 뒤집겠다고 하는 법이 어디 있습니까? 이런 식으론 협상이 불가능하지 않습니까?"라고 말하고 정회를 했다. 그 작전이 어느 정도 효과가 있었던지, 새 분과장은 한발 뒤로 물러서며 미안하다고 했다. 물론 협상은 재개되었다.

국가 간 회의나 협상은 겉보기엔 악수나 나누고 좋은 애기들만 하는 것 같다. TV나 신문 속에선 정말 그렇게 보인다. 하지만 실상은 전혀 다르다.

"위험한 제품을 리콜하라"

국가기술표준원이 제품에 대한 강제 리콜(수거) 제도를 실시하기로 한 첫해인 2011년, 나는 그 일을 맡아 하는 안전국 제품안전조사과 과장으로 부임하였다.

이전까지 우리에게는 특정 제품에 대해 국가 차원의 강제 리콜을 할 수 있는 법적 규정이 없었다. 그래서 제품에 이상이 발견되는 경우, 해당 기업에 자발적인 회수를 요청하거나 인증을 취소하고 시장에서 제품이 판매되지 않도록 행정 조치를 취하는 일만 하였다.

그러나 선진국에서는 제품에 심각한 결함이 있거나 안전성에 대한 우려가 있을 경우, 소비자가 구입해 이미 사용하고 있는 제품까지도 리콜 명령을 내리고 소비자들이 더 이상 그 제품을 사용하지 않도록 조치하고 있었다. 우리나라에서는 제품안전기본법이 발효된 2011년에서야 국가가 이러한 강제 리콜을 실시할 수 있게 되었다.

제품안전조사과 부임 후, 나는 제품안전기본법을 시작으로 관련 법령을 읽고 숙지하는 일부터 시작했다. 모법에 시행령, 시행 규칙까지 합하면 수백 페이지에 달하는 분량이었다. 물론 낮에는 업무가 많아서 법령 공부는 퇴근 후 집에서 해야만 했다. 매일 2~3시간씩 2주 정도 공부를 한 듯하다.

그사이 시간은 흘러 어린이날 즈음하여 우리는 각종 완구류에 대한 안전성 조사를 하였고, 여름철에는 물놀이 용품, 가을철 성묘 시즌을 대비해서는 예초기 날, 겨울철에는 자동차의 창유리 세정액과 부동액 등 계절별로 소비자 안전이 우려되는 제품 3000여 종에 대해 안전성 조사를 실시하고 100건이 넘는 제품에 대해 리콜을 단행하였다.

제품안전조사 업무를 1년 정도 했는데, 완전 초짜 서커스 단원이 외줄 타기를 하는 심정으로 하루하루를 정말 아찔하게 보냈다. 한편으로는 행정 절차상의 문제가 없어야 기업의 피해와 소송을 줄일 수 있고, 다른 한편으로는 제품의 안전성에 심각한 결함이 발견되었을 때 소비자 피해를 줄이기 위해 빨리 리콜을 실시해야 하는 양면성이 있었기 때문이다.

　1년 동안 나는 기업이나 소비자의 큰 동요, 소송 없이 강제 리콜 업무를 잘 정착시킬 수 있었다. 지금도 그때를 생각하면 참으로 피곤하고 힘든 나날이었지만, 보람도 많았던 시간으로 기억된다.

여름 무더위 속 불법 제품 단속

　몇 년 전 초여름에 제품안전조사과 사람들과 함께 시민들에게 접이식 부채를 나누어 주면서 불법 또는 불량 제품 근절을 위한 시민 계도와 업체 단속을 하였다.

　단속 업무는 서울이나 수도권에서 실시하고 나서 며칠 후 다른 지방이나 소도시로 옮겨 가 실시하는 경우, 단속 정보가 빠르게 퍼져서 불법 제품이 자취를 감추게 된다. 따라서 단속은 세부 지역(장소)을 정해 놓고 국가기술표준원 담당자, 제품안전협회 담당자, 지자체 담당자, 경찰 등 3~4인이 한 조를 이루어 전국에서 동시에 실시하도록 2~3주 전에 미리 계획을 세운다. 해당 기관과 업무를 조율하고 단속 인원을 확정하고 행동 요령 등을 숙지하기 위해서도 미리 계획을 세우는 게 보통이다. 단속을 나갔을 때 문제가 생기거나 불법 제품이 확인되는 경우에는 경찰들이 직접 고발 또는 수사를 하게 된다. 물론 보안은 항상 필수다.

　나는 그해 여름에 비비탄총 단속을 나갔다. 비비탄총은 불법으로 개조되어 탄환의 속도나 강도가 기준보다 커지면 그야말로 살상 무기가 될 수 있다. 또한 인증을 받지 않은 제품은 안전성이 담보되어 있지

∷ 서울 창신동 시장을 구석구석 걸어 다니며 불법 완구 단속을 하는 것도 국가기술표준원의 일이다.

않음은 물론이고 사용 연령 표시가 잘못된 경우도 있다. 만약 어린이들이 이러한 비비탄총을 사용한다고 상상하면…, 끔찍할 뿐이다.

그날 우리 조는 서울에서 가장 큰 창신동 완구 시장을 찾아갔고 불법 제품을 여러 종 찾아냈다. 어린이용 제품에는 국가가 정한 어린이안전기준법에 준하여 KC 마크를 찍어 준다. 이 안전 인증 마크가 없거나 허위로 인증 마크를 부착한 제품은 불법 제품이다. 또 초기에 인증 마크를 받았다가도 2차, 3차로 제작되어 나올 때 그 제품의 성능이나 안전성이 떨어진 경우도 불량 제품이 된다.

우리는 창신동 완구 시장에서 불법 개조된 비비탄총을 비롯해 KC 인증을 받지 않은 일부 제품을 확인하여 경찰에 고발하였다. 더운 날씨에 뻘뻘 땀을 흘려 가면서, 물건을 보여 주기 꺼리는 상인들을 상대로 설득과 협박(?)을 하면서 국민의 안전을 지키기 위해 할 일이 참으로 많다는 것을 실감하였다.

기술규제서비스과를 기술규제대응국으로 키우다

내가 과장 보직을 두 번째로 받은 과는 기술규제서비스과였다. 기술규제서비스과의 과장으로 오자마자 이것저것 살펴보았는데, 전년도 업무에 대한 성과 평가가 엉망으로 나와 있었다. 이를 바로잡고자 기획재정부를 찾아가 평가가 잘못된 점을 바로잡고, 다음 해 시작할 새로운 사업을 위한 예산을 늘려 받기 위해 그해 봄, 여름을 분주하게 뛰어다녔다.

한 가지 불을 끄고 나니, 이번엔 보지도 듣지도 못한 신규 사업이 갑자기 우리를 찾아왔다. 각 부처에서 시행하는 시험, 인증 등 기술규제 전반을 심사하는 사업을 우리 과에서 해야 한다는 것이다. 어쩌랴, 떨어진 일은 아무리 어려워도 일단 하는 것이 공무원의 숙명인 것을.

나는 이 일을 시작하기 위해 관계 부처의 과장들을 만나 일일이 설득했다. 이 일이 왜 필요한지 설명하였고, 이 일을 제대로 수행하기 위해 새로운 조직을 만들어야 하는 필요성을 설명하였다. 그리고 그해 12월 우리는 국무총리실로 관련 인력을 파견해 일을 시작할 수 있는 기틀을 만들었다. 이듬해 1월 1일부터 시행에 들어갔다.

마침 새롭게 들어선 박근혜 정부의 '중소기업 손톱 밑 가시 뽑기' 정책과 맞물려 우리가 벌였던 사업은 무리 없이 잘 굴러갔다. 눈사람을 만들 때 눈덩이를 처음 뭉치기가 어렵지, 뭉쳐진 눈덩이를 굴리면 저절로 쉽게 커져 가는 것처럼 말이다. 새로이 시즈된 이 업무는 장관님을 비롯한 윗분들에게도 잘 알려졌고, 그 필요성이 인정되어 새로운 조직이 만들어져야 한다는 데 의견이 모아졌다.

우리는 관련 업무를 확대하고 정규 조직으로 만들어야 한다는 설명을 안전행정부, 기획재정부, 국무총리실 등에서 하고 이해를 구했다. 이후 정원을 늘리고 정규 조직으로 확대하면서, 내가 맡고 있던 기술규제서비스과는 기술규제대응국으로 확대 개편되었다. 그동안 힘든 일을 도맡아 해 주었던 여러 직원들의 노력과 고생이 결실을 맺은 것이다. 물론 아직도 이 새로운 국은 새로이 할 일이 많다.

강의를 하다가 눈물이…

나는 때로 외국인들을 상대로 강의를 한다. 우리나라의 기술과 산업 발전 정책 및 전략을 배우기 위해 동남아, 중동, 아프리카 등지의 개도국 공무원들이 많이 오는데, 이들에게 내가 하는 업무를 소개하는 것이다.

1960년대, 1970년대만 해도 선진국의 원조를 받고 외국에서 차관을 끌어다 쓰던 우리나라는 이제 전 세계인들이 갖고 싶어 하는 스마트폰을 비롯한 전자제품의 강국이자 자동차, 선박 수출 강국이 되었다. 세계 10대 무역국이고 국민소득 2만 불이 넘는 부유한 나라다. 그래서 많은 개도국들이 우리나라를 자국의 롤 모델로 삼고 있다고 한다.

어느 날은 동유럽 모 국가에서 온 공무원 20여 명을 대상으로 강의를 했는데, 강의 중 26년 전 내가 미국에 유학 갔을 때 너무나 싼 우리나라 TV를 사기가 부끄러워 외국산 TV를 산 일을 얘기하였다. 몇 해 전 휴직을 하고 외국에서 2년간 지냈을 때 너무 비싸서 우리나라 TV를 사지 못하고 비교적 저렴한 외국산 TV를 산 일도 얘기하였다. 그러고 나서 우리나라 축구 응원단 '붉은 악마'의 슬로건인 "꿈은 이루어진다!"

란 말에 이어 "이러한 꿈은 이제 여러분의 것° 될 수 있다!(That dream could be yours!)"고 힘주어 말하는데, 갑자기 눈물이 핑 돌았다.

감격스럽고 자랑스러웠다. 우리나라는 정말로 전 세계인이 깜짝 놀랄 정도로 전설적인 성장을 한 나라이다. 그것도 1950년대 전쟁의 폐허 속에서, 먹고살 것도 없는 최빈국에서 50여 년 만에 세계가 부러워하는 성장과 번영을 이루었다. 우리 국민 모두의 성실성과 지기 싫어하는 억척스러움이 이 같은 성장의 밑거름이라고 생각한다.

지독한 우리의 국민성에 감동한다. 그리고 그러한 국민을 위해 일할 수 있는 공무원이어서 스스로가 자랑스럽고 기쁘다.

03   특허청

짝퉁과의 한판 전쟁

| 정덕배 |

1986년 총무처 7급 공무원에 합격하여 1987년 7월부터 현재까지 특허청에서 근무(현 심판관)하고 있다. 공무원 생활 중에 학사·석사·박사학위를 취득하였으며, 「직무발명보상제도」 등의 업무 해설서와 「중국에서 짝퉁으로부터의 법적 구제수단」 등 중국 지식재산권 관련 연구 논문을 다수 발표하였다.

최근 몇 년 여름마다 돌아오는 전력 대란. 이 전력 대란을 극복하기 위한 조치 중 하나가 공공기관의 절전 대책이다. 에어컨 바람이 없는 사무실은 말 그대로 한증막이다.

이런 여름이면 나에게는 꼭 떠오르는 곳이 있다. 바로 주물공장이다. 고등학교를 졸업하고 1년 넘게 일했고, 1986년 공무원 시험에 합격해 놓고 발령을 받기까지 1년 가까이 일했던 곳이다. 고등학교 때 배운 기억으로는 고체인 쇠는 1535°C가 되면 녹기 시작해 액체로 변하고 2750°C가 되면 끓는다. 끓는 쇳물은 황금색을 띤다. 이 뜨거운 쇳물을 삽구(쇳물을 담는 도구)에 담아 들고 일을 했으니….

1987년 7월 13일 내가 특허청에서 공무원 생활을 시작했을 때 각종 수당을 합한 첫 월급이 20만 원이 채 안 됐다. 그해 6월 말 주물공장 일

을 그만둘 때 나의 하루 일당이 6000원이었고 잔업 수당까지 합하면 20만 원을 조금 넘게 받았으니, 공무원의 봉급은 그야말로 박봉이었다. 더구나 그 시절 서울의 한 달 하숙비가 15만 원이나 되어서 촌놈의 서울 생활은 항상 궁핍했다. 하지만 주물공장의 고된 일에 비하면 그 봉급은 과분했고, 지금도 내가 받는 과분한 대가에 항상 감사하는 마음으로 살아간다.

"특허청이 뭐하는 곳이어요?"

"특허청이 뭐하는 곳이어요?" 1990년도 초반까지만 해도 나에게 이렇게 묻는 사람들이 더러 있었다. 하지만 지금은 특허청이 하는 일을 모르는 사람은 거의 없는 듯하다.

특허청의 발전상을 보면 정말 놀랍다. 1987년 내가 처음 특허청에 발령받았을 때만 해도 주 업무는 특허, 상표 등에 대해 등록받기 원하는 사람들이 출원하면 심사 후 등록해 주는 정도였다. 그런데 1990년부터 본격화된 WTO/TRIPs(무역 관련 지식재산권 협정) 협상을 계기로 특허, 상표 등의 지식재산권은 상품과 함께 이동하는 무역 대상이자 국가의 통상정책 수단으로 인식되면서, 국가 발전을 위한 적극적 정책 대상으로 자리매김을 하였다.

오늘날 특허청은 창의적인 아이디어가 창출될 수 있는 환경을 조성하고 창의적인 아이디어가 권리로서 보호받을 수 있도록 노력하는 한편, 등록된 지식재산권에 대한 보호를 강화하고 특허받은 기술에 대한 조속한 사업화와 수요자 중심의 기술 이전을 지원하고 있다. 또한 미국, 중국, 일본, 유럽 등과 함께 IP5(세계 5대 특허강국협의체)의 구성원으로서 세계의 지식재산권 정책을 주도하고 있다.

특허청의 근무 인력도 증원되어 1987년 500여 명에서 2013년 12월 말 현재 1560여 명이 근무하는 대부처가 되었다.

정치경제적 환경 변화에 따라 부처의 명칭이 변경되거나 타 부처와 통합되거나 업무가 분리되어 존폐를 거듭하는 부처들도 많았지만, 특허청은 국가 발전의 성장 동력을 찾아 꾸준히 발전해 왔다. 그만큼 지식재산권이 중요해졌다는 의미도 되지만, 내가 생각하기에는 특허청 각 구성원들이 시대의 흐름을 파악하고 급변하는 국제경제 환경에 적응하기 위해 끊임없이 노력한 결과가 아닌가 싶다.

짝퉁과의 전쟁

2004년 산업재산보호과에 근무하던 시절, 나는 짝퉁 단속을 다닌 적이 있다. 단속의 주요 대상은 의류, 가방, 액세서리였다.

2~3명이 한 조가 되어 짝퉁을 판매하는 가게를 단속하거나 때로는 짝퉁 제품을 보관하는 창고를 찾아내기 위해 밤새워 잠복근무를 하고 골목골목을 뛰어다니며 범인을 추적했다. 그러다 짝퉁 현장을 찾아서 문을 열고 들어가면, 초장부터 재수 없다고 소금을 뿌리거나 욕설과 위협을 하며 완강히 버텼다. 또 울고 매달리며 봐 달라고 사정하는 사람도 있었다. 하지만 업무를 집행해야 하는 공무원 입장에서는 눈감아 줄 수도 없는 일이 아닌가.

짝퉁을 왜 단속해야 하느냐는 비판도 많이 받았다. 상표권은 사권

:: 중국의 위조 상품을 단속하는 지방 공상행정관리국 공무원을 대상으로 우리나라의 상표 보호에 관해 설명하고 있는 필자.

(私權)인데, 국가가 특정 기업, 더구나 외국 기업의 상표를 보호해 주는 것은 문제가 있다는 주장이었다.

사실 1993년 타결된 WTO/TRIPs 논의의 시작은 짝퉁 상품이 국가 간에 유통되는 것을 저지하기 위한 것이었으며, WTO/TRIPs의 주요 내용 중 하나도 "회원국들이 자국의 국민과 동등하게 다른 회원국의 지식재산권을 보호해 주고, 무역 과정에서 짝퉁 상품이 국경을 통과하지 못하도록 각종 조치를 취하는 것"이다.

내가 2007년 4월부터 중국에 파견되어 수행한 업무 가운데 하나도 중국에서 우리 기업의 특허, 상표 등이 침해받는 것을 모니터링하고, 필요한 경우 각종 지원을 해 주는 것이었다.

중국에서 근무할 때 미국, 일본, 유럽의 정부 및 기업체에서 파견한 지식재산권 담당 인사들을 많이 만났다. 나는 이들과 짝퉁 문제에 대해 많은 이야기를 나누었는데, 짝퉁을 제조하는 공장에 조사요원을 잠입시켜 증거를 확보하거나 짝퉁이 판매되고 유통되는 지역에서 역으로 그 제조지를 추적하는 등 이들의 '짝퉁 전쟁'은 군사작전을 방불케 하였다. 그러한 노력이 있었기에 고객의 신뢰를 얻고, 그 결과 전 세계 소비자들이 모두 갖고 싶어 하는 명품이 탄생하지 않았나 생각된다.

우리의 특허와 상표가 중국에서 도용당했다고?

2005년 10월부터 2010년 3월 말까지 나는 약 5년 동안 우리나라와 중국에서 지식재산권 보호 업무를 담당했다. 지금도 간혹 중국은 지식재산권에 관한 한 '무법천지의 국가'라고 주장하는 사람들이 있지만, 2005년만 하더라도 우리나라 언론은 말할 것도 없고 국회에서도 "중국은 무법천지의 국가이니 정부가 우리의 지식재산권을 어떻게 보호할 것인지 대책을 세워라."라는 주문이 많았다.

사회적 여론이 그러하니, 담당 공무원인 나는 2007년 3월 중국으로 파견 나가기 전까지 우리나라와 중국에서 지식재산권 침해 실태를 조사하랴, 유관 기관과 공동으로 중국의 지식재산권에 관한 보호설명회를 개최하랴, 지식재산권 침해에 대한 지원 대책 만들랴, 국회 답변 자료 만들랴…, 몸이 열 개라도 모자랄 지경이었다.

그런데 '침해를 받았다고 주장하는 사례'들 중에는 정확히 침해라고 보기 어려운 것들도 있었다. 대표적인 것이 "중국 치뢰이자동차(奇瑞汽有限公司)가 우리나라 GM대우의 경차 마티즈의 디자인을 모방했다."는 기사다. 우리나라 언론이 중국 치뢰이자동차의 부도덕한 행태를 성토하고 있을 때, 중국 상무부의 부부장(우리나라의 산업통상자원부 차관)은 "GM이 제출한 증거 자료와 중국의 법률 규정을 볼 때 치뢰이자동차의 침해 행위를 인정할 수 없다."고 발표했다. 또 중국 국가지식산권국의 부국장(우리나라의 특허청 차장)도 "GM이 한국의 대우자동차를 인수함으로써 치뢰이자동차가 QQ(치뢰이자동차의 소형차)를 설계하기 전에 관련 디자인에 대한 권리를 취득했으나, 대우자동차는 중국에 디자인 특허를 출원하지 않았기 때문에 디자인 특허로서 보호받을 수 없고, 단지 외형이 유사하다는 이유만으로 침해 행위를 구성한다고 할 수 없으므로, GM은 치뢰이자동차가 모종의 부정한 수단을 사용하여 SPARK(중국에서는 마티즈가 SPARK라는 이름으로 생산, 판매된다) 관련 자료를 획득한 확실한 증거를 제출해야 비로소 침해 행위를 인정할 수 있다."고 발표했다.

아니, 이게 무슨 소리인가? 대우자동차가 많은 시간과 비용을 투자해서 개발한 자동차의 디자인을 통째로 모방해 놓고, 오히려 특허권을 침해한 것이 아니라고 중국 정부가 큰소리를 치다니….

그렇다. 우리나라에서 특허와 상표로 등록받고 제품을 시장에 내놓았다면, 중국에서도 일정 기간 내에 중국 법률 규정에 따라 특허와 상표를 출원하고 등록받아야 한다. 그렇지 않으면 경쟁사가 중국에서 동일한 제품을 제조하거나 동일한 상표를 부착한 상품을 판매하더라도 이를 단속할 권한이 없으며, 오히려 국내에서의 권리자가 중국에서는 침해자가 될 수 있다.

글로벌 시장에서 지식재산권의 중요성은 아무리 강조해도 지나침이 없다. 왜냐하면 오늘날의 무역은 '유형의 상품'만 이동하는 것이 아니고 그 상품에 내재된 '무형의 지식재산권'도 함께 이동하기 때문이다. 따라서 유형의 상품 자체가 아닌, 그 상품에 내재된 무형의 지식재산권으로 상품을 보호받을 수 있도록 하는 것이 사업 성공의 관건이라 할 수 있다.

특허 업무의 꽃, 심사와 심판

특허청의 심사를 거쳐 등록받아 사용해 오던 특허 또는 상표에 대하여, 어느 날 갑자기 "당신의 특허권 또는 상표권은 특허를 받을 수 없는 기술 또는 상표에 권리가 부여되었으므로 무효이다."라는 통보를 받았다면 얼마나 황당할까?

자신이 개발한 기술 또는 상표를 특허청에 등록받지 않고도 별 탈 없이 잘 사용해 왔는데, 어느 날 갑자기 "당신이 사용하고 있는 기술 또는 상표는 특허청에 등록된 권리이므로, 계속하여 사용할 경우 민사적 책임을 짐과 동시에 형사적 처벌을 받을 수 있다."는 경고장을 받았다면 또 얼마나 황당할까?

장면 1

특허 심사를 하는 홍길동 심사관은 출근하자마자 컴퓨터를 켠다. 인스턴트커피를 한 잔 타서 자리에 앉는다. 오늘까지 처리해야 할 통지서가 있는지 훑어본 후, 오늘 심사해야 할 특허출원 서류 파일을 연다.(특허청의 모든 업무는 전산화되어 있다.)

특실 검색 시스템을 통하여 특허권을 부여하기에 적합하지 않은 기술은 아닌지, 동일한 기술이 이미 출원되었거나 등록받았는지 등을 검색해 보고, 다시 관련 기술 검색 사이트 등을 통하여 이미 공개된 기술인지, 특허권을 부여한다면 공중의 이익을 해칠 우려가 있는지 등을 검색한다. 이러한 검색을 통해 권리를 부여하기에 문제가 있다고 판단되면 출원인에게 그 사유를 적시하여 기한 내에 답변하라고 통지하고, 문제가 없으면 출원인에게 그 기술에 대한 독점권 부여를 통지한다.

장면 2

특허심판원 심판정에서 등록상표 AB에 대한 권리범위확인심판과 무효심판에 대한 구술 심리가 진행되고 있다.

AB 상표권자인 김길동의 대리인 '갑' 변리사는 "AB 상표와 A 상표는 'A'를 공통적으로 포함하고 있을 뿐 아니라 모양이 유사하고 모두 한식 음식점의 간판으로 사용하고 있으므로, A 상표를 사용하는 이갑동의 행위는 AB 상표권의 권리범위에 속한다.'라고 주장했다.

이에 대해 이갑동의 대리인 '을' 변리사는 "김길동은 A 상표가 특허청에 등록되어 있지 않은 사실을 알고, 이갑동이 사용하고 있는 A 상표를 약간 변형시킨 AB 상표를 출원하여 등록을 받은 다음 이갑동에게 상표권 침해 경고장을 보내고 경찰에 고소까지 했으니, 등록상표 AB는 당연히 무효가 되어야 한다."라고 주장했다.

특허청에는 일반적인 공무원 체체에서 벗어난 좀 특이한 자리가 있다. 그것은 바로 심사관과 심판관이다. 특허청의 심사관과 심판관은 1000여 명이고 특허청 정원의 75퍼센트가 심사와 심판 업무에 종사하고 있다. 심사(審査), 심판(審判)이라는 단어에서 미루어 짐작할 수 있듯, 기업이 개발한 기술 또는 상표를 심사한 후 특허권 또는 상표권이라는 독점적 권리를 부여하는 자리가 '심사관'이고 심사관의 판단이 옳고 그른지를 판단하는 자리가 '심판관'이다.

예컨대 홍길동이 '휴대전화 통신기술'에 관한 특허권을 받으면, 특허권자인 홍길동의 동의를 받지 않고는 누구든 이 기술을 사용할 수 없다. 그런데 이 기술에 대한 심사 또는 심판의 결과, 우리나라에 특허를 출원하기 전에 미국에서 이미 사용하고 있던 기술로 판단되면, '휴대전화 통신기술'은 우리나라에서 특허를 받을 수 없는 기술이 되어 누구든지 사용할 수 있는 기술이 된다.

따라서 심사와 심판 업무는 전문적인 지식이 요구되고 특허권과 상표권은 개인의 권리이지만 국가의 산업 발전에 직결되기 때문에, 관련 법령에 심판관의 자격 요건을 엄격하게 규정하고 있다.

자칭, 타칭 '중국 전문가'

특허청은 자신이 담당하는 분야에 대한 애정과 관심이 있다면 우리나라에서 그 분야 최고가 될 수 있는 곳이다.

1997년 나는 직무발명 업무를 담당했다. 직무발명은 기업체에서 직원의 기술 개발을 장려하여 기술 혁신을 촉진시키는 제도이다. 그러나 당시만 해도 일부 대기업과 연구소에서만 형식적으로 직무발명제도를 실시했고, 중소기업들은 직무발명에 대한 개념조차 알지 못했다. 그만큼 직무발명제도의 보급이 절실했다. 나는 시중의 특허법 교과서, 우리나라의 판례, 일본의 자료, 국내 기업 및 연구소에서 실시하고 있는 사례 등을 참고하여 『직무발명보상제도』 원고를 완성하였다. 내가 처음으로 책을 쓴 것이다.

2004년에는 산업재산보호과에서 '부정경쟁방지 및 영업비밀' 업무를 담당했다. 당시 우리나라의 사회적 이슈는 기업체의 영업비밀이 해외로 유출되는 일이 자주 발생함에 따라 산업스파이 처벌 및 영업비밀 보호를 강화하는 것이었다. 나는 영업비밀에 관한 여러 이론과 우리나라의 판례를 종합 정리하고 산업 현장에서 바로 사용할 수 있는 영업비

:: 업무 수행 중에 발간한 저서들과 번역서들.

밀 관련 각종 서약서와 내부 규정 등을 모아 『영업비밀 보호 가이드북』을 발간하였다. 그리고 그해 10월에는 부정경쟁 행위에 관한 이론, 부정경쟁 행위의 유형 및 관련 판례 등을 집대성해 『부정경쟁방지 업무 해설서』를 발간하였다.

내가 단기간에 이 두 권의 책을 발간할 수 있었던 것은 국가에서 보내 준 중국 유학 덕분이었다. 2000년부터 2003년까지 중국 무한대학에서 중국의 부정경쟁방지법을 공부했고, 이것이 귀국 후 업무와 책 집필에 큰 도움이 되었다.

중국에서 근무할 때 나는 중국의 지식재산권에 관한 법령 번역집, 판례집, 매뉴얼 등을 발간했다. 2013년에는 중국 유학과 업무 경험을 토대로 중국의 특허법과 영업비밀 및 기술계약 등을 종합적으로 정리하여 『중국기술보호법』을 펴냈다.

돌아보면, 내가 거쳐 온 업무들은 내가 원했다거나 나의 성격과 적성에 맞아서 담당했던 것이 아니었다. 조직이 나에게 그러한 업무를 맡겼고, 나는 주어진 업무를 추진하는 과정에서 부딪히는 문제들에 대해 '왜'라는 생각을 하다 보니 잘못 시행되고 있는 것을 바로잡고 잘못 알려진 사실들을 바로 알려야겠다는 비판적인 시각을 갖게 되었다. 그리고 이러한 시각이 나로 하여금 업무와 관련된 책들을 쓰게 했다. 나는 그렇게 자신도 모르는 사이에 자칭, 타칭 중국 지식재산권 전문가가 되었다.

인생에서 성공이란?

가끔 주위 사람들부터 "성공하지 않았느냐?" 하는 질문 겸 평가(?)를 받는다. 글쎄? 공무원 조직에서 '성공'이라는 단어가 무엇을 의미하는지 몰라도 이런 질문을 받을 때마다 속으로 쓴웃음을 짓는다. 고졸 출신의 7급 공무원이 중국 유학에 중국 파견 근무까지 다녀왔으니, 과도한 행운을 누렸다는 의미가 포함되어 있는 것 같아서이다.

나는 공무원으로 성공해야겠다거나 남보다 앞서 승진해야겠다는 생각은 애초부터 없었다. 7급 국가 공무원으로 시작하여 6급 승진을 할 때 승진하려면 교육을 가야 한다기에 바쁜 와중에 겨우 짬을 내어 4주간 직무교육을 갔다. 6급에서 5급으로 승진할 때도 당시 특허청에서 바쁘기로 소문이 난 부서에서 일하고 있었기 때문에 내 자신의 일에 신경을 쓸 틈이 없었고, 다른 사람들 승진할 때 그 흐름에 끼어 어찌어찌 승진을 했다.

퇴근 후의 개인 생활도 바쁘기는 마찬가지였다. 나는 공업계 고등학교를 졸업하고 한때 대학에 가겠다며 청춘을 낭비한 적이 있다. 그래서 그런지 몰라도 공무원 생활을 시작하고 나서 끊임없이 공부했다. 독학에 의한 학위 취득 제도가 만들어짐에 따라 1993년 제1회로 학사학

:: "인생에 있어 운이란 없다. 단지 자신의 꾸준한 노력이 기회와 만났을 뿐이다." 그 가르침은 손에서 책을 놓지 않는 필자의 철학과도 맞닿아 있다.

위를 취득했다. 그리고 국제특허연수원으로 발령을 받아 대전에서 근무할 때는 가까운 충남대학교 행정대학원에 입학하여 1997년에 졸업을 하였다. 이후 1998년에 시작한 것이 중국어 공부였고, 유학 시험을 준비하느라 매일 아침저녁으로 충남대학교 중앙도서관을 들락거렸다.

공(公)으로 사(私)로 항상 시간에 쫓기면서 생활하다 보니 '성공' 같은 단어에 대해서는 생각할 겨를이 없었다. 그냥 하루하루를 충실하게 살았고 지금도 그것이 몸에 배어 생활하고 있다.

"인생에 있어 운이란 없다. 단지 자신의 꾸준한 노력이 기회와 만났을 뿐이다."라는 글귀를 언젠가 화장실에서 보았다. 꾸준히 노력하며 준비하는 사람은 기회를 만나지 못하더라도 충분히 행복하고 충실한 삶을 살고 있는 게 아닐까 싶다. 또 가족이 모두 건강하고, 공무원 생활을 무탈하게 마무리할 수 있다면 그 자체가 성공한 인생이지 않을까?

04 원자력안전위원회

원자력, 안전과 안심의 사이

| 강정환 |

1986년 부산대를 졸업하고 2011년 일본 도호쿠대에서 방사능 방재 관련 연구로 석사학위를 받았다. 1987년에 과학기술처 공무원으로 공직 생활을 시작하여 주로 원자력안전규제분야에서 근무했다. 현재 원자력안전위원회 고리지역사무소 소장으로 재직 중이다.

　내가 공무원으로 첫 발령을 받은 곳은 과학기술처이다. 그리고 첫 임지는 고리원자력발전소 주재관실이다. 대학 시절 부산시 기장군에 있는 일광 바닷가로 친구들과 함께 낚시를 간 적이 있다. 그때 바다 건너편에 있는 고리원자력발전소의 커다란 돔(격납 용기)을 보고 알 수 없는 두근거림과 불안감에 낚시터를 빨리 벗어나고 싶었는데, 무슨 인연인지 이곳에서 근무를 하게 된 것이다.
　대학에서 화학을 전공하긴 했어도 원자력발전소에 대해 아는 것이 거의 없던 나에게 현장 근무는 그야말로 고난의 시작이었다. 당장 현장 점검을 수행하고 원자력발전소 운전원들과 면담도 해야 했다.
　한번은 원전 관계자들이 사무실을 방문하여 선배 주재관과 함께 면담에 참석했다.

"원자력발전소에는 엔 트리플 에스가 제일 중요하지요."

"1차 계통이 대부분 속하니까요."

"엔 트리플 에스와 비오피(BOP)가…"

이날 대화에서 가장 많이 나온 말이자 대화의 중심이었던 엔 트리플 에스(NSSS, Nuclear Steam Supply System)는 우리말로 쉽게 풀면 '원자로 및 냉각 설비'쯤 된다. 그 외에도 영어로 된 약어와 모르는 단어들이 난무했다. 그 자리에서는 창피해서 차마 물어볼 수도 없었다. 이 일이 '정말 이래선 안 되겠다!' 하는 자극제가 되어, 이후 3년 반에 걸친 고리주재관실 근무는 무슨 업무를 하든 늘 공부하는 습관을 들이는 계기가 되었다.

일본에서 대지진을 경험하다

첫 발령 이후 주로 원자력안전규제분야에서 일해 온 나는 2008년 10월부터 2011년 3월까지 2년 6개월 동안 일본 미야기 현 센다이 시에 있는 도호쿠대학교에서 국비 유학을 하였다. 유학은 재충전을 위한 시간이기도 했지만 새로운 미래에 대한 설렘이었고 평소 원하던 공부를 할 수 있어서 좋았다. 나는 이 대학에서 「방사능 방재 체계에 관한 한일 양국의 정책 비교」라는 논문으로 석사학위를 받았다.

그런데 귀국을 앞두고 있던 2011년 3월 11일에 동일본대지진이 일어났다. 그로 인해 내가 있던 곳에서 그리 멀지 않은(직선거리 90킬로미터 정도) 후쿠시마 제1원자력발전소에서 방사능 누출 사고가 터졌다.

그날 나는 시내에 나갔다 오후 1시 30분경 집에 돌아왔다. 늦은 점

심을 먹고 난방용 등유를 사러 갈까 하다가 이메일을 확인하려고 컴퓨터를 켰다. 15분쯤 지났을까, 갑자기 흔들림이 느껴졌다. '또 지진인가?' 생각했는데, 그 순간 엄청난 진동이 시작되었다. 나는 즉시 식탁 아래로 몸을 숨겼다. 15초 정도 큰 진동이 계속되자 전기가 나갔다. 그와 동시에 냉장고, 책상 등이 움직이고 책장에서 책들이 쏟아졌다. 1분쯤 지나자 진동이 조금 약해지는 듯싶더니만 금세 다시 강해졌다. 그 상태로 꽤 오래 흔들린 것 같았는데 나중에 뉴스를 보니 겨우 3분 정도였다. 진동이 멈춘 후에 어지러운 집 안을 대강 수습하고, 차에 TV가 장착되어 있는 분을 만나 그분의 차에서 뉴스를 봤다. 센다이 공항이 쓰나미에 떠내려가는 장면이 생중계되고 있었다. 기자가 "信じられない.(믿을 수 없다.)"는 말을 되풀이하고 있었다.

대지진 후의 첫 느낌은 일본인들이 재난에 매우 침착하게 대응한다는 것이었다. 어떤 형태의 재해든지 일정 규모 이상의 재해가 발생하면 NHK가 정규 방송을 중단하고 즉각 비상 보도 체제로 전환하는 것도 상당히 인상적이었다. 관련 매뉴얼이 잘 정비되어 있고 또 잘 가동되는 것 같았다.

다음 날도 그 차에서 TV를 봤는데 쓰나미로 인한 엄청난 피해 보도와 함께 후쿠시마 제1원자력발전소 냉각 기능 상실 소식, 이로 인한 에다노 관방장관의 원자력 긴급 사태 선언, 후쿠시마와 인근 주민들에 대한 대피 지시 소식을 들었다. 정말 큰일이구나 싶었지만, 다른 사람들은 아직 그 심각성을 느끼지 못하는 것 같았다.

그리고 며칠 뒤인 3월 15일, 후쿠시마 사고의 방사능 문제와 관련해 협조를 부탁하는 총영사관의 전화를 받고 곧장 자전거로 달려갔다. 가는 도중에 보니, 작업자들이 갈라진 도로와 무너진 벽 등 지진의 잔

∷ 2013년 7월, 원자력 발전 관련 정보 교류를 위해 일본 후쿠시마 원전을 방문했다.(필자는 앞줄 오른쪽 끝)

해를 치우고 있었지만, 대부분이 처참한 모습 그대로였다. 총영사관에는 외무부에서 파견한 긴급대응팀이 정보 수집과 교민 보호를 위해 근무 중이었다. 전날 도착했다고 하는데, 대재난 중에 비교적 신속히 온 것이다.

나는 우선 긴급대응팀에게 후쿠시마 사고의 개요와 함께 센다이는 아직 별 문제가 없다고 간이 브리핑을 했다. 그런 다음 그곳에 모인 유학생과 기업 파견 주재원, 교민 들에게 방사선에 대해 설명하고 총영사관 직원들에게도 기본적인 주의 사항을 알려 주었다. 동경에 있는 한국대사관의 과학관에 전화하여 이곳 상황을 알려 주고 관련 정보를 교환했다. 이때 통신 사정이 여의치 않아서 몇 번이나 전화를 다시 걸곤 하였다. 모두들 상당히 불안해하는 모습이었다. 영사관에서 제공하는 버스를 타고 다른 지역의 공항까지 가서 귀국하는 사람들을 위해 서류 작성을 도와주고 틈틈이 방사능 사고에 대해 설명했다.

　엄청난 재난에 나 자신도 놀란 상태였고 주변에서 불행한 일을 당한 분들의 소식이 들려올 때마다 가슴이 아팠지만, 그동안의 업무 경험과 지식이 실제로 도움이 될 수 있어서 다행이었다. 그러한 일을 겪으며 가장 크게 깨달은 것은, 재난은 예고 없이 올 수 있다는 사실이었다.

　3월 24일, 아키타 공항에서 대한항공을 타고 2시간 남짓 비행한 끝에 인천공항에 도착했다. 문 모양의 방사능 감지기가 나를 맞았다. 일본 원전 사고로 한국에서도 관계자들이 고생하고 있는 것이 피부로 느껴졌다. '내가 한국에 무사히 왔구나.' 생각하니 감회가 새로웠다.

원자력안전위원회가 출범하다

　2011년 3월 귀국 후, 공무원 신분으로 돌아와 원자력방재팀 근무를 자원했다. 인사과의 후배가 "지금 거기 가면 후쿠시마 사고 대응 때문에 엄청 힘드실 거예요."라며 만류했지만, 일본에서 재해 현장을 직접 겪었으니 나는 당연히 원자력방재팀으로 가야 한다고 생각했다. 이제 와 말하지만, 사실 가자마자 너무 힘들어서 살짝 후회를 한 날도 있었다.

　방사성물질이 대기를 통해 우리나라로 오는지, 해양으로 누출된 방사성물질이 장기적으로 우리나라에 영향을 끼치는지, 비는 맞아도 되는지, 수산물은 먹어도 되는지 등의 국가적 이슈와 함께 일본에서 귀국했는데 몸에 이상이 있는 것 같다, 일본산 화장품을 발랐는데 얼굴이 이상하다는 등의 개인적인 걱정까지 업무가 마비될 정도로 문의가 많았다. 매일 새벽에 퇴근하면서도 그날 일을 마무리하기는 거의 불가능했다.

:: 원자력발전의 안전 운영을 위해 유관 기관 방재요원들이 함께 방재 훈련 준비 회의를 하고 있다.

그리고 그해 2011년 10월 26일 원자력안전위원회가 독립기관으로 발족되었다. 비록 후쿠시마 원전 사고라는 외풍이 상당히 작용했지만 원자력안전규제분야의 한 획을 긋는 일이었다.

1978년 고리1호기가 처음 가동된 이후 과학기술처에서 과학기술부로, 다시 교육과학기술부로 이어지는 정부부처가 원자력 안전을 담당해 왔다. 하지만 연구개발을 포함한 진흥 기능을 동시에 갖고 있었기 때문에 일각에서 "선수와 심판을 겸할 수 없다."며 규제분야의 독립을 주장했고, 국제원자력기구(IAEA)에서도 원자력안전규제기관의 독립을 회원국에 권고하고 있던 중이었다. 관련법을 정비하고 독립기구로 출범하는 원자력안전위원회에 나도 주저 없이 동참했다.

원자력원전위원회가 출범하자마자 노원구 도로 오염 사건, 이마트 접시꽂이 오염 사건 등 우리 생활 주변에서 발견된 방사능 문제에 대한 해결책 마련을 위한 일 등으로 하루하루가 정신없이 지나갔다. 후쿠시마 원전 사고 이후 방사능에 대한 사람들의 관심이 대단히 높아졌고 측정기를 구입하여 직접 방사능을 측정하는 등 실제 행동에 나선 이들도 많았다. 이런 국민적 관심과 우려를 잘 수렴하여 안전정책에 도입하고, 이를 추진하여 원자력 안전과 국민의 안심을 달성하는 데 작으나마 보탬이 되는 일을 하고 있어서 기쁘고 뿌듯했다.

원자력발전소 현장에서 일하다 보면…

정부(원자력안전위원회)는 원자력발전소에 공무원과 전문가를 상주시켜 안전 운전을 상시 감시하고 있다. 나도 세 차례에 걸쳐 현장에 파견되었고, 지금도 고리원자력발전소 지역사무소(주재관실을 확대 개편하여 발족한 조직)에 파견되어 원자력발전소의 안전 운전을 위해 힘쓰고 있다.

신고리1호기와 영광5호기가 '트립'된 날

2012년 9월 말의 어느 날, 출근한 지 얼마 안 됐는데 문자가 온다. 신고리1호기가 트립(trip, 발전소 불시 정지)되었단다. '그렇잖아도 부품 위조 사건 등으로 분위기가 안 좋은데 이런 낭패가….' 하는 생각이 머리를 스친다.

곧바로 본부(원자력안전위원회)에 보고하고 원안위 산하 규제전문기관인 한국원자력안전기술원에 연락하여 사고조사단을 요청하는 등 한시가 바쁜데 또 문자가 온다. 이번에는 영광5호기가 트립되었다는 문자다. 불과 2시간 만에 동과 서에서 1기씩 다운된 것이다. 자세한 내용을 파악하고 여러 가지 상황에 대비해야겠다는 생각을 한다. 원자력발전소의 고장이나 방사능 관련 사고는 사고가 발생한 계통 분류나 케

이슈별로 관련 전문가를 소집하여 사건조사반을 구성하게 되므로 그때그때 전문가가 다르게 구성되는 것이 보통이다. 대전에 있는 원자력안전기술원 직원 중에서 추석 명절을 지내고 막 출근한 세 사람이 호출되어 사건조사반으로 고리에 왔다. 이들에게 상황을 간단히 설명하고 함께 현장으로 출동했다. 명절 뒤끝에 불시에 호출되어 3시간 넘게 운전하여 이곳에 도착한 사건조사반은 숨 돌릴 겨를도 없는 상태였다.

"이게 갑자기 무슨 일입니까?"

"양쪽에서 동시에 발생하여 팀 나누기도 쉽지 않았겠어요."

"우선 현장에 가서 보고를 받고 원인 분석을 해야겠습니다."

"그렇지만 너무 조급해하지 말고 원인을 정확히 밝히도록 노력해야지요."

원자력발전소는 방사능 사고로 진전되거나 발전소 기기 고장의 확대를 방지하기 위해 정해진 틀에서 벗어나면 원자로가 자동 정지되도록 설계되어 있다. 하지만 외부 사람들은 자동 정지 자체를 사고로 인식하는 경향이 있다. 트립은 그야말로 불시에 일어나기 때문에 현장 근무자는 늘 긴장 상태에 있다. 언제 어디에 있든지 담당자는 즉시 응소하여 상황을 파악하고 보고해야 한다. 그렇다 보니 담당자가 명절 연휴를 보내고 있거나 먼 곳으로 출장을 가 있는 경우에는 정말 곤란하다.

시험성적서 위조 사건과 납품 비리 척결을 위해

원자력발전소, 즉 원전이 자동차라면 현장에 근무하는 주재관은 사고를 방지하고 안전 운전을 유도하는 교통경찰이면서 사고가 났을 때는 구급대원이 된다. 요즘은 단순히 원전에 대한 기술적인 안전만이 아니라 주민들이 안심할 수 있도록 지역사회와 소통을 잘하는 것이 화두

:: 고리1호기 차수문이 완성되었을 때 관계자들과 함께 차수문을 점검하였다.

이다.

지난 2013년에 시험성적서 위조 사건과 납품 비리로 온 나라가 들썩였다. 규제기관인 원자력안전위원회는 시험성적서 위조 사건에 대해 전수조사라는 방침을 세웠는데, 이것은 그동안의 규제 개념에는 없던 내용이었다. 수백만 개의 부품과 관련된 수만 개의 서류를 전수조사한다는 것은 발전소의 거대한 규모를 고려했을 때 도저히 채택하기 어려운 방안이었기 때문이다. 하지만 후쿠시마 원전 사고 이후 높아진 국민의 관심과 우려를 반영하여 본부와 현장, 전문 기관까지 참여한 총력전을 펼친 끝에 1단계를 마무리했다.

2012년 말부터 시작해 근 1년간 수백 명이 여러 개의 팀을 꾸려 한국수력원자력 본사와 4개의 원전 부지에서 진행했다. 공무원, 산하기관 전문가뿐 아니라 대학교수를 포함한 민간 전문가들도 참여하였다. 나는 각계 전문가들과 함께 고리원전 관련 방대한 서류를 검증하는 데 힘을 보탰다. 자료의 목록만으로도 몇 권의 책자를 만들 수 있을 만큼 많은 서류를 빠르고 정확하게 보는 것은 힘든 일이었다. 게다가 이후 규제기관에서 검증한 것으로 기록이 남기에 조그만 실수도 있어서는 안 된다는 생각에 더욱 긴장하며 일했다. 이때의 업무는 나에게 좋은 경험이 되었다.

원자력발전소 옆에서 가족과 함께 살다

그동안 국외에서 일어난 TMI, 체르노빌, 후쿠시마 사고 같은 중대한 원자력 사고와 국내에서 일어난 고리1호기 정전 사고 은폐, 위조 부품 사건 등을 계기로 원자력 안전 관리에 대한 세간의 인식은 매우 좋지 않다. 하지만 이럴수록 진짜 해결책은 현장에 있고 현장에서 해결해야 한다. 이를 위해 나는 지난해부터 현장에서 지역 주민과 소통하고 함께 고민하는 채널을 만들어 주기적으로 협의를 하고 있다.

새로 부임한 위원장님이 주민과의 소통을 매우 중시하는 분이어서 취임 후 4개 원전 지역을 직접 방문해 주민과의 소통을 위한 협의회 구성을 약속했는데, 이때 함께 다니면서 그 취지에 충분히 공감하였다. 이후 고리 지역 소장으로 부임하면서 기장군 장안읍과 울주군 서생면을 중심으로 2개의 협의회를 구성하고 각 협의회에 위원으로 참여하여 주민들과의 대화를 시도하고 있다. 자주 만나서 원자력 발전에 대해 설명하고 현장 확인도 같이 하니, 원자력 안전 관리에 대한 이해가 깊어지고 관계도 조금씩 좋아지는 것을 실감하고 있다.

고리, 한빛, 월성 원전 등에서의 현장 근두 기간이 10년이 넘지만, 나는 언제나 가족과 함께 현지에 부임했다. 그 덕에 늦둥이 막내는 초등학교를 6번이나 옮기는 어려움도 겪었다. 서울에서 고리로 올 때 막내가 5학년이었는데, 처음으로 안 가겠다고 완강하게 버텼다. 저학년 때는 전학에 대해 별 말이 없었는데 고학년이 되고 친구도 사귀게 되자 안 가겠다고 한 것이다. 내성적인 성격이라 전학에 점점 부담을 느끼는 것 같았다. 아내와 딸들이 감언이설(?)로 설득하여 어렵게 전학을 했다. 다행히 이제는 나름대로 적응을 한 것 같다. 전학하자마자 축구부에 가입했다고 자랑을 했다. 남자들은 운동을 통해 빠른 시간에 친구를 사귈 수 있다면서. 워낙에 축구를 좋아하는 아이지만 그런 생각까지 했다니 가슴이 시큰했다.

집사람도 이사에 진력이 났겠지만 그동안 특별히 내색하지 않았다. 하지만 막내가 안 가겠다며 버텼을 때는 "이제 정착 좀 해요."라고 외마디 불평을 했다. 그래도 이사하고 얼마 지나지 않아 금방 이웃 아주머니도 사귀고 화단 옆에 텃밭을 가꾼다며 부산한 것을 보면 현지 적응을 끝낸 모양이다.

언제나 아내와 세 아이들에게 미안한 마음이지만 가족과 늘 함께하는 것은 지역 주민들과 첫 대면 시 복잡하고 기술적인 원자력 안전에 대해 설명하기보다 "저도 가족과 함께 이사하여 이곳에 사는 주민입니다."라고 하면 훨씬 부드러운 분위기에서 대화가 이루어진다는 것을 여러 번 경험했기 때문이다.

나는 작은 실천이 거창한 말보다 앞서야 한다고 믿는다. 이것이 원자력 안전의 최전선에서 작게는 나와 가족의 안전을 위해, 크게는 주민과 국가의 안전을 위해 일하는 나의 목표이자 각오이다.

5장 공무원 정보 업그레이드

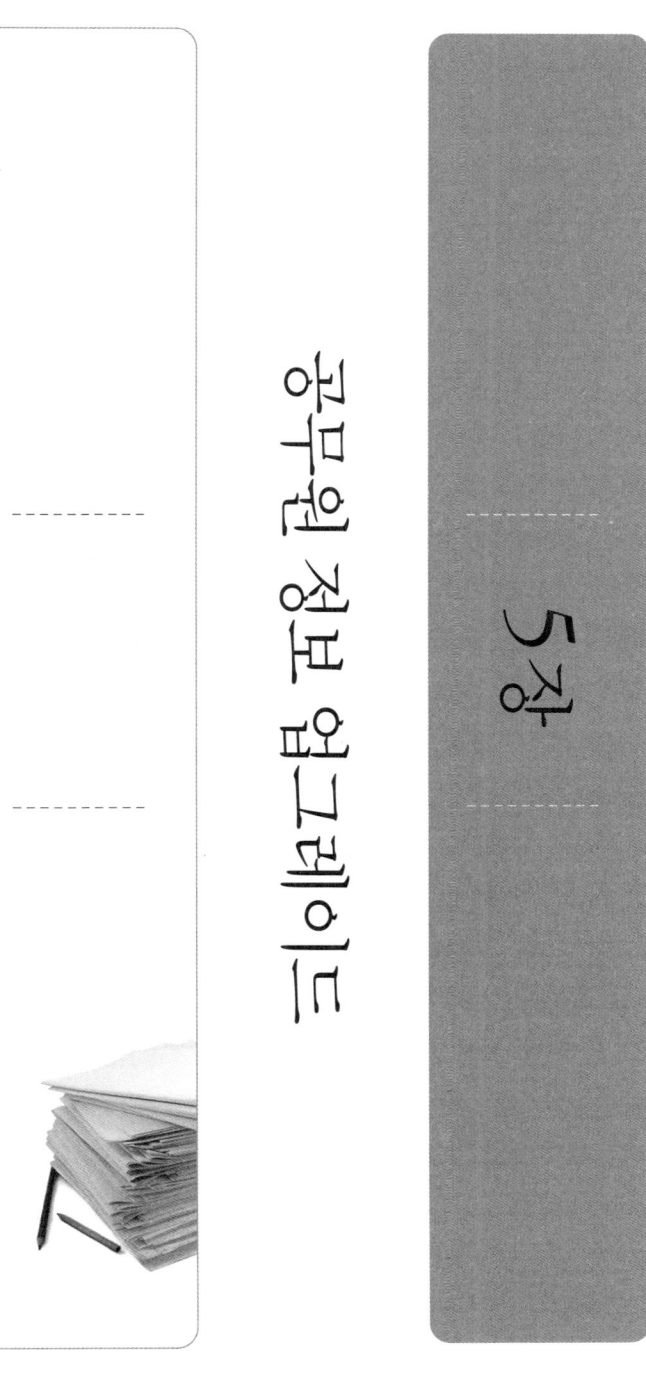

그래도 공무원은 우리 사회 기둥이다

| 윤홍우 |

성균관대 신문방송학과를 졸업한 뒤 2006년 서울경제신문사에 입사했다. 사회부에서 서울시 및 법조 출입 기자를 거쳐 부동산부에서 국토해양부와 부동산 시장을 취재했다. 2011년부터 경제부로 이동해 기획재정부, 산업통상자원부, 공정거래위원회 등 주요 정부부처 취재를 담당했다. 현재는 금융부에서 금융감독원과 금융 업계를 출입하고 있다.

'과천종합청사 불빛은 꺼지지 않는다'. 지난 1992년에 경제 부처 공무원이 펴낸 책의 제목으로 지금도 정부부처 공무원들이 술자리에서 곧잘 꺼내는 화제이다.

1960년대부터 본격적으로 시작된 정부 주도의 경제 개발 과정에서 공무원들의 역할은 사실 절대적이었다고 해도 과언이 아니다. 많은 공무원들이 밤을 새워 가며 경제정책 개발에 몰두했고 우리나라가 세계 10위권의 경제 대국으로 빠르게 올라서는 데 큰 몫을 담당했다.

이는 단지 중앙부처에 포진한 엘리트 공무원 집단의 노력만으로 된 일이 아니다. 크게는 시, 군, 구를 비롯해 멀리 시골 마을의 동사무소 공무원들까지도 각자 자신의 자리에서 최선을 다하며 고속 성장의 첨병 역할을 해 왔다.

그 당시 민간 회사보다 적은 월급과 격무에 시달리면서도 공무원들을 버티게 해 준 것은 자긍심과 긍지가 아니었을까 싶다. 나이가 지긋한 공무원들은 "나라를 이끌어 간다는 자긍심과 애국심이 아니었으면 견디기 힘들었던 시절"이라고 1970~1980년대를 회상하곤 한다.

하지만 1990년대 이후 공무원들의 역할은 예전만 못해졌다. 정부가 아닌 민간 기업들이 국가 성장을 주도하면서 공무원 주도의 개발 정책이 효율적이고 유능한 것으로 평가받지 못한 까닭이다.

실제로 삼성이나 LG 같은 대기업들의 세계 경쟁력은 국가보다도 우위에 서기 시작했다. 해외에 나가면 '대한민국'이라는 이름보다는 우리 대기업의 이름이 더 유명해졌다. 자연스레 대한민국을 이끌어 간다는 공무원들의 자긍심도 많이 퇴색했다.

공무원 조직의 폐쇄성과 비효율성이 자주 언론의 비판의 대상이 된 것도 이 시점부터다. 민간 기업들에 비해 생산성이 떨어지고 구태의연한 관습을 버리지 못했다는 비판이 이어지면서 공무원 사회는 혼란을 겪었다. 이 책에 참여한 공무원들의 글 속에서도 공무원 초기 시절에 정부의 역할을 찾지 못해 방황하던 모습들이 그려져 있다.

지금의 공무원 사회는 어떤 모습일까. 2014년 현재 공무원 사회는 더 큰 변화의 기로에 서 있다. 공무원 사회에 대한 불신은 그 어느 때보다 높고 공무원 조직은 개혁의 수술대에 올랐다.

이 책에 담긴 공무원들의 수많은 고민 속에는 그러한 변화와 함께 공무원들이 나아가야 할 방향이 담겨 있다.

공무원 = 철밥통, 그래서 편하다?

공무원과 관련해 가장 많이 나오는 말은 철밥통인 듯하다. 철밥통의 사전적 정의가 '고용이 안정된 직업을 비유적으로 일컫는 것'이라는 측면에서 보면 철밥통인 것은 맞다. 대기업보다 연봉이 다소 적기는 하지만 큰 잘못을 하지 않는 이상 60세까지는 정년이 보장된다. 요즘 세상에 이런 직업이 흔한가. 더군다나 죽을 때까지 어느 정도 현실적인 액수로 지급되는 공무원 연금은 공무원의 직업적 안정성을 보장해 주는 가장 큰 장치라고 볼 수 있다.

하지만 분명한 것은 철밥통 공무원의 삶이 결코 편하지 않다는 점이다. 세간의 비판처럼 '놀고먹는' 공무원들이 다소 있을지 몰라도 어떤 직장에나 있는 그런 수준 이상으로 많은 것 같지는 않다.

당장 내가 만난 중앙부처 공무원들에게 '주5일제'와 '정시 퇴근'은 남의 얘기였다. 이른 아침부터 끊임없이 계속되는 회의와 보고서 제출, 정책 개발, 국회와의 업무 조율 등 하루하루가 팍팍하다. 어쩌다 사건이라도 하나 터지면 기자들과 민원인들로부터 쏟아지는 문의에 전화기는 불이 나고, 예산철이나 업무보고철 등 이른바 공무원 사회의 '대목'이 돌아오면 밤을 새워 일하기도 부지기수다.

고위직 공무원이라고 해서 나을 것도 없다. 고위직에 오를수록 신경 쓸 일은 더 많아지고 때로는 정치권이나 언론과 위험한 줄타기를 한다. 국회의원들에게 호통을 듣고 돌아온 다음 날 아침에는 신문에서 대문짝만하게 공무원 조직을 비판하는 기사를 마주해야 할 때도 있다.

"요새 세상에 그 정도 안 힘든 직업이 어디 있냐?"고 할 수도 있다. 하지만 공무원 사회에서는 민간 기업과 같이 업무 성과에 따른 보상이

나 파격 승진 등을 기대하기 힘들다. 수억 원대 연봉을 받는 샐러리맨 신화가 가능한 조직이 아니란 얘기다.

이래도 저래도 욕 먹는 사람들

철저한 상명하복 문화의 공무원 사회에서는 노동자로서의 권리를 주장하는 일도 힘들다. 윗사람이 시키면 어떻게든 만들어 내야 하는 것이 공무원 사회의 불문율이다. 잘못하면 큰 비난을 받지만 잘했다고 해서 크게 티가 나지도 않는다.

지난 참여정부 시절 추진돼 이명박 정부 때 확정됐던 세종시로의 정부부처 이전도 공무원 사회의 애환을 보여 주는 단적인 사례다. 지금도 수많은 공무원들이 자녀의 교육 문제 때문에 서울에서 세종시까지 원거리 출퇴근을 하는가 하면 기러기 아빠나 기러기 엄마 신세로 전락했다.

어느 집단보다 많은 희생을 요구받는 것도 공무원이다. 최근 몇 년 계속됐던 전력난 속에서 정부부처의 사무실은 여름에는 찜통, 겨울에는 얼음장에 가까웠다. 부채 하나에 의지해 여름을 나는가 하면, 겨울에는 손이 얼어 컴퓨터 좌판을 두드리기도 힘들어 장갑을 끼는 공무원들이 많았다. 이런 열악한 환경 속에서 일해도 누군가 "정부가 전력 관리를 잘못해서 벌어진 일"이라고 하면 공무원들은 할 말이 없다.

국민들과 직접 접촉이 많은 지방자치단체 공무원들의 애환도 만만치 않다. 민원인은 약자이고 공무원은 이른바 '갑'이라는 것도 옛말일 뿐, 자기 뜻대로 일을 처리해 주지 않으면 큰소리를 치고 힘 있는 사람을 동원하는 민원인들에게 시달리기도 하고, 구의회, 시의회 의원들이 공무원들에게 압력을 행사하는 일도 부지기수다.

지역 내에서 큰 사고가 터지면 비난은 모두 공무원들에게 돌아간다. 가끔은 '법대로' 처리한 일이 시민들에게 상처를 남겨 한순간에 냉혈한으로 매도되기도 한다. 공무원은 이래저래 시달리고 욕먹는 직업이다. 공무원 노릇 하는 게 점점 어려워지는 것도 분명한 사실이다.

공무원을 아예 없애자고? 그럼 더 좋아질까?

지난 몇 년간 조류인플루엔자(AI)가 발병할 때마다 가축 살처분 작업을 한 사람들은 대부분 공무원이었다. 살아 몸부림치는 닭을 마대자루에 쑤셔 넣고 땅에 묻는 작업은 말로 표현할 수 없이 힘든 일이다. 당시 살처분 작업에 투입됐던 공무원 가운데 일부는 상당 기간 정신적인 후유증을 앓기도 했다.

사회복지 업무를 맡고 있던 공무원들의 잇따른 자살도 최근 사회적 문제로 대두됐다. 사회 전체적으로 복지 수요가 크게 늘어났지만 이 분야 공무원 인력이 보강되지 못해 많은 공무원들이 격무에 시달리고 있다.

일각에서는 직업 공무원 제도를 없애야 한다는 과격한 주장을 하기도 한다. 그들의 주장처럼 직업 공무원 제도를 없애는 것이 과연 좋을까.

국가의 공복으로 때로는 희생을 감수하는 공무원 없이, 민간 기업처럼 모든 것을 비용과 이익의 문제로 판단하고 경영한다면 우리 사회는 분명 큰 혼란에 빠질 것이다.

현재 우리 사회에서 공적 서비스를 요구하는 영역은 더욱 넓어지고 있다. 저출산, 고령화 시대를 맞아 새로운 복지 혜택을 요구하는 수요도 폭발적으로 증가하고 있다.

점점 힘이 커지는 기업들의 전횡을 감시하고 올바른 시장경제 질서를 구축하는 것도 공무원의 몫이다. 대기업과 중소기업의 동반 성장, 도시와 농촌의 균형 발전 등 시장 논리에만 맡겨 놓아서는 안 될 영역에서 공무원이 해야 할 일이 있다.

전 세계 각국의 치열한 경제 영토 전쟁에서 우리나라의 이익을 지켜 내고 우리 기업들에 활로를 뚫어 주는 것도 외교 공무원, 통상 공무원이 해야 할 역할이다. 사회가 커지면 커질수록, 경제가 발전하면 발전할수록 공무원의 역할이 많으면 많아졌지 결코 줄어들지 않는다.

원칙과 소신으로 무장된 공무원들을 기대하며

물론 공무원 조직의 부조리하고 비합리적인 문화는 바뀌어야 한다.

내가 느끼기에, 공무원 조직의 가장 잘못된 문화는 '조직 이기주의'다. 나라와 국민보다 부처의 이익을 앞세우며 일하는 공무원들의 모습을 꽤 보았다. 때로는 같은 부처 내에서도 서로의 이권과 자리를 지키기 위해 싸움을 하는 볼썽사나운 장면도 보았다.

공무원 선후배들 간의 지나친 유착 관계도 결코 좋은 모습은 아니다. 선배를 위해 자리를 만들어 주고 각종 편의를 제공하는 전관예우 관행은 이미 많은 비판을 받고 있다.

고생하는 많은 공무원들을 볼 때면 맘이 짠하다가도 자기 뱃속만 채우는 공무원들을 마주하면 국민의 한 사람으로서 화가 나는 것은 어쩔 수 없다.

하지만 절망보다는 희망이 더 많이 보인다. 공무원 또한 치열하게 고민하며 일하고 있다는 걸 느낀다. 아직도 우리 사회 대다수 공무원들을 버티게 해 주는 힘은 분명 돈이나 명예보다는 자긍심이라고 믿는다.

이 책을 기획하며 많은 공무원들과 통화했고 그들이 보낸 글도 꼼꼼히 읽었다. 그중에서 가장 와 닿았던 말이 있다.

"법이라는 벽돌 틈새 사이로 공무원들의 소신과 원칙이라는 시멘트 모르타르가 겹겹이 채워지면서 정책의 담벼락이 만들어지는 것이다." (복지부 박종하의 말)

법은, 사실 골격일 뿐이다. 법문으로만 있는 법은 아무런 기능도 할 수 없다. 공무원들이 그 법을 얼마나 제대로 운용하느냐에 따라 국민의 삶은 달라진다. 뚜렷한 소신과 원칙으로 무장한 공무원들이 우리 사회의 기둥에 시멘트 모르타르를 겹겹이 발라 더욱 튼튼하게 만들어 주기를 기대해 본다.

공무원으로 가는 길, 아는 만큼 보인다!

| 윤홍우 |

성균관대 신문방송학과를 졸업한 뒤 2006년 서울경제신문사에 입사했다. 사회부에서 서울시 및 법조 출입 기자를 거쳐 부동산부에서 국토해양부와 부동산 시장을 취재했다. 2011년부터 경제부로 이동해 기획재정부, 산업통상자원부, 공정거래위원회 등 주요 정부부처 취재를 담당했다. 현재는 금융부에서 금융감독원과 금융 업계를 출입하고 있다.

1. 공무원은 어떤 직업인가요?

공무원은 국가의 공복입니다. 주권을 가진 국민으로부터 권한을 위임받아 국민을 위해 공익을 추구하는 것이 공무원의 기본 역할입니다. 공무원이라는 말은 아주 넓은 대상을 지칭합니다. 흔히 행정기관에 근무하는 일반직 공무원들만을 공무원으로 알고 있지만 대통령이나 판사, 검사 등도 모두 공무원입니다.

정부가 5년 주기로 실시하는 '공무원 총조사'에 따르면 2013년 행정부 공무원 98만 3869명, 헌법기관 종사자 2만 2605명으로 전체 국가·지방공무원 수가 100만 6474명이 되어 100만 명을 돌파했습니다. 전체 인구 50명 중 1명은 공무원인 셈입니다.

2. 공무원은 어떻게 구분할 수 있습니까?

우리나라에서는 공무원을 크게 국가공무원과 지방공무원으로 구분하고, 다시 여러 기준에 따라 세분화할 수 있습니다. 국가공무원은 경력직 공무원과 특수경력직 공무원 두 가지 범주로 대별되고, 각 범주는 다시 세분됩니다.

경력직 공무원이란 실적과 자격에 따라 임용되며, 그 신분이 보장되고 평생 동안 공무원으로 근무할 것이 예정되는 사람을 말합니다. 경력직 공무원의 범주에는 일반직 공무원, 특정직 공무원, 기능직 공무원이 포함됩니다. 일반직 공무원은 기술 연구 드는 행정 일반에 대한 업무를 담당하며 직군·직렬별로 분류됩니다. 특정직 공무원에는 법관검사, 외무공무원, 경찰공무원, 소방공무원, 교육공무원, 군인군무원 및 국가정보원 직원, 특수 분야의 업무를 담당하는 공무원이 있습니다. '국가공무원법' 이외의 다른 법률이 지정하는 공무원입니다. 기능직 공무원은 기능적인 업무를 담당하고 그 기능별로 분류됩니다.

경력직 공무원을 제외한 나머지 공무원을 특수경력직 공무원이라고 하는데, 여기에는 정무직 공무원, 별정직 공무원, 전문직 공무원 및 고용직 공무원이 포함됩니다.

지방공무원은 지방자치단체에 의하여 임명되고 지방자치단체의 사무를 집행하는 공무원으로, 경력직과 특수경력직으로 나누고 있습니다.

3. 어떻게 하면 공무원이 될 수 있나요?

원칙적으로 공무원이라는 직업은 모든 국민에게 열려 있습니다. 특정한 사회계층이나 학력을 갖춘 사람만이 공무원에 도전할 수 있는 것이 아닙니다. 그렇다고 아무 제한 없이 누구나 마음대로 공무원이 될 수 있다는 뜻은 아닙니다. 법률에서 정한 기준과 절차에 따라 공무원에 임용될 수 있습니다.

일반직 공무원은 주로 공개경쟁채용시험으로 선발합니다. 공개경쟁채용시험은 매년 수만 명이 응시하는 공무원 고시를 말합니다.

'2013년 공무원 총조사'에 따르면 국가공무원은 71.2%, 지방공무원은 78.5%가 이 공개경쟁채용시험을 통해 임용됐습니다. 반면 기능직 공무원은 주로 경력경쟁채용시험으로 선발(국가 80.1%, 지방 73.7%)하고 있습니다.

국가 일반직 공무원의 최초 임용 계급 구성 비율을 살펴보면, 9급이 69.6%(6만 9837명)로 가장 높고, 7급이 14.4%(1만 4469명), 8급이 9.9%(9909명) 순입니다.

다만 고위 공무원 진급자에는 행정고시, 즉 5급 공무원 시험을 패스한 공무원들이 절대 다수를 차지합니다. 고위 공무원 603명 중 466명(77.2%)이 5급으로 최초 임용되었고, 70명(11.6%)은 7급, 34명(5.6%)은 9급으로 출발했습니다. 그렇기 때문에 9급에서 고위 공무원까지 오르는 사람들은 공무원 사회에서 신화로 불리기도 합니다.

4. 대학을 졸업해야 공무원이 될 수 있나요?

그렇지 않습니다. 공무원 시험은 학력 부분에서 상당히 개방돼 있습니다.

우리나라 공무원의 최종 학력은 대졸이 48.4%(42만 9416명)로 가장 많고, 대학원졸 21.9%(19만 4026명), 전문대 및 고졸 13.8%(12만 2799명/12만 2654명), 중졸 이하 2.1%(1만 8296명) 순입니다. 예년에 비해 대졸 이상 합격자 비율이 더 증가하고 있는데, 이는 우리나라에 대졸 인구가 많은 탓이기도 합니다.

공무원 사회는 각종 지원 제도를 통해 많은 학습 기회를 제공합니다. 이에 따라 공무원이 된 이후에 대학을 다니거나 대학원에서 석·박사를 수료하는 공무원을 많이 볼 수 있습니다. 특히 중앙부처의 고위직 공무원들은 대부분 석·박사학위를 갖고 있습니다.

5. 공무원은 무조건 60세 정년이 보장되나요?

원칙적으로 보면 그렇습니다. 공무원은 60세까지 정년이 보장됩니다. 하지만 상황에 따라 임기를 채우지 못하는 경우도 많습니다. 실제 공무원의 평균 재직 연수는 16.8년으로, 교육공무원과 지방공무원이 가장 길게 재직(17.2년)하고 있으며, 국가공무원이 16년, 경찰공무원과 소방공무원이 15.9년 순입니다. 특히 여성 공무원은 전체 평균에 비하여 재직 기간이 1.4년 짧으며, 여성 경찰이나 여성 소방공무원은 9.5년으로 재직 기간이 가장 짧은 것으로 나타났습니다.

자발적으로 공무원을 그만두는 사람도 있지만 행정고시 출신들의 경우 어쩔 수 없이 물러나는 경우도 많습니다. 행정고시에 합격해 고위공무원단(1, 2급)으로 승진하는 데 소요되는 기간은 평균 21.2년으로, 20대 후반부터 공직 생활을 시작했을 경우 50대 전후에 이사관을 답니다. 문제는 그 후입니다. 이사관급 국장의 임기는 길어야 4~5년입니다. 1급 역시 1~2년에 불과합니다. 장관이나 차관으로 승진하지 못하면 5~6년 뒤에는 공직을 떠나야 합니다. 대략 55세 이전입니다. 사실 55세까지 자리를 지키는 것도 운이 좋은 사례이고 상당수는 그 전에 짐을 쌉니다.

6. 공무원의 연봉은 얼마나 되나요?

공무원 연봉은 일반 기업에 비해 많지 않습니다. 2013년 기준으로 9급 공무원 초임 평균임금은 세전 월 156만 원이었습니다. 평균적으로 10년 차는 274만 원, 20년 차는 356만 원, 30년 차는 442만 원을 받는 것으로 나타났습니다. 동일한 시기에 우리나라 대졸 신입 사원 임금이 평균 265만 9000원이었던 것과 비교하면 공무원 초임 임금은 상당히 낮은 편입니다.

하지만 공무원 사회에는 수당 체계가 잘 정착돼 있어 낮은 임금을 어느 정도 보전할 수 있습니다. 공무원이 받는 수당은 상여수당, 가계보전수당, 근무수당, 특수근무수당, 직급보조비, 명절휴가비 등 수십여 개입니다. 일반 회사의 경우 경영이 어려워지면 수당이 줄어들 수 있지만 공무원 사회에서는 그럴 가능성이 희박하다는 것도 장점입니다.

무엇보다 평생 보장되는 공무원연금은 공무원이라는 직업의 가장 큰 매력입니다. 일반인들이 가입하는 국민연금에 비해 공무원연금은 상당히 현실적인 액수로 죽을 때까지 지급됩니다. 2010년 이후 가입자의 공무원연금 수익비는 2.3배 수준입니다. 재직 기간을 30년 기준으로 보았을 때, 1억 6800만 원을 부담하면 사망할 때까지(통계청 기대수명 적용) 3억 9600만 원을 받는 것입니다.

2010년 이전에 가입한 공무원의 수익비는 더 높습니다. 이를테면 1990년과 2000년에 임용된 공무원의 수익비는 각각 3.68배, 3.34배에 이릅니다.

7. 공무원은 직급 승진을 하는 데 얼마의 기간이 소요되나요?

행정고시가 아닌 9급이나 7급 공무원으로 시작했다면, 6급에서 5급 사무관으로 올라가는 데 가장 많은 기간이 소요됩니다. 보통 5급 이상의 공무원을 관료로 칭합니다. 그만큼 5급 이상의 무게감이 크다는 뜻입니다.

안정행정부 조사 결과에 따르면 6급에서 5급으로 승진하는 데 국가공무원은 9년 4개월, 지방공무원은 11년 8개월이 걸리는 것으로 나타났습니다.

정부부처 공무원의 평균 승진 소요 연수는 6급에서 5급이 9년 4개월, 5급에서 4급(서기관)이 8년 9개월, 4급에서 3급(부이사관)이 8년 7개월이었습니다. 7급에서 6급은 7년 7개월, 8급에서 7급은 6년 5개월, 9급에서 8급은 3년 7개월이었습니다. 3급 부이사관에서 고위 공무원단 진입에는 평균 2년 2개월이 걸렸습니다.

일반직 지방공무원의 평균 승진 소요 연수도 6급에서 5급이 11년 8개월로 가장 길었고 7급에서 6급이 10년 5개월, 5급에서 4급이 9년 2개월, 4급에서 3급이 6년 6개월, 3급에서 2급이 6년 2개월로 5년 이상이 걸렸습니다. 8급에서 7급은 4년 6개월, 9급에서 8급은 2년 9개월로 조사됐습니다.

8. 공무원의 최고위직인 1급 공무원은 어떤 직책인가요?

1급 공무원은 일반직 공무원이 올라갈 수 있는 최상위 직급으로 '공무원의 꽃'이라고도 불립니다. 위로 장관이나 차관이 있지만 이들은 정무직으로 분류됩니다.

중앙부처에서 1급에 해당하는 공무원은 고위 공무원단 '가' 등급입니다. 차관 바로 아래에 해당되는 자리로 부처 업무를 실무선에서 책임지는 실장급 고위 공무원입니다. 각 부처에서 정부의 정책 목표를 수행하는 최고위 참모인 셈입니다.

이 때문에 인사권자인 대통령과 부처 장관과의 호흡, 국정 철학이 무엇보다 중시됩니다. 이런 점에서 '가' 등급 공무원들은 사실상 신분 보장이 되지 않고 언제든 교체될 수 있습니다.

국가공무원법 제68조에 "공무원은 형의 선고, 징계처분 등에 따르지 아니하고는 본인의 의사에 반해 면직을 당하지 아니한다."고 규정돼 있습니다. 하지만 1급 공무원과 직무 등급이 가장 높은 직위에 임용된 고위 공무원단은 예외입니다. 감사원과 대법원, 국회, 헌법재판소, 중앙선거관리위원회 등 헌법기관에도 1급 공무원들이 있습니다.

9. 민간 회사에 다니다 공무원으로 채용될 수는 없나요?

공무원 임용 방식에는 공개채용시험만 있는 것이 아닙니다. 민간에서 특별채용을 하기도 합니다. 이른바 '개방직 공무원'입니다. 대부분의 정부부처들은 의무적으로 일정 비율의 개방직 공무원을 채용해야 합니다. 민간 기업 출신들을 불러들여 공무원 사회의 전문성을 높이기 위해서입니다.

정부는 최근 개방직 공무원을 더욱 늘리고 이들의 임기도 연장하는 방안을 검토하고 있습니다. 안전행정부가 최근 입법 예고한 '개방형 직위 및 공모 직위의 운영 등에 관한 규정'에 따르면 개방형 직위에 임용되는 민간 출신 임기제 공무원의 최초 임용 기간이 최소 2년에서 최소 3년으로 1년 연장됩니다. 또 개방직 민간 임용자의 성과가 탁월할 경우 해당 기관장이 중앙인사관장기관(현 안행부)과 협의를 하여 임용 상한 기간을 적용하지 않는 예외 조항을 추가했습니다.

현재는 임용 상한 기간이 5년이어서 민간 임용자가 아무리 우수한

성과를 내더라도 이 기간이 지나면 다시 선발 전형을 통과하는 과정을 거쳐야 합니다.

아울러 중앙인사관장기관 산하에 중앙선발시험위원회를 설치해 각 부처의 개방형 직위 선발 시험을 운영하도록 함으로써 공정성과 신뢰성을 높이도록 했습니다.

이 밖에 실장급에 해당하는 고위 공무원단 '가' 등급 개방형 직위는 다른 일반직·별정직의 '가' 등급과 전형 방식을 일치시켜 서류 전형만으로 뽑을 수 있도록 했습니다.

10. 공무원이 받을 수 있는 복지 혜택은 어떤 것이 있나요?

공무원이 받을 수 있는 복지 혜택에는 크게 네 가지가 있습니다.

첫째, 주택 지원이 있습니다. 공무원의 주거를 정부에서 제공하거나 주거를 마련하고 유지하는 것을 원조하는 활동입니다. 관사나 기숙사를 제공하는 것이 대표적인 예입니다. 주택자금을 대부해 주거나 주거 관계에 대한 상담을 지원해 주기도 합니다.

둘째, 생활 원조 활동이 있습니다. 공무원의 생활을 돕는 활동으로 가장 일반적인 것은 급식과 구매에 관한 사업입니다. 구내식당이나 매점을 운영하는 것이 그 대표적인 예입니다. 그 밖에 피복 지급, 탁아시설 운영, 통근 편의 제공 등이 있습니다.

셋째, 공제 금융·보험 등의 혜택이 있습니다.

넷째, 문화·체육·레크리에이션 등에 관한 후생복지시설사업이 있습니다. 오락실, 강당, 도서관, 체육관 등의 시설을 제공하는 것이 그에 해당합니다.

그리고 공무원은 제안제도를 통하여 예산 절감 등에 도움이 되는 창의적인 제안을 할 수 있는데, 제안이 채택되면 상여금이 지급되고 특별 승진 또는 특별 승급의 기회가 주어지기도 합니다. 탁월한 근무 실적을 올렸거나 사회에 공헌한 공적이 뚜렷한 공무원에 대해서는 훈장 또는 포장을 수여하거나 표창을 합니다.

11. 공무원에게는 어떤 의무가 있나요?

공무원은 국민의 공복으로 일정한 복무 의무가 주어집니다. 수행해야 할 직무의 내용에 따라 개별적인 부분은 달라질 수 있지만, 일반적인 복무 의무는 다음과 같이 규정되어 있습니다.

첫째, 성실의 의무가 있습니다. 모든 공무원은 법령을 준수하며 성실히 직무를 수행해야 합니다.

둘째, 복종의 의무가 있습니다. 공무원은 직무를 수행함에 있어서 소속 상관의 직무상 명령에 복종해야 합니다. 대개 공무원은 지위와 역할이 분화되어 있는 계층 구조 아래 근무하기 때문에, 조직 내의 질서 유지와 기강 확립을 위하여 복종의 의무를 규정합니다.

셋째, 공무원의 직장 이탈은 금지됩니다. 공무원은 소속 상관의 허가 또는 정당한 이유 없이 직장을 이탈하지 못합니다.

넷째, 친절·공정의 의무가 있습니다. 공무원은 국민에 대한 봉사자로서 친절하고 공정하게 집무해야 합니다. 공무원은 공사를 분별하고 고객인 국민의 인격을 존중하며, 친절·공정하고 신속·정확하게 업무를 처리해야 합니다.

다섯째, 비밀 엄수의 의무가 있습니다. 공무원은 재직 중에는 물론 퇴직 후에도 직무상 알게 된 비밀을 엄격히 지켜야 합니다.

여섯째, 청렴의 의무가 있습니다. 공무원은 직무와 관련하여 직접적으로나 간접적으로 사례 증여 또는 향응을 주거나 받을 수 없습니다. 또한 직무상 관계 유무를 막론하고 그 소속 상관에게 증여하거나 소속 공무원으로부터 증여를 받아서는 안 됩니다.

일곱째, 공무원이 외국 정부로부터 영예 또는 증여를 받을 경우 대통령의 허가를 받아야 합니다.

여덟째, 공무원은 품위 유지의 의무를 집니다. 직장에서뿐만 아니라 직장 밖의 사회생활에서도 공무원의 신분에 맞는 품위를 유지해야 합니다.

아홉째, 공무원은 공무 이외에 영리를 목적으로 하는 업무에 종사하지 못하며, 소속 기관장의 허가 없이 다른 직무를 겸할 수 없습니다.

열째, 공무원은 공무가 아닌 일을 위한 집단 행위를 할 수 없습니다. 그러나 사실상 노무에 종사하는 공무원은 예외입니다. 선거에 의하여 취임하거나 정치적으로 임용되는 공무원을 제외한 나머지 공무원들은 정당 또는 정치단체의 결성에 관여하거나 이에 가입할 수 없습니다.

부록

공무원 관련 참고할 만한 사이트

채용 정보

구분	홈페이지
공무원정보지원센터	http://log.license114.net/
사이버국가고시센터	http://www.gosi.go.kr/
안정행정부 나라일터	http://gojobs.mospa.go.kr/

공무원 채용시험

구분	홈페이지
경찰공무원	http://www.police.go.kr
국가정보원 직원	http://www.nis.go.kr
국회공무원	http://gosi.assembly.go.kr
군무원(국방부)	http://www.mnd.go.kr
군무원(육군)	http://www.army.mil.kr
군무원(해군)	http://www.navy.mil.kr
군무원(공군)	http://www.airforce.mil.kr
법원공무원	http://exam.scourt.go.kr
소방직 공무원	http://www.nema.go.kr
중앙선거관리위원회 공무원	http://www.nec.go.kr
지방직 공무원	http://local.gosi.go.kr
지방직 공무원(서울시)	http://gosi.seoul.go.kr
초중등교사(교육인적자원부)	http://www.moe.go.kr
초중등교사(한국교육과정평가원)	http://www.kice.re.kr

자격시험

구분	홈페이지
감정평가사(국토해양부)	http://www.moct.go.kr
감정평가사(한국감정평가협회)	http://www.kapanet.co.kr
건축사(국토해양부)	http://www.moct.go.kr
건축사(대한건축사협회)	http://www.kira.or.kr
공인노무사(노동부)	http://www.molab.go.kr
공인노무사(한국산업인력공단)	http://www.hrdkorea.or.kr
공인중개사(한국산업인력공단)	http://www.hrdkorea.or.kr
공인회계사(금융감독원)	http://cpa.fss.or.kr
공인회계사(기획재정부)	http://mosf.go.kr
관세사(국세공무원교육원)	http://www.nta.go.kr
관세사(관세청)	http://www.customs.go.kr
법무사	http://exam.scourt.go.kr
변리사(특허청)	http://www.kipo.go.kr
변리사(한국산업인력공단)	http://www.hrdkorea.or.kr
사법시험 및 군법무관시험	http://www.moj.go.kr
사회복지사(보건복지가족부)	http://www.mohw.go.kr
사회복지사(한국사회복지사협회)	http://www.welfare.net
사회조사분석사(통계청)	http://www.nso.go.kr
사회조사분석사(한국산업인력공단)	http://www.hrdkorea.or.kr
세무사(국세공무원교육원)	http://taxstudy.nts.go.kr
세무사(국세청)	http://www.nta.go.kr
직업상담사(노동부)	http://www.molab.go.kr
직업상담사(한국산업인력공단)	http://www.hrdkorea.or.kr